Tout pour réussir mon **CAP**

NOUVEAU DIPLÔME

Accompagnant éducatif Petite enfance

EP1 • EP2 • EP3

Sous la direction de :

Sandrine BORNERIE
Professeur de Sciences et Techniques Médico-Sociales en lycée professionnel
Enseignante en CAP Petite enfance depuis 8 ans
Membre du jury CAP Petite enfance
Ancienne directrice d'un multi-accueil parental

Cécile BRACHET
Professeur de Biotechnologie Santé Environnement en lycée professionnel
Enseignante en CAP Petite enfance depuis 9 ans
Membre du jury CAP Petite enfance

Chloé CHARDON
Professeur de Sciences et Techniques Médico-Sociales en lycée professionnel

Michèle DIJEAUX
Professeur de Sciences et Techniques Médico-Sociales en lycée professionnel

Véronique MILLET
Professeur de Sciences et Techniques Médico-Sociales en lycée professionnel

Cécilia POUCHOU
Professeur de Sciences et Techniques Médico-Sociales en lycée professionnel

Marie-Christine TUCHAGUES
Professeur de Biotechnologie Santé Environnement en lycée professionnel

Mathias VIUDES
Professeur de Biotechnologie Santé Environnement en lycée professionnel

Les auteurs et les éditions Delagrave tiennent à remercier pour leur participation à cet ouvrage :
Mme **Catherine GANTEIL**, Inspectrice de l'Éducation Nationale Sciences Biologiques et Sciences Sociales Appliquées
Mme **Pascale CAZENAVE**, coordinatrice du dispositif ULIS
Mme **Karine LLOPIS**, assistante maternelle agréée et trésorière adjointe de l'association « Les Petits Les arts »
Mme **Aline LYTWYN**, puéricultrice directrice d'un multi-accueil
Mme **Laetitia POUCHOU-BELARBI**, professeur des écoles en école maternelle

DELAGRAVE

Sommaire

Prolongez gratuitement votre entraînement en ligne !

- Des activités d'animation à télécharger
- Des vidéos des techniques professionnelles
- Des QCM autocorrectifs

voir page 5

EP2 Exercer son activité en accueil collectif

EP3 Exercer son activité en accueil individuel

Préparation aux épreuves du CAP

Présentation des épreuves, conseils, propositions de sujets corrigés

Compléments en ligne

Tout au long de l'ouvrage, des liens ou des codes à flasher vous donnent accès aux compléments gratuits en ligne.

→ lienmini.fr/4687-04

Activités d'animation à télécharger

Vidéos des techniques professionnelles

QCM autocorrectifs

Présentation du CAP Accompagnant éducatif petite enfance

Cet ouvrage propose aux **candidats individuels** une préparation complète aux épreuves professionnelles du nouveau diplôme du CAP Accompagnant éducatif petite enfance qui remplace le CAP Petite enfance.
Ce changement de nom correspond à une formation plus complète afin de faciliter les passerelles entre les métiers des divers lieux d'exercice.
Ce CAP est toujours un diplôme de niveau V, il est le **premier niveau de qualification de la petite enfance**.

1 Le titulaire du CAP AEPE

1 1 Son rôle

« Le titulaire de ce diplôme est un professionnel qualifié qui exerce ses activités auprès de l'enfant de moins de six ans dans le souci constant du respect de ses besoins, de ses droits et de son individualité. Il participe, avec les autres professionnels, à la construction de l'identité et à l'épanouissement de l'enfant dans le respect des choix des parents, premiers éducateurs de l'enfant. Il établit avec les enfants et les parents une relation de confiance et crée les conditions nécessaires à un accueil et un accompagnement de qualité. » (Extrait du référentiel)

1 2 Les lieux d'exercice de son activité professionnelle

Le titulaire du CAP Accompagnant éducatif petite enfance peut exercer son activité professionnelle dans trois contextes professionnels différents :

- **les établissements d'accueil du jeune enfant** (EAJE) comme les crèches, haltes-garderies, multi-accueils… ;
- **les écoles maternelles ou les accueils collectifs de mineurs** (ACM) ;
- **le domicile** comme assistant maternel (salarié d'un employeur particulier ou d'une crèche familiale ou en maison d'assistant maternel) ou comme assistant parental au domicile des parents (comme salarié d'un employeur particulier ou d'organismes de services à la personne).

1 3 Ses activités professionnelles

« Dans une finalité éducative le titulaire du CAP Accompagnant éducatif petite enfance conduit :

Activités communes

- des activités d'animation et d'éveil qui contribuent à la socialisation de l'enfant, à son autonomie et à l'acquisition du langage ;
- des activités de soins du quotidien qui contribuent à répondre aux besoins physiologiques de l'enfant et à assurer sa sécurité physique et affective ;
- des activités liées à la collaboration avec les parents et les autres professionnels prenant en compte une dimension éthique qui permet un positionnement professionnel adapté.

Activités spécifiques au contexte professionnel

- **en école maternelle** : des activités d'aide pédagogique et des activités d'entretien des espaces de vie ;
- **en établissement d'accueil pour jeunes enfants et en accueil collectif pour mineurs** : la participation à la mise en œuvre du projet d'établissement et du projet pédagogique ;
- **à son domicile ou celui des parents**, en maison d'assistants maternels : la relation de travail avec le parent employeur, l'entretien du logement et l'élaboration des repas.

L'exercice du métier prend en compte en permanence et de manière transverse le développement et les besoins fondamentaux de l'enfant ; les besoins éducatifs spécifiques aux enfants en situation de vulnérabilité ou en situation de handicap ; le contexte professionnel (réglementation en vigueur, travail en équipe…) ; la prévention des risques pour l'enfant ; la santé et la sécurité au travail. » (Extrait du référentiel)

2 Le diplôme du CAP AEPE

2.1 Comment passer son CAP AEPE ?

- Comme tout CAP, ce diplôme peut s'obtenir de quatre manières possibles :
  - en formation initiale, en 2 ans après la 3e ou en 1 an après un diplôme de niveau V ;
  - en candidat individuel ;
  - en VAE (validation des acquis de l'expérience) ;
  - en formation continue.
- En fonction de ses diplômes initiaux, le candidat doit passer des épreuves du domaine général (français, histoire-géographie, mathématiques, sciences et EPS) et des épreuves professionnelles.
- Il est à noter que les titulaires d'un diplôme de niveau V sont dispensés des épreuves générales.

Les conditions d'inscription

Pour vous inscrire vous devez être majeur **au 31 décembre** de l'année civile de la session d'examen.

L'inscription se fait uniquement par Internet sur le site de votre académie à partir du mois d'octobre (attention le site est ouvert un mois seulement !). Vous devez compléter un dossier d'inscription en ligne.

Après la fermeture du site, vous recevrez une **confirmation d'inscription par courrier** qui sera la transcription papier des données enregistrées. Vous devrez alors **vérifier les informations saisies**, joindre les **pièces justificatives** demandées, corriger les informations erronées au stylo rouge, et enfin **dater, signer et renvoyer** ce document aux alentours du 15 décembre.

2 2 L'obtention du diplôme

Pour être titulaire du CAP, il faut avoir validé tous les modules (enseignements généraux et professionnels). Dans le domaine professionnel, un module correspond à une épreuve. Il y a donc trois épreuves :

- EP1 – Accompagner le développement du jeune enfant voir p. 12
  + épreuve de PSE (Prévention Santé Environnement)
- EP2 – Exercer son activité en accueil collectif Voir p. 180
- EP3 – Exercer son activité en accueil individuel Voir p. 232

RÈGLEMENT D'EXAMEN

Certificat d'aptitude professionnelle **Accompagnant éducatif petite enfance**			**Scolaires** (établissements publics et privés sous contrat) **Apprentis** (CFA et sections d'apprentissage habilités) **Formation professionnelle continue** (établissements publics)	**Scolaires** (établissements privés hors contrat) **Apprentis** (CFA et sections d'apprentissage non habilités) **Formation professionnelle continue** (établissements privés) **Enseignement à distance – candidats libres**	
Épreuves	Unités	Coef.	Mode	Mode	Durée
Unités professionnelles					
EP1 : Accompagner le développement du jeune enfant	**UP1**	**7**(1)	CCF(2)	Ponctuel oral	25 min (+ 1h PSE)
EP2 : Exercer son activité en accueil collectif	**UP2**	**4**	CCF	Ponctuel écrit	1 h 30
EP3 : Exercer son activité en accueil individuel	**UP3**	**4**	CCF	Ponctuel pratique et oral	Maximum 2 h
Unités d'enseignement général					
EG1 : Français et Histoire-Géographie – Enseignement moral et civique	**UG1**	**3**	CCF	Ponctuel écrit et oral	2 h 15 min
EG2 : Mathématiques – Sciences physiques et chimiques	**UG2**	**2**	CCF	Ponctuel écrit	2 h
EG3 : Éducation physique et sportive	**UG3**	**1**	CCF	ponctuel	
Épreuve facultative : Langue vivante(3)	**UF**		Ponctuel oral – 20 minutes	Ponctuel oral	20 min

(1) Dont coefficient 1 pour la Prévention Santé Environnement (PSE)
(2) CCF : contrôle en cours de formation
(3) Seuls les points excédant 10 sont pris en compte pour le calcul de la moyenne générale en vue de l'obtention du diplôme.

3 Les périodes de formation en milieu professionnel

La formation en milieu professionnel du CAP Accompagnant éducatif petite enfance a une durée **de seize semaines** sur l'ensemble de la formation.

3 1 Les objectifs des périodes de formation en milieu professionnel (PFMP)

Les PFMP permettent :
- d'appréhender concrètement l'organisation des établissements et des services de la petite enfance, leurs personnels et leurs usagers ;
- d'apprendre à travailler en situation réelle, en présence d'usagers, avec les ressources et les contraintes du milieu professionnel ;
- de s'insérer dans une équipe de professionnels ;
- de mettre en œuvre ou d'acquérir, sous la responsabilité d'une personne qualifiée, tout ou partie des compétences définies dans le référentiel du diplôme.

La formation en milieu professionnel contribue à développer les capacités d'autonomie et de responsabilité du futur professionnel.

3 2 Les modalités des PFMP

- La formation en milieu professionnel se déroule :
  - **dans les établissements et services d'accueil de la petite enfance** : écoles maternelles, établissements d'accueil de jeunes enfants, pouponnières à caractère social, centres maternels, accueils collectifs pour mineurs (de 0 à 6 ans) ;
  - **au domicile privé de l'assistant maternel agréé** (AMA) et dans les maisons d'assistants maternels. Pour cela l'assistant maternel qui vous accueille en stage doit :
    - être agréé par le conseil départemental ;
    - assurer l'accueil d'enfant(s) depuis au moins cinq ans ;
    - avoir validé l'épreuve EP1 du CAP Petite enfance ou détenir les épreuves EP1 et EP3 du CAP Accompagnant éducatif petite enfance (arrêté du 22 février 2017) ou être titulaire d'un diplôme d'État d'auxiliaire de puériculture ou d'un diplôme intervenant dans le domaine de la petite enfance inscrit au Réseau national des certifications professionnelles au moins de niveau III ;
  - **auprès des organismes de services à la personne** offrant des prestations de garde d'enfant(s) de moins de 3 ans. Pour cela le professionnel tuteur doit être titulaire d'un CAP Petite enfance (arrêté du 22 novembre 2007) ou du CAP Accompagnant éducatif petite enfance et avoir une expérience professionnelle d'au moins 3 ans auprès d'enfants de moins de 3 ans.

- Les lieux des PFMP **doivent être complémentaires** afin d'acquérir ou de mobiliser les compétences du référentiel du CAP Accompagnant éducatif petite enfance dans des situations professionnelles variées (diversité des âges, des structures, des activités conduites…).

- Les candidats **doivent satisfaire aux conditions de vaccination** et autres exigences du milieu professionnel, conformément à la réglementation en vigueur. » (Extrait du référentiel)

3 3 Les obligations vaccinales

- **Les personnels des établissements de garde d'enfants préscolaires** (crèches, halte-garderies...), **les assistants maternels**, les personnels des établissements et services sociaux concourant à la **protection de l'enfance** sont soumis à certaines **obligations vaccinales** : le vaccin contre la **diphtérie, le tétanos et la poliomyélite.**

- Depuis 2010, l'obligation du **BCG** est levée pour ces professionnels et est remplacée par un test tuberculinique (intra-dermo réaction) lors de la prise de poste qui sert de référence.

- Certaines professions, en particulier **les professionnels de santé**, sont soumises à l'obligation de vaccination contre **l'hépatite B** (art. L.3114-4 du CSP). L'objectif de cette vaccination est double : protéger le professionnel contre cette infection mais aussi éviter que le professionnel ne transmette l'infection à ses patients. Cet article a été complété par un arrêté du 6 août 2007 qui stipule l'obligation de vaccination contre l'hépatite B pour les étudiants de certaines filières dont les puéricultrices et les auxiliaires de puériculture.

- **Pour les autres professions en lien avec la petite enfance**, le médecin du travail évalue les activités liées au poste et détermine le risque d'accident exposant au sang. Si l'exposition au risque est avérée, et si la personne n'est pas immunisée contre l'hépatite B, la vaccination est obligatoire.

- Le statut des vaccinations doit être vérifié par **le médecin du travail** avant la prise de poste. Si les vaccins ne sont pas à jour, un rappel est pratiqué. Si la personne refuse, elle peut être déclarée inapte au poste.

Source : Direction Générale de la Santé
Sous-direction Santé des Populations et Prévention des Maladies Chroniques
Bureau Santé des populations et prévention vaccinale
24 février 2017

COMPÉTENCES ÉVALUÉES SELON LES ÉPREUVES

COMPÉTENCES EP1

Accompagner le développement du jeune enfant

- **Recueillir** les informations, s'informer sur les éléments du contexte et de la situation professionnels à prendre en compte.
- **Adopter** une posture professionnelle adaptée.
- **Mettre en œuvre** les conditions favorables à l'activité libre et à l'expérimentation dans un contexte donné.
- **Mettre en œuvre** des activités d'éveil en tenant compte de la singularité de l'enfant.
- **Réaliser** les soins du quotidien et accompagner l'enfant dans ses apprentissages.
- **Appliquer** les protocoles liés à la santé de l'enfant.

COMPÉTENCES EP2

Exercer son activité en accueil collectif

- **Établir** une relation privilégiée et sécurisante avec l'enfant.
- **Coopérer** avec l'ensemble des acteurs concernés dans un but de cohérence, d'adaptation et de continuité de l'accompagnement.
- **Assurer** une assistance pédagogique au personnel enseignant.
- **Assurer** des activités de remise en état des matériels et locaux en école maternelle.

COMPÉTENCES EP3

Exercer son activité en accueil individuel

- **Organiser** son action.
- **Négocier** le cadre de l'accueil.
- **Assurer** les opérations d'entretien du logement et des espaces réservés à l'enfant.
- **Élaborer** des repas.

EP1

Accompagner le développement du jeune enfant

COMPÉTENCES

EP1

Recueillir les informations et s'informer

OBJECTIFS
- Identifier le cadre de son intervention.
- Déterminer le degré de développement et d'autonomie de l'enfant.
- Identifier les ressources et les contraintes techniques.

Adopter une posture professionnelle adaptée

OBJECTIFS
- Prendre en compte les dimensions éthiques et déontologiques.
- Prendre en compte la sécurité au travail.
- Adopter un regard critique sur sa pratique professionnelle.

Mettre en œuvre les conditions favorables à l'activité libre, l'expérimentation et les activités d'éveil

OBJECTIFS
- Adapter et aménager un espace favorable à l'activité libre pour l'enfant.
- Préparer et animer l'activité d'éveil.

Réaliser les soins au quotidien et accompagner l'enfant dans ses apprentissages

OBJECTIF
- Dispenser des soins liés à l'hygiène corporelle et au confort, à l'alimentation, à l'élimination et au sommeil.

Appliquer les protocoles liés à la santé de l'enfant

OBJECTIFS
- Repérer les signes d'altération de la santé et du comportement.
- Participer à l'application des protocoles d'urgence et du protocole d'accueil individualisé (PAI).

Préparation à l'EP1

Accompagner le développement du jeune enfant

Coefficient 6

En tant que candidat individuel, vous passez cette épreuve en **épreuve ponctuelle.** C'est une épreuve **orale** qui **prend appui sur deux fiches** que vous devez produire suite à une PFMP ou à une expérience professionnelle.
À cette partie d'épreuve orale est rattachée l'épreuve écrite de **Prévention Santé Environnement (PSE) de coefficient 1.**

1 Présentation de l'épreuve

1.1 Les activités et compétences évaluées lors de cette épreuve

Activités	Compétences
Accompagner l'enfant dans ses découvertes et ses apprentissages	▸ Recueillir les informations, s'informer sur les éléments du contexte et de la situation professionnels à prendre en compte. ▸ Mettre en œuvre les conditions favorables à l'activité libre et à l'expérimentation dans un contexte donné. ▸ Mettre en œuvre des activités d'éveil en tenant compte de la singularité de l'enfant.
Prendre soin et accompagner l'enfant dans les activités de la vie quotidienne	▸ Adopter une posture professionnelle adaptée. ▸ Réaliser les soins du quotidien et accompagner l'enfant dans ses apprentissages. ▸ Appliquer des protocoles liés à la santé de l'enfant.

1.2 Les modalités d'évaluation

- **L'épreuve orale** du candidat dure 25 minutes, elle se déroule en deux temps :
  - exposé des deux fiches réalisées par le candidat (5 à 10 minutes) ;
  - entretien avec un jury composé d'un professeur de la spécialité et d'un professionnel dans la mesure du possible ou de deux professeurs de la spécialité (15 à 20 minutes).

- Le candidat présente **deux fiches** :
  - l'une relative à la **réalisation d'un soin du quotidien** ;
  - l'autre relative à **l'accompagnement de l'enfant dans ses découvertes et ses apprentissages.**

- L'entretien porte sur les fiches du candidat et sur l'ensemble des compétences de l'épreuve EP1.

- L'épreuve prend appui :
  - soit **sur une PFMP** d'au moins 4 semaines en EAJE ou auprès d'un assistant maternel agréé ou service d'aide à domicile offrant des prestations de garde d'enfant(s) de moins de 3 ans ;
  - soit **sur une expérience professionnelle** d'au moins 12 semaines en EAJE ou dans le contexte d'intervention professionnel du domicile.

Attention !
- En l'absence des deux fiches, le candidat se verra attribuer zéro sur cette épreuve.
- L'attestation de PFMP ou de son expérience professionnelle est à fournir.

2 L'élaboration des fiches

Vous devez élaborer deux fiches, chaque fiche devant contenir :
- la présentation du contexte d'intervention ;
- la présentation des activités : une relative à la réalisation d'un soin du quotidien, l'autre à l'accompagnement de l'enfant dans ses découvertes et ses apprentissages.

2 1 La présentation du contexte d'intervention

Dans cette partie vous devez présenter rapidement la structure ou le service où vous avez effectué votre PFMP ou votre lieu de travail si vous êtes un professionnel de la petite enfance.

- **Présentation de votre lieu d'exercice** :
  - son nom ;
  - sa situation géographique ;
  - son historique (date de création, évolution…) ;
  - son statut juridique ;
  - son fonctionnement : missions, horaires d'ouverture… ;
  - son projet d'établissement ou projet d'accueil pour les AMA.

- **Présentation du personnel** :
  - le nombre ;
  - la qualification, la fonction et le rôle de chaque membre ;
  - la date d'agrément et de son renouvellement pour les AMA.

- **Présentation des enfants accueillis** :
  - le nombre ;
  - l'âge et le sexe des enfants accueillis ;
  - leur répartition dans les différents services.

2.2 La présentation des activités

Vous devez présenter votre activité en lui donnant **un titre** puis :

- **Présentation rapide de l'enfant concerné par cette activité grâce à vos observations :**
  - son prénom et son âge (attention à rester anonyme) ;
  - ses capacités (motrices, intellectuelles, sociales…) ;
  - ses besoins ;
  - les activités qu'il apprécie.
- **Justification du choix de l'activité réalisée** :
  - expliquez pourquoi vous choisissez cette activité (faites le lien entre les capacités de l'enfant et vos observations).
- **Présentation de l'objectif de l'activité choisie :**
  - expliquez l'intérêt de proposer cette activité à cet enfant : qu'est-ce que cette activité développe ou favorise chez lui ?
- **Description de l'activité** :
  1. **Préparation/organisation** :
     - Précisez le moment de la réalisation de l'activité ainsi que sa durée.
     - Précisez l'aménagement de l'espace où a lieu l'activité.
     - Citez le matériel nécessaire à l'activité.
  2. **Réalisation de l'activité :**
     - Présentez les consignes données à l'enfant.
     - Précisez votre rôle pendant les différentes étapes de la réalisation.
     - Expliquez comment vous finissez l'activité et prévoyez le rangement.
  3. **Transmission :**
     - Transmettez les difficultés rencontrées et vos observations aux autres professionnels ou aux parents.
- **Analyse et évaluation de l'activité** :
  - Procédez à l'auto-évaluation de votre activité en précisant :
    - ce qui a bien fonctionné ;
    - ce qui doit être amélioré ;
    - des pistes d'améliorations.
  - Proposez éventuellement une suite d'activité.

Conseils pratiques

- Il est recommandé de présenter votre fiche en A4 (recto/verso) en format informatique, sans fautes d'orthographe et en respectant la syntaxe.
- Prévoyez deux exemplaires : un pour le jury et un pour vous.
- Les deux fiches peuvent être issues de la même PFMP mais pas obligatoirement.

3 Proposition de fiches

3 1 Réaliser un soin du quotidien

EP1

Le change de Baptiste

Présentation du contexte d'intervention

- **Lieu d'intervention :** J'ai effectué ma PFMP au sein du multi-accueil municipal « Les Grillons » du village de B. Cette structure peut accueillir 24 enfants de 2 mois et demi à 4 ans, en accueil régulier, occasionnel et d'urgence (2 places). Il est ouvert de 7 h 30 à 18 h 30.
  Il a été créé en 2010.
  L'équipe travaille dans le respect du projet d'établissement.
- **Présentation du personnel :** L'équipe comprend une directrice éducatrice de jeunes enfants - ma tutrice - (DE EJE), une éducatrice de jeunes enfant (DE EJE), deux auxiliaires de puériculture (DE AP) et quatre accompagnants éducatifs Petite enfance (CAP AEPE). Elles travaillent toutes à temps complet.
- **Présentation des enfants accueillis :** Selon le projet d'établissement, les enfants sont accueillis en organisation semi-verticale dans deux unités : 11 « bébés-moyens » (2 mois et demi à 18 mois) et 13 « moyens-grands » (18 mois à 4 ans).

Présentation de l'activité

- **Enfant choisi :** Baptiste est âgé de 2 ans et demi, c'est un petit garçon joyeux et éveillé qui s'exprime bien. Il aime faire des puzzles, des parcours de motricité (courir, monter et descendre des escaliers…) et jouer avec Laurie et Mario notamment « au papa et à la maman ». Baptiste est en pleine acquisition de la propreté, il porte une couche qu'il commence à enlever pour aller aux toilettes.
- **Justifications du choix de l'activité :** Lors de ma PFMP, j'ai pu observer un temps important dans la journée des enfants : le change. Réalisé par les auxiliaires de puériculture, il est effectué régulièrement (avant le repas, après la sieste…) et en fonction des besoins.
  J'ai donc proposé de participer à ce temps avec les autres professionnels, en respectant les capacités de Baptiste : en changeant sa couche en position debout (sauf en cas de selles), en lui proposant d'aller sur les petits WC et en le faisant participer à son change.
- **Objectifs de l'activité :**
  – Maintenir la propreté et l'hygiène de l'enfant.
  – Favoriser l'apprentissage et l'autonomie de l'enfant.
- **Déroulement de l'activité :** 10 min

Description de l'activité

Préparation/ organisation

Je réalise ce soin après le repas de Baptiste et avant d'aller à la sieste, dans la salle de change où se trouvent des plans de change et des petits WC. J"ai préparé le matériel nécessaire : papier hygiénique, banc, couche-culotte propre, gant de toilette, serviette de toilette, savon hypoallergénique, poubelle.

Réalisation

1. J'aide Baptiste à s'installer sur le banc pour retirer le bas de ses vêtements et sa couche.
2. Je lui nettoie l'entrejambe en lui demandant d'écarter les jambes.
3. Je lui propose d'aller aux WC : il est resté quelques minutes assis puis a perdu patience et a commencé à se lever.
4. Je l'aide à s'essuyer.
5. Je fais enfiler la couche culotte propre à Baptiste.
6. Je l'aide à se rhabiller.
7. Je demande à Baptiste de tirer la chasse d'eau.
8. Je lui propose de se laver les mains.
9. Je range le matériel utilisé et mets à laver le linge sale.

Transmission

J'ai transmis mes observations auprès de ma tutrice ainsi qu'aux parents le soir.

Analyse et évaluation

Baptiste a bien participé lors du déshabillage et de l'habillage, et lors du soin.
Nous avons pu revoir les différents éléments du schéma corporel (pieds, jambes) et les côtés (gauche et droite).
J'ai noté qu'il ne présentait aucune lésion au niveau du siège et qu'il y avait des urines dans la couche et quelques gouttes dans les WC. Il était content de lui quand il a vu ça.
Je pense que l'apprentissage de la propreté avec Baptiste est sur la bonne voie et qu'il faut continuer à lui proposer d'aller aux WC régulièrement.

Plantation de graines de radis

Présentation du contexte d'intervention

- **Lieu d'intervention :** J'ai effectué ma PFMP auprès de Mme Larrieu, assistante maternelle agréée depuis 6 ans. Elle travaille de 7 h 30 à 18 h 30 du lundi au vendredi. Elle habite dans une maison avec un petit jardin dans une grande ville. Elle exerce en appliquant son projet d'accueil.
- **Présentation du personnel :** Mme Larrieu, 35 ans, est mariée et a 2 enfants de 10 et 13 ans. Elle est titulaire du CAP Petite enfance et a un agrément pour accueillir 3 enfants à son domicile. Elle fréquente régulièrement le RAM dont elle dépend et participe aux actions mises en place par la PMI.
- **Présentation des enfants accueillis :** Elle accueille Léo 12 mois, Anaé 2 ans à temps plein et Mathilde 2 ans et demi qui ne vient que 3 jours par semaine.

Présentation de l'activité

- **Enfant choisi :** Anaé est âgée de 2 ans. C'est une petite fille vive et curieuse. Elle aime jouer à l'extérieur : ballon, balançoire, courir, etc. Elle s'exprime bien et aime répéter les mots que l'adulte lui dit.
  Elle commence à jouer aux jeux symboliques et ce qu'elle préfère c'est jouer « au docteur ». Elle s'entend bien avec Mathilde mais est souvent en conflit avec Léo lorsqu'ils doivent partager un même jouet.
- **Justification du choix de l'activité :** Au tout début de ma PFMP j'ai pu observer lors d'un repas préparé par Mme Larrieu qu'Anaé mangeait avec bon appétit les radis. Je lui ai demandé si elle savait où l'on pouvait trouver ce légume et elle m'a répondu « au grand magasin ». Je lui ai alors dit qu'avant de le trouver au « grand magasin » il poussait dans la terre, Anaé ne semblait pas me croire.
  J'ai proposé à Mme Larrieu de mettre en place une activité de plantation de graines de radis dans une « table potagère ». Elle a accepté.
- **Objectifs de l'activité :**
  - Favoriser la motricité fine et l'éveil des sens, surtout celui du toucher.
  - Inciter l'enfant à la découverte et à l'expérimentation.
  - Permettre à l'enfant de faire un lien entre ce qu'il mange et la provenance de ce qu'il mange.
- **Déroulement de l'activité :** 5 min

Description de l'activité

Préparation/ organisation

J'ai préparé et installé dans le jardin le matériel nécessaire : table potagère, terreau, graines de radis, eau dans un petit arrosoir.

Réalisation

Au réveil de la sieste (15 h 00) et avant le goûter, j'ai proposé à Anaé de participer à cette activité.

Je l'ai aidée à mettre un tablier, je lui ai expliqué les consignes et l'ai accompagnée durant l'activité :

1. Anaé a mis le terreau dans la table potagère.
2. Elle a versé les graines dans la terre et appuyé dessus pour les planter.
3. Elle les a arrosées.
4. Nous avons rangé le matériel ensemble et nous sommes allés nous laver les mains.

Tout au long de l'activité, j'ai pris soin de surveiller qu'Anaé ne mette pas de la terre à la bouche.

Transmission

J'ai transmis mes observations à Mme Larrieu ainsi qu'au parent le soir.

Analyse et évaluation

Anaé a pris beaucoup de plaisir à participer à cette activité, elle a aimé toucher la terre et l'eau. D'ailleurs j'ai pu observer qu'elle aurait voulu davantage malaxer la terre mouillée mais j'ai dû la limiter car sinon les graines n'auraient pas pu pousser.

J'aurai peut-être dû mouiller la terre en premier afin de laisser manipuler plus longtemps Anaé.

Je pense donc proposer une activité « argile » afin de permettre à Anaé de manipuler plus librement.

En revanche, Anaé pensait que les radis allaient sortir de suite, elle a eu du mal à comprendre qu'il fallait attendre plusieurs jours mais quand elle a vu le résultat elle était très fière de les montrer à ses parents.

4 Conseils pour réussir l'oral

1 **Préparez votre exposé :** Votre exposé doit suivre un plan structuré :
- introduction : présentation personnelle et annonce du plan de votre exposé ;
- présentation d'éléments de votre première fiche ;
- présentation d'éléments de la seconde fiche ;
- conclusion : synthèse rapide de l'oral et évocation de votre projet professionnel suite à l'obtention du CAP AEPE.

2 **Gérez votre temps :** Vous devez absolument respecter les 5 à 10 minutes de présentation de vos fiches. Pour cela :
- Avant l'épreuve : entraînez-vous ! Il est essentiel de répéter à haute voix et de chronométrer votre temps de parole.
- Pendant l'épreuve : les téléphones portables sont interdits pendant les examens, pensez donc à prendre une montre.

3 **Adoptez une attitude professionnelle lors de l'entretien :**
- Ayez une tenue vestimentaire adaptée à la situation.
- Utilisez un langage clair, précis, enrichi d'un vocabulaire professionnel, sans lire vos notes.
- Évitez les interjections (euh, hein…) et les tics verbaux (donc, voilà…).
- Soyez attentif aux questions posées par les deux membres du jury et surtout pensez à vous adresser aux deux.
- Montrez vos capacités d'analyse.

5 **Maîtrisez votre gestuelle**

La communication non verbale reflète vos émotions et induit une image de vous.
- Tenez-vous correctement assis (pas de jambes croisées, qui bougent …).
- Accentuez votre message oral en utilisant les gestes de la main mais évitez les mouvements intempestifs (balancements, se toucher les cheveux, jouer avec un stylo…).
- Adoptez un visage expressif, ouvert (il n'est pas interdit de sourire !).

RESSOURCES

FICHE 1

OBJECTIF

• Identifier le cadre de son intervention pour se situer en tant que professionnel.

Le cadre administratif dans le secteur de la famille et de la petite enfance

Une bonne raison d'apprendre

Afin de pouvoir situer votre intervention, il est important de connaître le cadre institutionnel du secteur de la petite enfance, et plus largement de repérer l'ensemble des acteurs qui structurent et organisent l'accueil de ce secteur (ministères, collectivités, institutions ...). Cette organisation dépend des orientations de la politique familiale et de la petite enfance mises en place par le gouvernement.

1 Le rôle de l'État dans le secteur de la famille et de la petite enfance

L'État français est constitué d'une administration centrale et de services déconcentrés.

1 1 L'administration centrale

● **Au niveau national**, l'administration centrale est dirigée par différents ministères et des services qui y sont rattachés. Elle a pour mission d'impulser et d'appliquer la politique du gouvernement en élaborant des lois, des plans nationaux.

● En ce qui concerne le secteur de la famille et de la petite enfance, deux ministères interviennent.

1. Le ministère des Solidarités et de la Santé :

Représenté par un ministre, son rôle consiste à mettre en œuvre la politique du Gouvernement dans les domaines de la solidarité, de la cohésion sociale, de la santé publique et de l'organisation du système de santé et de la protection sociale.

Il met en œuvre entre autres **la politique familiale** dont les objectifs sont les suivants :

- contribuer au renouvellement des générations par une politique de soutien à la natalité ;
- maintenir le niveau de vie des familles, malgré les coûts engendrés par la naissance et l'éducation d'enfants ;
- favoriser l'articulation entre vie familiale et vie professionnelle, pour que les parents de jeunes enfants puissent continuer à travailler ;
- apporter un soutien à la parentalité pour aider les familles en difficulté relationnelle et éducative avec leurs enfants.

En décembre 2016 a été élaboré **un Plan d'action pour la petite enfance** autour de trois axes :

Voir rabat

- définir un cadre national commun pour l'accueil du jeune enfant : un texte-cadre a été élaboré, avec pour objectif de créer une identité commune à l'ensemble des professionnels de la petite enfance. Il rappelle en quoi consiste l'accueil des enfants de moins de 3 ans, et le rôle essentiel des professionnels dans le « développement et l'épanouissement physique, affectif, cognitif et social des enfants » ;
- développer un accueil de qualité, ouvert, pluridisciplinaire et sans stéréotype ;
- former des professionnels mieux adaptés aux enjeux de notre société, d'où la création du nouveau CAP AEPE.

2. Le ministère de l'Éducation nationale :
Représenté par un ministre, son rôle est de préparer et de mettre en œuvre la politique éducative du Gouvernement relative à l'accès de chacun aux savoirs et au développement de l'enseignement préélémentaire, élémentaire, secondaire et supérieur.
Le ministère participe à l'élaboration et à la mise en œuvre du contenu des enseignements et des programmes scolaires. Il définit les modalités de l'orientation des élèves, et en assure la gestion. Il définit et délivre les diplômes nationaux.

1 2 L'administration déconcentrée

- La déconcentration est le transfert de compétences administratives du pouvoir central, à l'échelle locale, à des agents nommés par le pouvoir central lui-même : les préfets (départements, régions), les recteurs (académies), les maires (communes). Ils sont chargés de mettre en application les décisions prises par l'administration centrale.

- **Au niveau régional**, trois administrations mettent en œuvre cette politique pour le secteur de la famille et de la petite enfance.
  - **Les agences régionales de santé** (ARS) sont responsables de la sécurité sanitaire, des actions de prévention et de l'organisation de l'offre de soins.
  - **Les directions régionales de la jeunesse, des sports et de la cohésion sociale** (DRJSCS) interviennent dans les politiques sociales, les politiques sportives et les politiques de jeunesse, de vie associative et d'éducation populaire.
  - **Les rectorats** sont chargés de l'organisation scolaire du premier degré (écoles) et second degré (collèges et lycées), de la gestion du personnel, de l'organisation des examens et concours…

- **Au niveau départemental**, des schémas départementaux des services aux familles sont élaborés pour permettre aux différents partenaires, impliqués dans la mise en œuvre des services d'accueil de la petite enfance et de soutien à la parentalité, de définir ensemble un diagnostic partagé et un plan d'action.
La direction départementale déléguée de la cohésion sociale (DDDCS) met en œuvre les politiques de l'État en faveur de la cohésion sociale, de la jeunesse, des sports et de la vie associative.

2 Le rôle des collectivités territoriales dans le secteur de la famille et de la petite enfance

2 1 L'administration décentralisée

- Les collectivités territoriales sont des structures administratives, distinctes de l'administration de l'État, comme les communes, les départements, les régions. Depuis les lois sur la décentralisation, ces collectivités bénéficient d'un transfert de certaines compétences de l'État afin de répondre au mieux aux besoins précis d'une population.

	Collectivités		
	Commune	**Département**	**Région**
Organe exécutif	Le maire	Le président du conseil départemental	Le président du conseil régional
Organe délibérant	Le conseil municipal	Le conseil départemental	Le conseil régional
Rôles	◗ Finance les locaux des écoles primaires, le matériel scolaire. ◗ Gère le personnel : ATSEM, personnels techniques. ◗ Gère l'action sociale (exemple : accueil périscolaire) grâce au centre communal d'aide sociale (CCAS).	◗ Gère différents services : – protection maternelle et infantile (PMI) ; – aide sociale à l'enfance (ASE) ; – service social ; – service d'aide aux personnes handicapées, aux personnes âgées. ◗ Finance les locaux des collèges. ◗ Gère le personnel : ouvriers et personnels techniques.	◗ Intervient peu dans le secteur sanitaire et social sauf dans le domaine de la formation professionnelle paramédicale et sociale, le financement des locaux des lycées et la gestion du personnel.

2 2 Le service de la PMI

- C'est un **service décentralisé du conseil départemental** placé sous l'autorité du président du conseil départemental. Son objectif principal est d'assurer la protection sanitaire de la mère et de l'enfant de moins de 6 ans grâce à des professionnels compétents dans le domaine de la santé et de la petite enfance tels que médecins, pédiatres, puéricultrices, auxiliaires de puériculture, sages-femmes, psychologues, assistants de service social.

- Ses missions sont définies par le code de la santé publique :
  - mesures de prévention médicales, psychologiques, sociales et d'éducation pour la santé en faveur des futurs parents et des enfants ;
  - actions d'accompagnement psychologique et social des femmes enceintes et des jeunes mères de famille, particulièrement les plus démunies ;
  - actions de prévention et de dépistage des handicaps des enfants de moins de six ans ainsi que de conseil aux familles pour leur prise en charge ;
  - surveillance et contrôle des établissements et services d'accueil des enfants de moins de six ans ainsi que le contrôle, la surveillance et l'accompagnement des assistants maternels ;
  - actions de prévention et d'information sur les risques pour la santé liés à des facteurs environnementaux.

EP1

2 3 Le service de l'ASE

- L'aide sociale à l'enfance est un **service décentralisé du conseil départemental** placé sous l'autorité du président du conseil départemental. Son objectif principal est de prévenir les situations de risque de danger susceptibles d'affecter l'évolution de l'enfant ou du jeune de moins de 21 ans.

- Ses missions sont régies par la loi du 5 mars 2007 et complétées par la loi du 14 mars 2016 qui rappelle que « l'intérêt de l'enfant doit être la préoccupation centrale du dispositif de protection de l'enfance ».

Retenez l'essentiel !

Administration centrale et déconcentrée | **Niveau d'organisation** | **Administration décentralisée**

Les **ministères des Solidarités et de la Santé et de l'Éducation nationale** élaborent et mettent en œuvre la politique familiale et la politique éducative.

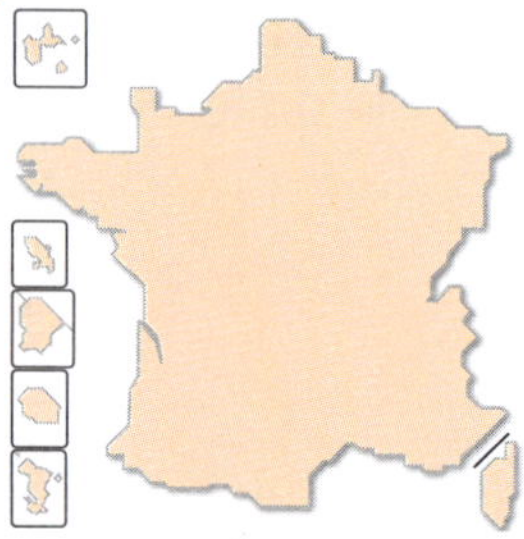

État

L'**ARS, la DRJSCS, le rectorat** appliquent les décisions prises par les ministères.

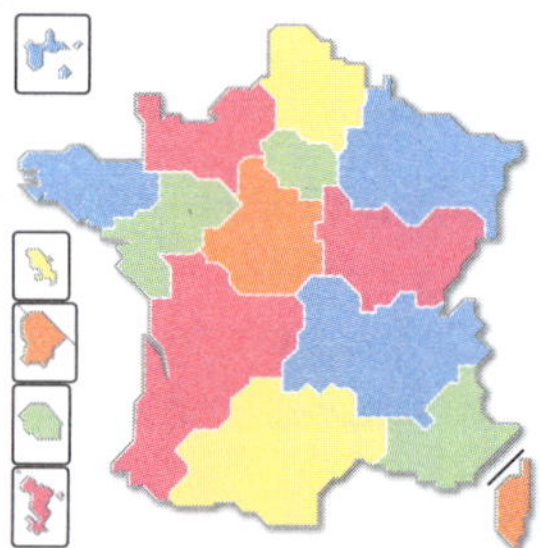

Régions

Conseil régional :
pas de rôle spécifique en matière de politique familiale ; intervient dans les formations paramédicales et sociales.

Le département élabore les schémas départementaux des services aux familles.
La **DDDCS** met en œuvre la politique de cohésion sociale, de la jeunesse, des sports et de la vie associative.

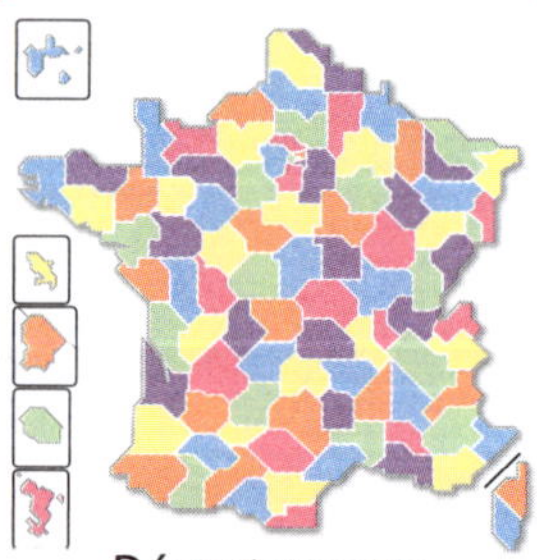

Départements

Conseil départemental :
- **la PMI** : assure la protection sanitaire de la mère et de l'enfant
- **l'ASE** : prévient les situations de risques de danger de l'enfant
- **le service social**
- **le service d'aide aux personnes handicapées, aux personnes âgées**

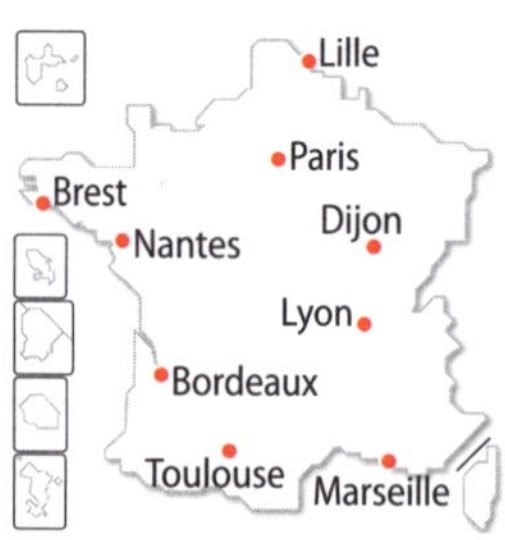

Communes

Conseil municipal :
gère les écoles primaires, le personnel ATSEM, le périscolaire, les actions sociales par le biais du CCAS.

Vérifiez vos acquis !

QCM
S'évaluer en ligne
→ lienmini.fr/4687-01

EP1

1 Reliez les différents rôles aux ministères correspondants.

A. Ministère des Solidarités et de la Santé ○

B. Ministère de l'Éducation nationale ○

○ 1. Favorise la conciliation de la vie familiale et professionnelle pour les parents.
○ 2. Met en place des actions afin de favoriser la scolarisation des enfants de moins de 3 ans.
○ 3. Rend obligatoire les vaccinations.
○ 4. Favorise la création des modes d'accueil collectifs des jeunes enfants.
○ 5. Élabore les programmes scolaires.

2 Indiquez pour chaque rôle quelle est la collectivité territoriale compétente.

A. Gère les équipements et entretien des écoles primaires : ....

B. Met en place des actions médico-sociales en faveur des mères et des jeunes enfants :
....

C. Gère la garderie et le périscolaire : ....

D. Finance les locaux des lycées : ....

E. Gère le personnel ATSEM : ....

F. Prévient les situations de risques de danger de l'enfant : ....

G. Effectue la vaccination des jeunes enfants : ....

H. Recueille des informations préocupantes : ....

I. Intervient dans les formations paramédicales et sociales : ....

3 Soulignez de couleurs différentes les missions qui relèvent de la PMI et celles qui relèvent de l'ASE.

A. Soutien matériel, éducatif et psychologique aux mineurs et à leur famille en difficultés sociales.
B. Actions d'accompagnement psychologique et social des femmes enceintes et des jeunes mères de famille.
C. Collaboration avec les familles pour pourvoir à l'ensemble des besoins des mineurs confiés au service.
D. Surveillance et contrôle des établissements et services d'accueil des enfants de moins de 6 ans ainsi que le contrôle, la surveillance et l'accompagnement des assistants maternels.

Corrigés : voir p. 318

FICHE

2

RESSOURCES

Les lieux d'accueil des enfants de moins de 3 ans

OBJECTIF

- Identifier le cadre de son intervention pour se situer en tant que professionnel.

Une bonne raison d'apprendre

« Les modes d'accueil de la petite enfance, qu'ils soient individuels ou collectifs, doivent répondre aux attentes spécifiques de chaque enfant, en lien avec sa famille, en favorisant le vivre ensemble et l'égalité entre tous les enfants. Ils doivent offrir un environnement bienveillant, sécurisant, ludique et ouvert sur le monde. » (Cadre national pour l'accueil du jeune enfant, mars 2017)

Vous devez connaître votre cadre d'intervention afin de vous situer en tant que professionnel titulaire du CAP AEPE, celui-ci définit vos missions et vos limites de compétences.

1 L'accueil collectif des enfants de moins de 3 ans

Cet accueil est assuré par les établissements d'accueil du jeune enfant (EAJE).

1 1 Les missions des EAJE

- Ces établissements ont été conçus pour accueillir collectivement les enfants jusqu'à leur entrée à l'école maternelle, voire jusqu'à l'âge de 6 ans en dehors du temps scolaire.

- Selon l'**article R2324-17 du code de la santé publique**, ils ont été créés afin de répondre aux objectifs suivants :
  - répondre aux besoins des parents pour concilier vie familiale et vie professionnelle ;
  - accompagner les parents dans leur fonction d'éducation ;
  - favoriser le développement, l'éveil et la socialisation des enfants ;
  - concourir à l'intégration sociale des enfants atteints de handicap et/ou de maladie chronique.

1 2 Les différents types d'établissements

- Ces établissements peuvent être gérés soit par des organismes **publics** (commune, communauté de communes, hôpital…), soit par des organismes **privés** à but **non lucratif** (association, mutuelle…) ou à but **lucratif** (entreprise, groupe privé…).

- Les EAJE peuvent être classés selon leurs modalités d'accueil.

Établissements chargés de l'accueil régulier des enfants	
Crèche collective / établissement d'accueil collectif	Accueil d'enfants de moins de 3 ans, non scolarisés, pendant la journée et de façon régulière à temps complet ou partiel. L'établissement est réservé à des parents qui exercent une activité professionnelle ou dans une situation assimilée. Sa capacité maximale d'accueil est de 60 enfants.
Crèche d'entreprise ou inter-entreprise	Elle fonctionne comme une crèche collective, mais sa vocation est d'accueillir les enfants du personnel d'un ou de plusieurs employeurs (entreprise, administration, hôpitaux, etc.).
Crèche parentale / établissement à gestion parentale	Établissement créé et géré par une association de parents, qui participent également à l'accueil des enfants sous certaines conditions. L'accueil est assuré de façon régulière, à temps complet ou à temps partiel, pour des enfants de moins de 3 ans dont les parents travaillent. La capacité d'accueil est limitée à 20 places.
Établissement chargé de l'accueil occasionnel des enfants	
Halte-garderie / établissement d'accueil occasionnel	Accueil occasionnel de courte durée d'enfants de moins de 6 ans (scolarisés ou non) dont les parents ne travaillent pas ou qui exercent une activité à temps partiel.
Établissement chargé de l'accueil régulier et occasionnel des enfants	
Multi-accueil ou maison de la petite enfance	Établissement offrant dans un même lieu deux types d'accueils différents : – accueil régulier ou occasionnel (exemple : crèche collective et halte-garderie) ; – accueil familial et collectif (crèche avec un relais d'assistants maternels).

- Les EAJE sont en pleine mutation. Des structures innovantes ont vu le jour afin de s'adapter à l'évolution de la société.
  - **Les micro-crèches** : accueil de 10 enfants maximum de moins de 6 ans avec des qualifications plus souples pour les professionnels.
  - **Les jardins d'éveil** : accueil pour les enfants de 2 à 3 ans, intermédiaire entre la famille, la crèche et l'école maternelle.
  - **Les crèches à vocation d'insertion professionnelle (VIP)** : accueil des enfants (0-3 ans) de parents sans emploi et accompagnement vers l'emploi ou la formation professionnelle des parents. Les familles monoparentales sont prioritaires.

1 3 Le fonctionnement réglementaire de ces établissements

- Régis par le **décret n° 2010-613 du 7 juin 2010**, les EAJE font l'objet d'une autorisation de fonctionnement, délivrée par le Président du conseil départemental après avis de la commune d'implantation et des services de PMI qui les contrôle et les conseille.

- Des documents comme le projet d'établissement et le règlement intérieur sont obligatoires pour le fonctionnement de la structure.
  – **Le projet d'établissement** (ou de service) est un document qui a pour but de présenter aux familles (et aux institutions partenaires) les grands axes éducatifs et les modalités de travail et de réflexion que l'équipe met en œuvre pour proposer aux enfants un accueil de qualité. Ce projet d'établissement comporte les projets éducatif, pédagogique et social.

Projet d'établissement

Le projet éducatif	Le projet pédagogique	Le projet social
Il présente les grandes finalités éducatives mises en place par la structure pour l'accueil des enfants et assurer leurs soins, leur développement, leur éveil et leur bien-être.	Il représente la partie opérationnelle du projet éducatif. Il décline les actions mises en œuvre pour atteindre les objectifs éducatifs. Il peut être annuel et avoir un thème spécifique.	Il présente clairement les modalités spécifiques mises en œuvre par le gestionnaire pour assurer l'accueil d'enfants dont les parents rencontrent des difficultés (financières, professionnelles…).

  – **Le règlement intérieur** présente les différents membres de l'équipe, leurs qualifications et compétences et les modalités de fonctionnement de la structure.

- La prise en charge des enfants est réglementée : la proportion des professionnels diplômés est d'au moins 40 % du personnel placé auprès des enfants. Il faut un adulte pour cinq enfants qui ne marchent pas et un adulte pour huit qui marchent. Il ne doit jamais y avoir moins de deux personnels présents dans une structure.

1 professionnel pour 5 enfants qui ne marchent pas

1 professionnel pour 8 enfants qui marchent

1 4 Les professionnels de la petite enfance

- L'accueil des enfants est assuré par une équipe pluridisciplinaire.

Professionnels	Rôles
Puéricultrice (directrice)	Son rôle est d'animer un projet éducatif, d'encadrer une équipe pluridisciplinaire et de gérer quotidiennement, administrativement et financièrement la structure. C'est une infirmière spécialisée dans le soin à l'enfant de 0 à 15 ans (Bac + 4 ans).
Éducateur de jeunes enfants (EJE)	Son travail se situe à trois niveaux : éducation, prévention, coordination. Il crée un environnement riche et motivant, afin de favoriser l'éveil des jeunes enfants et leur apprentissage à la vie sociale. Il accompagne les parents dans leur fonction parentale. Il possède un diplôme d'état d'éducateur de jeunes enfants (Bac + 3 ans).
Auxiliaire de puériculture	Il effectue des soins d'hygiène et de confort auprès des jeunes enfants, il réalise des activités pour préserver le bien-être et l'autonomie de l'enfant. Il est titulaire du diplôme d'état d'auxiliaire de puériculture (formation d'un an). Il est sous la responsabilité de l'éducateur de jeunes enfants et de la puéricultrice
Accompagnant éducatif petite enfance	Son rôle consiste à accueillir les enfants, à participer aux activités d'éveil, à aider les enfants au quotidien : habillage, toilette, repas… Il veille à l'hygiène de l'environnement des enfants. Il est titulaire du CAP Petite enfance ou du CAP AEPE et travaille sous la responsabilité des professionnels qualifiés.

- Le travail d'équipe a donc une place primordiale dans ces structures.

La place des différents professionnels est présentée généralement à l'aide d'un organigramme. Ce dernier permet de visualiser rapidement **les liens organisationnels** (les secteurs), **les liens hiérarchiques** (qui est responsable, qui transmet les ordres) **et les liens fonctionnels** (personnes qui ont des activités qu'elles sont amenées à exercer ensemble) d'une structure.

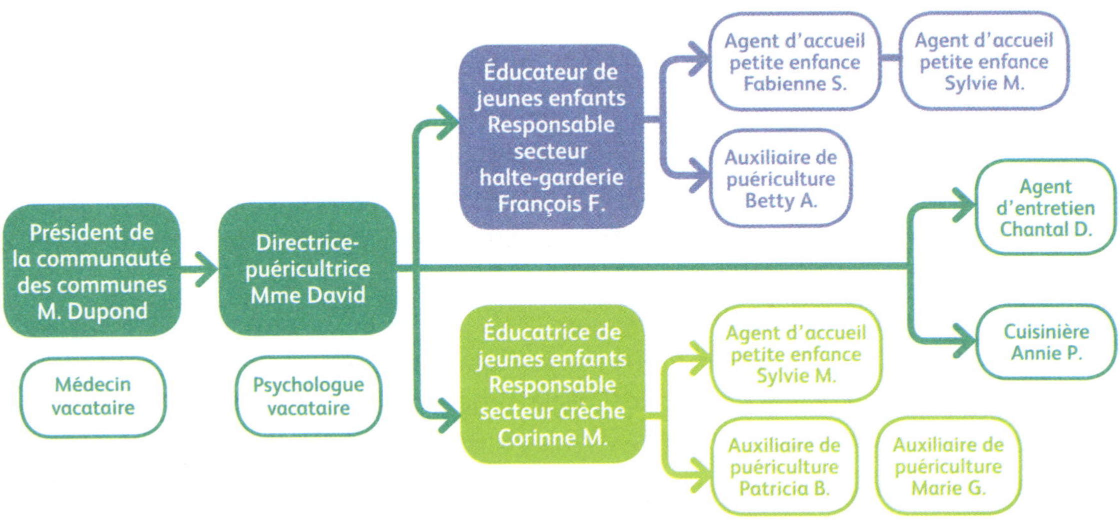

EP1

2 L'accueil individuel de l'enfant de moins de 3 ans

2 1 L'assistant maternel agréé (AMA)

- Son rôle consiste à accueillir à son domicile de façon habituelle et non permanente un à quatre enfants contre une rémunération.

Voir fiche 59

Pour exercer il lui faut obtenir un agrément du Conseil départemental après avis de la PMI.

- L'assistant maternel peut exercer son métier selon différentes modalités.

Employé par un ou plusieurs particuliers	Employé par une structure
– soit directement à **son domicile** – soit dans une **maison d'assistants maternels** (MAM) : c'est un lieu où se regroupent jusqu'à quatre assistants maternels pouvant travailler ensemble dans un lieu réservé à l'accueil des enfants, hors de leur domicile personnel (loi du 9 juin 2010). Chaque parent reste employeur du seul assistant maternel auquel il a confié son enfant mais il peut autoriser l'assistant maternel qui accueille son enfant à déléguer cet accueil à un ou plusieurs assistants maternels exerçant dans la même MAM.	**Service d'accueil familial (crèche familiale)** : cette structure emploie des assistants maternels agréés, qui accueillent à leur domicile des enfants. Les AMA sont encadrés et suivis par une équipe de professionnels (puéricultrice, éducateur de jeunes enfants), ils participent à des temps de regroupement autour d'activités d'éveil dans un local adapté. Les AMA sont directement rémunérés par les gestionnaires de la crèche.

- L'accueil au domicile d'un assistant maternel est le mode de garde le plus utilisé en France, il s'exerce le plus souvent dans un isolement certain. Il est fortement recommandé que l'assistant maternel travaille en réseau avec des partenaires de proximité et notamment avec les professionnels de la PMI et des relais d'assistants maternels (RAM).

Voir fiche 1

  - **La PMI** : elle a pour mission de contrôler les assistants maternels (agrément) mais également de les accompagner dans leur parcours de formation, de les conseiller et de répondre à leurs questionnements.
  - **Le RAM** : c'est un lieu chargé d'informer les parents et les assistants maternels sur ce mode d'accueil à domicile, d'offrir aux assistants maternels un cadre pour le développement de leur pratique professionnelle et de leur proposer des réunions d'information et l'organisation d'activités d'éveil pour les jeunes enfants.

2 2 L'employé à domicile (assistant parental ou auxiliaire parental)

- Son rôle consiste à prendre en charge les enfants au domicile de leurs parents pendant que ces derniers travaillent.
Il peut être chargé des tâches suivantes :
  - assurer les soins et la surveillance des enfants, veiller à leur confort physique et moral ;
  - effectuer les trajets entre l'école, les lieux d'activités et le domicile des enfants ;
  - effectuer la préparation des repas et les assister dans la prise de ceux-ci ;
  - éveiller leurs sens et leur motricité par des activités, jeux, et promenades journalières ;
  - assurer les travaux ménagers des lieux liés aux enfants (chambres, salon et cuisine).

Voir fiche 59

Ces tâches doivent être définies dans le **contrat de travail**.

- L'assistant parental peut **être employé par un particulier** de façon individuelle, ou passer par **un organisme privé, social, une collectivité ou une association.** Il existe aussi la garde à domicile partagée où des parents se regroupent et l'employé travaille en alternance à leur domicile.

- Ce mode de garde à domicile permet aux parents de :
  - respecter leurs contraintes horaires en laissant l'enfant évoluer dans son environnement à son propre rythme ;
  - bénéficier d'un professionnel ayant suivi une formation spécifique ou ayant une bonne expérience en matière de garde d'enfants.

- Afin d'aider les parents dans leur démarche pour employer un assistant parental, ils peuvent contacter un **RAP (relais d'assistants parentaux)**. Ces relais ont un rôle similaire au RAM mais ils sont destinés aux assistants parentaux. Ils assurent :
  - le suivi des assistants parentaux : visite au domicile des parents et action de formation ;
  - des accueils-jeux encadrés par une éducatrice de jeunes enfants.

Retenez l'essentiel !

Accueil collectif des enfants de moins de 3 ans

OÙ ?	QUOI ?	QUI ?
EAJE (crèche, halte-garderie, multi-accueil…)	Accueil régulier ou occasionnel d'enfants : – jusqu'à l'entrée en maternelle – jusqu'à 6 ans hors temps scolaire	Professionnels : puéricultrice, éducateur de jeunes enfants, auxiliaire de puériculture, accompagnant éducatif petite enfance

MISSIONS ?

- Répondre aux besoins des parents pour concilier vie familiale et vie professionnelle
- Accompagner les parents dans leur fonction d'éducation
- Favoriser le développement, l'éveil et la socialisation des enfants
- Concourir à l'intégration sociale des enfants atteints de handicap et/ou de maladie chronique

Règlementation de création et de fonctionnement

- sur le plan quantitatif (nombre de personnels, nombre d'enfants accueillis selon l'agrément de la PMI)
- sur le plan qualitatif (projet d'établissement, règlement intérieur, diplômes réglementés des professionnels)

Accueil individuel des enfants

Assistant maternel agréé	QUI ?	Assistant parental
• Accueille de façon habituelle et non permanente 1 à 4 enfants (0-6 ans)	QUOI ?	• Prend en charge les enfants • Peut être chargé de différentes tâches
• Particuliers • Structure en service d'accueil familial	EMPLOYÉ PAR ?	• Particuliers • Organisme privé, collectivité, association
• À son domicile • En maison d'assistants maternels (MAM)	OÙ ?	• Au domicile des parents

Vérifiez vos acquis !

QCM
S'évaluer en ligne
→ lienmini.fr/4687-02

1 Indiquez si les propositions sont vraies ou fausses.

Propositions	Vrai	Faux
A. La crèche collective est un accueil régulier d'enfants dont les parents travaillent.		
B. La crèche familiale est un accueil régulier d'enfants dont les parents travaillent, ces derniers doivent participer à la vie de la structure.		
C. Le multi-accueil est un accueil d'enfants au domicile de l'assistante maternelle.		
D. La halte-garderie est un accueil occasionnel réservé aux enfants dont les parents ne travaillent pas ou qui exercent une activité à temps partiel.		

2 Soulignez les professionnels qui peuvent travailler en établissement d'accueil collectif de la petite enfance.

A. Une ATSEM
B. Une auxiliaire de puériculture
C. Une assistante maternelle indépendante
D. Un accompagnant éducatif petite enfance
E. Une éducatrice de jeunes enfants

3 Reliez chaque professionnel à ses différents lieux d'exercice possibles.

A. Assistant maternel agréé ○
B. Assistant parental ○

○ 1. À son domicile privé
○ 2. Dans une MAM
○ 3. Au domicile des parents
○ 4. Dans un service d'accueil familial

4 Indiquez le professionnel compétent en accueil collectif pour chaque situation suivante.

A. Accueillir les parents lors de l'inscription :

....

B. Assurer le nettoyage des jouets :

....

C. Effectuer le change de l'enfant :

....

D. Préparer le projet du carnaval avec l'équipe :

....

Corrigés : voir p. 318

FICHE 3

RESSOURCES

Les lieux d'accueil des enfants âgés de 3 à 6 ans

OBJECTIF

• Identifier le cadre de son intervention pour se situer en tant que professionnel.

Une bonne raison d'apprendre

L'école maternelle publique est la première étape du système éducatif français. Elle repose sur les principes de gratuité et de laïcité. À partir de septembre 2019, elle sera obligatoire dès l'âge de 3 ans.
Lorsque l'école maternelle n'est pas ouverte, des structures comme les accueils collectifs de mineurs permettent la prise en charge des enfants. Vous devez connaître ces différentes structures car vous pouvez être amené à y travailler auprès des enfants.

1 L'école maternelle

1.1 Les missions de l'école maternelle

• Sa mission principale est de donner envie aux enfants d'aller à l'école pour apprendre, affirmer et épanouir leur personnalité. Les enfants vont apprendre et vivre ensemble. Ils y développent leur langage oral et commencent à découvrir les écrits, les nombres et d'autres domaines d'apprentissage.

• Les enseignements sont organisés en cinq domaines d'apprentissage.

1. Mobiliser le langage dans toutes ses dimensions
2. Agir, s'exprimer, comprendre à travers l'activité physique
3. Agir, s'exprimer, comprendre à travers les activités artistiques
4. Construire les premiers outils pour structurer sa pensée
5. Explorer le monde

1.2 Le fonctionnement réglementaire de l'école maternelle

• L'école maternelle et l'école élémentaire (du CP au CM2) forment l'école primaire. Les modalités de fonctionnement de la structure sont définies dans le **règlement intérieur** qui précise les droits et les obligations des élèves, des parents et de l'ensemble de la communauté éducative.

• Une école maternelle comprend les classes de la petite à la grande section organisée en un cycle d'apprentissage de 3 ans : le cycle des apprentissages premiers. La durée d'enseignement hebdomadaire est de 24 h.

- Pour être inscrit à l'école maternelle publique différentes conditions doivent être respectées.

Voir fiche 9

  - **L'inscription à la mairie** : l'enfant doit habiter la commune de l'école, il doit être âgé d'au moins 3 ans (2 ans en fonction des places disponibles) et être à jour des 11 vaccins obligatoires à partir du 1er janvier 2018).
  - **L'inscription définitive à l'école :** les parents munis du certificat d'inscription de la mairie doivent s'inscrire ensuite auprès du directeur de l'école.

- **Différentes instances sont obligatoires** pour le fonctionnement de l'école.

	Composition	Rôle
Le conseil d'école	Directeur d'école, enseignants, représentants des parents, maire, délégués de l'Éducation nationale	Il se réunit au moins une fois par trimestre, vote le règlement intérieur de l'école, établit l'organisation pédagogique de la semaine scolaire. Il donne des avis et des suggestions sur les questions intéressant la vie de l'école.
Le conseil des maîtres	Directeur et enseignants affectés à l'école	Il se réunit au moins une fois par trimestre. Il élabore le projet d'école avec les représentants de la communauté éducative dont les ATSEM (agent territorial spécialisé des écoles maternelles) font partie.

Voir fiche 42

- **Des documents** comme le projet d'école et le projet pédagogique du cycle sont obligatoires.

1 3 Les professionnels des écoles maternelles

- **Le directeur** : il exerce des responsabilités administratives, pédagogiques et représente l'institution auprès de la commune et des parents d'élèves. Il dépend de l'Éducation nationale et est fonctionnaire d'État.

- **Le professeur des écoles** : Il est responsable de la pédagogie de sa classe. Il doit permettre à l'enfant d'acquérir les apprentissages premiers. Il dépend de l'Éducation nationale et est fonctionnaire d'État.

Voir fiche 42

- **L'ATSEM :** il est chargé de l'assistance au personnel enseignant pour l'accueil et l'hygiène des enfants des classes maternelles ou enfantines, ainsi que de la préparation et la mise en état de propreté des locaux et du matériel servant directement à ces enfants. Il appartient à la communauté éducative. Il peut participer à la mise en œuvre des activités pédagogiques prévues par les enseignants et sous la responsabilité de ces derniers. Il peut également assister les enseignants dans les classes ou établissements accueillant des enfants à besoins éducatifs particuliers. En outre, il peut être chargé de la surveillance des enfants des classes maternelles ou enfantines dans les lieux de restauration scolaires. Il peut également être chargé, en journée, de l'animation dans le temps périscolaire ou lors des accueils de loisirs en dehors du domicile parental de ces enfants (décret du 1er mars 2018).

• **L'AESH (ancien AVS) Accompagnant d'élève en situation de handicap** : il participe à l'intégration des élèves en situation de handicap, favorise la socialisation de l'enfant, sa participation, son autonomie et participe à l'organisation matérielle de certaines activités. Il est agent public non titulaire.

2 Les accueils collectifs de mineurs (ACM)

2 1 Les différentes catégories des ACM

• Les accueils collectifs des mineurs sont des structures de **loisirs éducatifs** pour les enfants scolarisés (de 3 ans à 18 ans) qui accueillent les enfants hors du temps scolaire. Ils sont sous la tutelle du ministère des Sports et de la Jeunesse.

• On distingue trois catégories :

Accueil de loisirs	Conditions d'accueil	Capacités d'accueil
Accueil de loisirs sans hébergement (ALSH) 	Au moins 14 jours durant l'année sur le temps extra ou périscolaire pour une durée minimale de 2 h par jour	7 à 300 mineurs
Séjours de vacances 	Les vacances scolaires, avec un hébergement d'au moins 3 nuits	Au moins 7 mineurs
Accueil de scoutisme 	Pendant les vacances scolaires ou temps extra-scolaire	Au moins 7 mineurs

• Ces structures sont gérées par des associations, des collectivités territoriales ou par des comités d'entreprise.

2 2 Le fonctionnement réglementaire des ACM

- Les ACM sont soumis à l'obligation de déclaration d'ouverture et de fonctionnement auprès des services de la DDDCS et de la PMI si l'accueil concerne les enfants de moins de 6 ans

- Trois documents constituent le cadre de référence de l'accueil.
  - **Le projet éducatif** : il explicite les intentions éducatives de l'organisateur, elles concernent l'organisation de la vie collective et la pratique des diverses activités.
  - **Le projet pédagogique** : il est la concrétisation du projet éducatif. Il est conçu par le directeur du centre en concertation avec l'équipe d'animation, et validé par l'organisateur. Il indique les objectifs éducatifs retenus et les valeurs qu'il semble important de défendre.
  - **Le projet d'animation** : il regroupe l'ensemble d'activités autour d'un thème basé sur le projet pédagogique. Il est mis en place par les animateurs et validé par le directeur.

- Les accueils de mineurs doivent satisfaire à des exigences réglementaires en matière de taux d'encadrement : **1 animateur pour 8 enfants âgés de moins de 6 ans et 1 animateur pour 12 enfants âgés de plus de 6 ans.**

EP1

2 3 Les professionnels des ACM

- Le directeur et les animateurs assurent une mission socio-éducative.

Professionnels	Rôle
Directeur : BAFD (brevet d'aptitude aux fonctions de directeur) ou personne titulaire d'un titre ou diplôme fixé par l'arrêté du 9 février 2007, ayant une expérience suffisante dans l'animation.	▸ Il est le garant des orientations et objectifs du projet éducatif à travers la déclinaison qu'il en fait dans le projet pédagogique. ▸ Il coordonne et encadre l'équipe, assure les différentes tâches administratives dont la responsabilité lui a été confiée.
Animateur : Au moins 80 % de l'équipe doit être qualifié dont 50 % doit avoir le BAFA (brevet d'aptitude aux fonctions d'animateur).	▸ Il encadre et anime la vie quotidienne des enfants et des adolescents dans l'ACM.

Retenez l'essentiel !

2 CADRES D'INTERVENTION auprès des enfants de 3 à 6 ans

L'école maternelle

MISSIONS

- Permettre aux enfants d'apprendre, d'affirmer et d'épanouir leur personnalité
- Développer leur langage oral et découverte de l'écrit, des nombres et d'autres domaines d'apprentissage

FONCTIONNEMENT

- L'école maternelle constitue le cycle des apprentissages premiers, la durée d'enseignement est de 24 h/semaine.
- Elle accueille gratuitement des enfants âgés de 3 à 6 ans. Ces enfants doivent être à jour de leurs vaccinations obligatoires, habiter la commune et avoir un certificat d'inscription délivré par la mairie.
- Elle est régie par des instances comme le conseil d'école, le conseil des maîtres et des documents obligatoires : le règlement intérieur, le projet d'école, le projet pédagogique.

PROFESSIONNELS

Directeur, professeurs des écoles, ATSEM, AESH.

Les accueils collectifs de mineurs (ACM)

MISSIONS

- Ces structures de loisirs éducatifs accueillent en dehors du temps scolaire des enfants scolarisés dès l'âge de 3 ans.

FONCTIONNEMENT

- Ils dépendent de la direction départementale de la cohésion sociale (DDCS) et de la PMI si l'accueil concerne les enfants de moins de 6 ans.
- L'accueil est défini dans le projet éducatif et pédagogique.
- Ils sont classés en 3 catégories :
  - l'accueil de loisirs sans hébergement (ALSH),
  - les séjours de vacances,
  - les accueils de scoutisme.

PROFESSIONNELS

Directeur (BAFD), animateurs (BAFA), autres.

QCM
S'évaluer en ligne
→ lienmini.fr/4687-03

EP1

Vérifiez vos acquis !

1 Soulignez les bonnes affirmations concernant l'école maternelle.

A. L'école maternelle fait partie de l'école élémentaire.
B. Pour être inscrit à l'école maternelle publique, l'enfant doit être à jour de ses vaccins et habiter la commune du lieu de l'école.
C. L'école maternelle est obligatoire.
D. La durée d'enseignement hebdomadaire est de 24 h.

2 Cochez les différentes tâches correspondant aux professionnels.

Tâches de travail	Professeur des écoles	ATSEM	Directeur
A. Il met en place les tâches pédagogiques aux programmes de sa classe.			
B. Il entretient les locaux, le matériel et mobiliers scolaires, pendant le temps hors classe.			
C. Il dirige les différents conseils (conseil d'école, conseil des maîtres…).			
D. Il anime son équipe d'enseignants en organisant des réunions de concertation et une réflexion sur le projet éducatif.			
E. Il est polyvalent : il enseigne tous les domaines d'apprentissage.			
F. Il assiste le personnel enseignant pour l'accueil.			
G. Il est en relation avec les services sociaux et les informe éventuellement des enfants en difficulté.			
H. Il réalise des tâches matérielles pour des activités pédagogiques à la demande de l'enseignant.			

3 Entourez le bon taux d'encadrement obligatoire en ACM.

A. 1 animateur pour 10 enfants de moins de 6 ans et 1 animateur pour 14 enfants de plus de 6 ans.
B. 1 animateur pour 6 enfants de moins de 6 ans et 1 animateur pour 8 enfants de plus de 6 ans.
C. 1 animateur pour 8 enfants e moins de 6 ans et 1 animateur pour 12 enfants de plus de 6 ans.

Corrigés : voir p. 318

FICHE 4

RESSOURCES

La famille

OBJECTIFS
- Identifier le cadre de son intervention.
- Prendre en compte les dimensions éthiques et déontologiques de son intervention.

Une bonne raison d'apprendre

Ces dernières années, la famille a connu de profondes mutations. Elle n'a cessé de se transformer aussi bien d'un point de vue sociologique que juridique. De nouvelles problématiques concernant certaines familles apparaissent (précarité, famille migrante, etc.).
En tant que professionnel, en prenant en charge un enfant, vous participez à l'accueil et à l'accompagnement de sa famille, quelle que soit sa situation.

1 Approche sociologique de la famille

En sociologie, la famille se définit comme un ensemble de personnes ayant un lien de parenté par le sang ou par alliance.

1 1 Les différentes formes de la famille

- Différentes formes de familles coexistent :

Famille nucléaire ou traditionnelle : couple d'adultes, mariés ou non, avec enfant(s), vivant ensemble sous le même toit.

Famille monoparentale : parent isolé (suite à une séparation, un veuvage ou par choix) avec un ou plusieurs enfants.

Famille recomposée : couple d'adultes, mariés ou non, avec au moins un enfant né d'une union précédente de l'un des conjoints.

Famille homoparentale : deux personnes de même sexe avec un ou plusieurs enfants.

1 2 L'évolution de la famille

- Depuis quelques années, la famille connaît une véritable mutation.
  - La famille traditionnelle (70,4 %) reste majoritaire mais perd du terrain au profit des familles recomposées (9,3 %) et surtout des familles monoparentales (20,3 %). Cette augmentation est due essentiellement à la multiplication des ruptures engendrant pour certaines de ces familles des difficultés financières (40 % vivent en dessous du seuil de pauvreté).

– La famille se forme de plus en plus tard, l'âge moyen de la première maternité s'accroît, les naissances hors mariage sont devenues majoritaires.
– Les relations familiales se modifient : la mère travaille très souvent, les hommes participent davantage aux tâches domestiques et à l'éducation des enfants.

- Les unions sont plus fragiles : le divorce concerne 44 % des mariages et touche toutes les couches sociales.

1 3 Le rôle des parents

- Les parents doivent répondre aux besoins de leur enfant en veillant à sa sécurité morale, affective et matérielle. Ils ont pour rôle d'assurer une fonction de socialisation et d'éducation en lui transmettant les règles essentielles à la vie collective.

- En fonction des différentes situations, certaines familles rencontrent des difficultés pour assumer leur fonction parentale : précarité, isolement social, surcharge de travail, adaptation culturelle… et peuvent demander de l'aide aux professionnels à la crèche ou à l'école.

2 Approche juridique de la famille

2 1 Les différentes formes d'union et leurs effets

Forme d'union	Définition	Effets
Mariage	Union contractée par deux personnes majeures de sexe différent ou de même sexe, lors d'une cérémonie républicaine devant un officier de l'État civil.	Les époux ont des droits et des devoirs réciproques : respect, assistance, secours, fidélité, contribution aux charges du ménage, éducation et entretien des enfants, solidarité pour les dettes du ménage, etc.
Pacte civil de solidarité (PACS)	Contrat conclu entre deux personnes majeures, non mariées, de sexe différent ou de même sexe, pour organiser les modalités de leur vie commune. Il se passe soit à la mairie, soit chez un notaire.	Ils s'engagent à une vie commune, ainsi qu'à une aide matérielle et une assistance réciproque. Ils sont solidaires des dettes pour les besoins de la vie courante.
Union libre	Union de deux personnes de même sexe ou de sexe différent, vivant en couple de façon stable et continue.	Il n'y a pas de devoirs réciproques. Ils ne sont pas solidaires des dettes. Les biens acquis par les concubins leur sont personnels.

2 2 La filiation et la reconnaissance d'un enfant

- Il existe deux types de filiation :
  - **la filiation** : lien juridique qui unit un enfant à son père et à sa mère ;
  - **la filiation adoptive** : lien juridique, établi par un jugement du tribunal de grande instance, entre un enfant et des parents qui ne sont pas du même sang.

Reconnaissance de la filiation

Parents mariés	Parents non mariés
L'établissement de la filiation est automatique : il n'y a aucune démarche à faire.	Le père doit faire une déclaration de reconnaissance : acte par lequel le père établit volontairement et officiellement la filiation de son enfant, devant un officier d'état civil.

2 3 L'autorité parentale

- L'autorité parentale est un ensemble de **droits** et de **devoirs** des parents ayant pour finalité l'intérêt de l'enfant jusqu'à la majorité ou l'émancipation de celui-ci.

- Des droits et devoirs découlent de l'autorité parentale :
  - protéger l'enfant, le nourrir, l'héberger, assurer son éducation, veiller à sa santé, sa sécurité et sa moralité ;
  - fixer sa résidence, contrôler ses déplacements, ses fréquentations, choisir son orientation scolaire et, le cas échéant, sa religion, etc.

- L'exercice de l'autorité parentale peut se faire :
  - **conjointement** : par les deux parents qu'ils soient mariés ou non, qu'ils vivent ensemble ou séparément ;
  - **par un seul parent** : lorsque la filiation n'est établie qu'à l'égard d'un seul parent ou lorsqu'un parent est décédé ou lorsque le **juge des affaires familiales** (JAF) en décide ainsi en fonction de l'intérêt de l'enfant ;
  - **par un délégataire :** lorsque les circonstances l'exigent, l'exercice de l'autorité parentale peut être délégué à un tiers. La délégation peut être volontaire (à la demande des parents) ou forcée (à la demande d'un tiers et s'impose aux parents). La délégation doit être validée par le JAF.

- En tant que professionnel de la petite enfance, il est primordial de connaître qui exerce l'autorité parentale :
  - si l'autorité parentale est exercée conjointement par les deux parents, le professionnel confie l'enfant à l'un ou l'autre parent indifféremment ;
  - si l'autorité parentale n'est fixée que pour un seul parent, le professionnel ne peut confier l'enfant qu'au parent titulaire de l'autorité parentale.

3 Les droits des enfants

- L'enfant n'ayant pas de capacité juridique, il ne peut exercer seul les droits qui lui sont reconnus. Ceux-ci sont mis en œuvre par le représentant légal de l'enfant, en principe ses parents, agissant en son nom.
- La **convention internationale des droits de l'enfant** (**CIDE**), adoptée par les Nations-Unies le 20 novembre 1989, énonce dans un texte de 54 articles **les droits fondamentaux des enfants** regroupés en **12 principes** :

1. Tous les enfants sont égaux en droits (sexe, origines…).
2. Chaque enfant doit pouvoir vivre en famille.
3. Chaque enfant doit avoir une identité (nom, prénom, nationalité…).
4. Chaque enfant doit être correctement nourri et soigné.
5. Chaque enfant a le droit d'aller gratuitement à l'école et d'avoir des loisirs.
6. Chaque enfant qui a un handicap a le droit d'être aidé à vivre avec les autres en étant le plus autonome possible.
7. Chaque enfant a droit à la protection de sa vie personnelle.
8. Chaque enfant a le droit de s'exprimer et d'être entendu sur les questions qui le concernent.
9. Chaque enfant doit être protégé contre toutes les violences.
10. Personne n'a le droit d'exploiter un enfant.
11. Chaque enfant a le droit à une justice adaptée.
12. Les enfants doivent être protégés et ne peuvent devenir soldats en temps de guerre.

EP1

Retenez l'essentiel !

APPROCHE SOCIOLOGIQUE de la famille et de l'enfant

Modèles familiaux

La structure familiale s'est considérablement modifiée du fait de l'évolution des modes de vie.

Différentes formes de famille coexistent :

- famille nucléaire ;
- famille monoparentale ;
- famille recomposée ;
- famille homoparentale.

Rôle des parents

- Répondre aux besoins de leur enfant en veillant à leur sécurité morale, affective et matérielle.
- Sociabiliser et éduquer l'enfant.

APPROCHE JURIDIQUE de la famille et de l'enfant

Les statuts du couple

Le mariage, le PACS et l'union libre.

La filiation

- **La filiation :** lien juridique qui unit un enfant à sa mère et/ou à son père (s'il l'a reconnu).
- **La filiation adoptive :** lien juridique établi par un jugement du tribunal de grande instance, entre un enfant et des parents qui ne sont pas du même sang.

L'autorité parentale

- C'est un ensemble de droits et de devoirs ayant pour finalité l'intérêt de l'enfant. Cela signifie que, jusqu'à la majorité ou l'émancipation de l'enfant, ses père et mère doivent le protéger, assurer son éducation et permettre son développement dans le respect de sa personne.
- L'autorité parentale est exercée par les parents, que ce soit de façon conjointe ou par un seul parent, mais, dans certaines situations, elle peut être déléguée à un tiers.

Droits des enfants

L'enfant n'a pas de capacité juridique. La CIDE énonce, dans un texte de 54 articles, les droits fondamentaux des enfants et les obligations des États pour les appliquer.

QCM

S'évaluer en ligne

→ lienmini.fr/4687-04

Vérifiez vos acquis !

EP1

1 Reliez le type de famille à sa définition.

A. Famille nucléaire ○	○ 1. Parent isolé avec un ou plusieurs enfants.
B. Famille monoparentale ○	○ 2. Couple d'adultes de même sexe, mariés ou non qui ont un ou des enfants
C. Famille recomposée ○	○ 3. Couple d'adultes, mariés ou non, avec enfant(s), vivant ensemble sous le même toit
D. Famille homoparentale ○	○ 4. Couple d'adultes mariés ou non, vivant avec un enfant d'une union précédente.

2 Soulignez les propositions exactes concernant les formes d'union.

A. Pour se pacser, il faut se rendre au tribunal de grande instance ou chez un notaire.

B. Pour se marier, il faut être majeur et avoir l'accord de ses parents.

C. Le mariage religieux est reconnu par l'État français.

D. Le mariage peut concerner des personnes de même sexe ou de sexe différent.

E. Un mariage est prononcé à la mairie.

F. Durant un Pacs, une des deux personnes n'est pas responsable des dettes contractées par l'autre personne.

G. Les concubins doivent obligatoirement vivre sous le même toit.

3 Indiquez si les affirmations suivantes concernant l'attribution de l'autorité parentale sont vraies ou fausses.

A. L'autorité parentale est exercée conjointement seulement par les parents mariés.

☐ Vrai ☐ Faux

B. L'autorité parentale est exercée par les deux parents, qu'ils soient mariés ou non, qu'ils vivent ensemble ou séparément.

☐ Vrai ☐ Faux

C. L'autorité parentale est exercée par un seul parent lorsque la filiation n'est établie qu'à l'égard d'un seul parent.

☐ Vrai ☐ Faux

Corrigés : voir p. 318

RESSOURCES

FICHE 5

Le développement global de l'enfant

OBJECTIF

- Déterminer le degré de développement et d'autonomie de l'enfant.

Une bonne raison d'apprendre

Les six premières années du développement de l'enfant ont des caractéristiques spécifiques sur les plans physique, affectif, social, cognitif, émotionnel et social. Tout professionnel de la petite enfance doit connaître ces caractéristiques pour être en mesure d'offrir un accueil épanouissant aux enfants.

Dans son rapport de mai 2016, **Sylviane Giampino** (psychologue pour enfants et psychanalyste), évoque une des questions fortes du travail de réflexion qui a été : « Quelles sont les principales caractéristiques du développement et de la sensibilité des enfants qui doivent être prises en considération pour penser et organiser les modes d'accueil ? »

1 Les cinq dimensions primordiales du développement global interactif et dynamique de l'enfant

- Ce rapport recommande aux modes d'accueil de centrer leurs objectifs d'organisation de travail et de formation des professionnels sur les cinq dimensions primordiales pour le développement et l'épanouissement des enfants. Ces cinq dimensions sont :
  - **se sécuriser :** construire sa confiance de base (sécurité affective, attachements en prenant en compte sa singularité à tous les niveaux) ;
  - **prendre soin de soi :** de la puériculture à l'autonomie (consiste à traiter la dépendance de l'enfant sur les plans moteur, relationnel, intellectuel, social …) ;
  - **se repérer dans les relations, s'identifier :** le soi et l'autre (l'enfant trouve dans les relations avec ceux qui l'entourent des appuis pour se construire) ;
  - **se déployer :** l'enfant apprenant ludique (en soutenant sa joie de vivre grâce à des expériences variées, l'enfant ressent, apprend et comprend à son rythme et à sa façon) ;
  - **se socialiser :** apprivoiser le langage, des codes et des valeurs (cultures, art, interculturel).

- Ces dimensions interagissent entre elles et ne sont pas parallèles. Elles doivent être considérées comme des bases, un cadre général commun pour les modes d'accueil et doivent s'adresser à tous les jeunes enfants afin qu'ils y trouvent leur place et leur épanouissement.

- D'autres particularités du développement sont également à prendre en compte (toujours selon le rapport Giampino).
  - « Les sphères du développement du jeune enfant, physique, cognitif, affectif, social sont inséparables. »
  - « Le développement procède non pas de façon linéaire, par paliers mais par vagues : une acquisition se perd pour faire place à une nouvelle, puis reviendra sous une autre forme à un moment ou s'effacera. »
  - « Dans le développement de l'enfant la construction de l'extérieur précède celle du monde intérieur. »
  - « Le jeune enfant prend connaissance du monde par sa sensibilité, où sont liés le corporel, le cognitif, l'affectif, l'émotionnel et le social. »
  - « Les trois premières années de la vie posent les fondations de la personne sans pour autant en déterminer linéairement le devenir. »

2 Les sphères de développement de l'enfant

- Le développement de l'enfant se réalise sous différents aspects qui sont :

Le développement physique

Il comprend la croissance staturo-pondérale (croissance en taille et en poids), les stades de la posture, de la préhension (prise des objets par la main)…

Le développement affectif et émotionnel

C'est l'évolution des liens affectifs, la compréhension et l'expression des émotions.

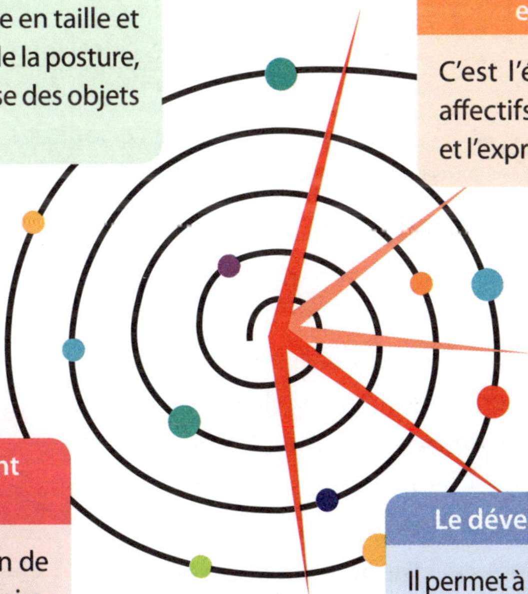

Le développement cognitif

Il concerne l'évolution de l'intelligence, la mémoire, le langage, le graphisme…

Le développement social

Il permet à l'enfant de construire des relations, d'apprendre et d'intégrer des valeurs sociales, des codes ou la culture de son groupe d'appartenance.

2 1 Les sphères de développement de l'enfant de 0 à 1 an

- **Aspect physique**

– La croissance de l'enfant comprend l'évolution du poids, de la taille, du périmètre crânien, de la dentition (incisives supérieures et inférieures), la maturation et le développement des organes viscéraux ainsi que des os.

– Sur le plan postural, il va passer de la **position fœtale** au **contrôle de la tête** (3 mois), à la **position assise** sans soutien (8 mois), puis à la **marche à 4 pattes** (10 mois).

– La préhension va également progresser, le réflexe de « grasping » présent à la naissance va faire place à la **préhension au contact** (3 mois), puis à la **préhension volontaire palmaire** (5-6 mois), puis la **pince inférieure** (prise entre le pouce et l'auriculaire, vers 8 mois) et à la préhension en **pince supérieure** vers 9 mois (prise d'un objet entre le pouce et l'index).

- **Aspect affectif et émotionnel**

Pour se développer, l'enfant nécessite des relations affectives stables et satisfaisantes. D'après la théorie de Freud, de 0 à 1 an, l'enfant est dans le **stade oral** : il découvre son environnement avec sa bouche et prend du plaisir à sucer les objets, son pouce, le sein…

- **Aspect cognitif**

Dans la 1re année, l'**intelligence** de l'enfant est dite **sensori-motrice** : elle est pratique et s'appuie sur l'action.

– De 2 à 8 mois, ce sont des actions de découverte sur le corps puis sur les objets.

– De 8 à 12 mois, les actions commencent à devenir intentionnelles et c'est la permanence de l'objet (l'objet continue d'exister même s'il a disparu de son champ visuel).

- **Aspect social**

Durant cette période l'enfant est dépendant de sa mère (c'est la **symbiose**), mais petit à petit il va s'en détacher.

– Vers 6 mois, il commence à la toucher, la regarder.

– Vers 8 mois apparaît l'**angoisse de l'abandon**.

– À partir de 9 mois grâce à ses progrès moteurs, il commence à s'éloigner d'elle tout en éprouvant la peur d'être abandonné.

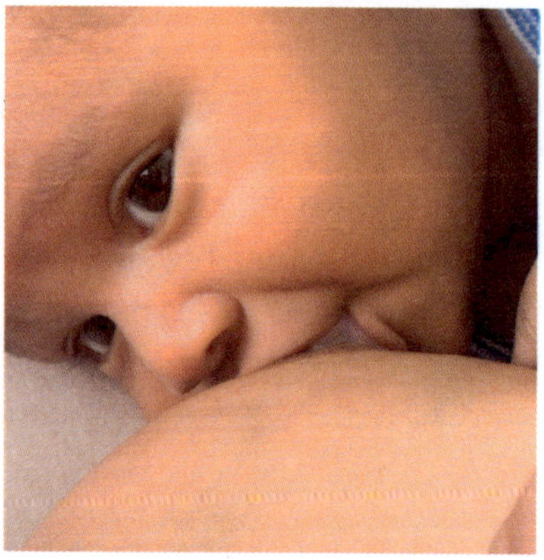

2 2 Les sphères de développement de l'enfant de 1 à 2 ans

- **Aspect physique**
  - À 1 an, l'enfant mesure en moyenne 75 cm et a multiplié par 3 son poids de naissance.
  - Sur le plan psychomoteur, il est capable de marcher avec l'aide de l'adulte vers 12 mois, puis de **marcher seul** vers 15 mois, de **courir** vers 18 mois, de monter et descendre des escaliers tenu par l'adulte vers 21 mois.
  - Concernant la préhension, vers 18 mois l'enfant acquiert le **relâchement fin et précis.**

EP1

- **Aspect affectif et émotionnel**

Freud a déterminé un 2e stade, le **stade anal**, période d'apprentissage de la propreté et de contrôle des sphincters. Ce stade permet à l'enfant de s'opposer et/ou de montrer son autonomie : il est capable de s'opposer à ses parents en refusant d'aller sur le pot par exemple.

- **Aspect cognitif**
  - À partir de 12 mois les **actions** sont véritablement **intentionnelles** et l'enfant expérimente de nouveaux modes d'action pour atteindre ses buts. À 18 mois, apparaît l'**intelligence symbolique** : il réfléchit puis il agit, c'est le stade de la « compréhension soudaine ».
  - C'est aussi pendant cette période que le **langage verbal** fait son apparition. Son évolution sera dépendante des interactions avec les adultes et/ou des autres enfants.
  - Sur le plan du graphisme, l'enfant dessine des « **gribouillis** » vers 18 mois, ce qui lui procure un plaisir moteur.

Voir fiche 40

- **Aspect social**

La **socialisation** est dite **primaire** durant toute l'enfance. Elle se situe essentiellement au sein de la famille qui transmet les codes sociaux, les valeurs et les savoir-faire. Entre 16 et 24 mois, l'enfant est dans une période ambivalente : il a le désir d'être grand tout en gardant l'envie de rester bébé. L'enfant joue souvent seul mais se préoccupe des enfants qui jouent autour de lui, il communique avec eux par des gestes, des sourires.

2 3 Les sphères de développement de l'enfant 2 à 3 ans

- **Aspect physique**
  - À 2 ans, le poids de naissance a été multiplié par 4 et la taille avoisine 85 cm.
  - À 3 ans, sur le plan psychomoteur, l'enfant est à présent capable de **descendre et monter des escaliers seul**, de **courir**, faire du vélo, **sauter**…
  - La préhension est acquise complètement, ce qui lui permet des manipulations précises et diverses.

- **Aspect affectif et émotionnel**

Le **stade anal** se poursuit jusqu'à 3 ans. Il prend de plus en plus conscience de l'évacuation sphinctérienne et la maîtrise de mieux en mieux. Il peut différer ou pas l'évacuation de ses déchets (urine et selles) et affirmer son autonomie ou son opposition selon les cas.

- **Aspect cognitif**

À partir de 2 ans, on entre dans la **pensée intuitive**. L'enfant peut, grâce à des images mentales, se représenter des situations passées. C'est l'âge de l'**imitation**, des **jeux symboliques** (l'enfant transforme le réel selon ses besoins), le tout complété et aidé par le langage. C'est aussi le **stade de l'imagination**, l'enfant fabule et croit à ce qu'il raconte.

Le graphisme évolue et vers 3 ans l'enfant dessine un « **bonhomme têtard** » : composé d'un cercle (tête) avec deux points (yeux) et deux traits pour les jambes. C'est le **début de conscience de son schéma corporel** (notion du corps et de sa représentation dans l'espace).

- **Aspect social**

L'enfant est dans la **phase d'individuation** : il se perçoit comme un être à part entière, il parle de lui à la première personne (« je »). Les enfants jouent ensemble.

2 4 Les sphères de développement de l'enfant 3 à 6 ans

- **Aspect physique**
  - À 3 ans, le poids de naissance est multiplié par 4 + 1,5 kg. À 4 ans la taille de naissance est multipliée par 2 et atteint environ 1 mètre.
  - Sa dentition est constituée de **20 dents de lait** (ou provisoires).
  - À 5 ans, 90 % des enfants sont **latéralisés** (prédominance d'une partie droite ou gauche du corps).

- **Aspect affectif et émotionnel**

  À 3 ans, le 3e stade freudien est le **stade phallique** : l'enfant découvre la différence des sexes et pose des questions à ce propos. Il **contrôle ses sphincters.**

- **Aspect cognitif**
  - À partir de 3 ans, c'est le développement de l'imaginaire, du langage, l'enfant joue beaucoup. Entre 4 et 6 ans la **pensée intuitive** est encore présente. C'est une **pensée prélogique** : l'enfant n'est pas capable de raisonner logiquement. Il est curieux, pose beaucoup de questions (« et pourquoi ? »). Il fait la **distinction entre le réel et l'imaginaire.**
  - Il acquiert les notions de base d'espaces (devant/derrière) et de temps proches (avant/après).
  - Les dessins évoluent en même temps que la conscience du schéma corporel.

- **Aspect social**

  L'enfant découvre le milieu scolaire et **joue avec d'autres enfants.** Les relations sociales s'en trouvent multipliées et complètent la sphère familiale. Les **jeux** sont **symboliques ou coopératifs** (jeu en commun avec une organisation et distribution de rôles).

Retenez l'essentiel !

Sphères de développement de l'enfant

Aspect physique
- croissance staturo-pondérale
- évolution de la posture
- évolution de la préhension

Aspect cognitif
- évolution de l'intelligence et de la mémoire
- évolution du langage
- évolution du graphisme

Aspect affectif et émotionnel
- évolution des liens affectifs
- compréhension et expression des émotions (stades oral, anal, phallique selon la théorie de Freud)

Aspect social
- construction des relations (symbiose avec la mère, période ambivalente, phase d'individuation)
- intégration des valeurs sociales et codes du groupe

Éléments à prendre en compte pour favoriser le développement global des enfants

5 dimensions primordiales du développement global interactif et dynamique de l'enfant
- Se sécuriser : construire sa confiance de base
- Prendre soin de soi : de la puériculture à l'autonomie
- Se repérer dans les relations, s'identifier : le soi et l'autre
- Se déployer : l'enfant apprenant ludique (corps, jeu, apprentissage)
- Se socialiser : apprivoiser le langage, des codes, des valeurs

QCM
S'évaluer en ligne
→ lienmini.fr/4687-05

Vérifiez vos acquis !

1 Indiquez si les affirmations suivantes sont vraies ou fausses.

A. Les différentes sphères du développement de l'enfant interagissent entre elles.

B. Le développement de l'enfant procède par paliers.

C. Les trois premières années de la vie posent les fondations de la personne.

D. Dans le développement de l'enfant, la construction du monde intérieur précède celle de l'extérieur.

E. Les sphères du développement du jeune enfant, physique, cognitif, affectif, social sont inséparables.

F. Le jeune enfant prend connaissance du monde par son développement psychomoteur uniquement.

2 Soulignez les propositions qui sont des dimensions primordiales du développement du jeune enfant.

A. Se repérer dans les relations, s'identifier

B. Se sécuriser/construire sa confiance de base

C. Se socialiser/apprivoiser le langage, les codes, des valeurs

D. Développer son graphisme

E. Se déployer / l'enfant apprenant ludique

3 Reliez les âges correspondant au stade de développement.

A. 1re année de vie ○

B. 18 mois ○

C. 2 ans ○

D. 3 ans ○

E. 4 ans ○

○ 1. C'est l'âge du bonhomme têtard et début du stade phallique sur le plan affectif.

○ 2. Poids de naissance multiplié par 4 et début de la pensée intuitive.

○ 3. Symbiose entre la mère et l'enfant et intelligence sensori-motrice.

○ 4. Pensée intuitive sue le plan cognitif et taille de naissance multipliée par 2.

○ 5. Sur le plan cognitif apparaît l'intelligence symbolique et ambivalence sur le plan social.

Corrigés : voir p. 318

RESSOURCES

FICHE 6

Le corps humain

OBJECTIF

• Déterminer le degré de développement et d'autonomie de l'enfant.

Une bonne raison d'apprendre

Les trois premières années chez l'enfant ont des caractéristiques spécifiques sur les plans physique, affectif, social, émotionnel et cognitif. Connaître le développement des jeunes enfants sur le plan physiologique est donc indispensable pour l'accompagner dans ses apprentissages et ses acquisitions, et assurer ainsi un accompagnement de qualité.

1 L'organisation générale du corps humain

1.1 Les niveaux d'organisation du corps humain

- Le corps humain comprend différents niveaux d'organisation :

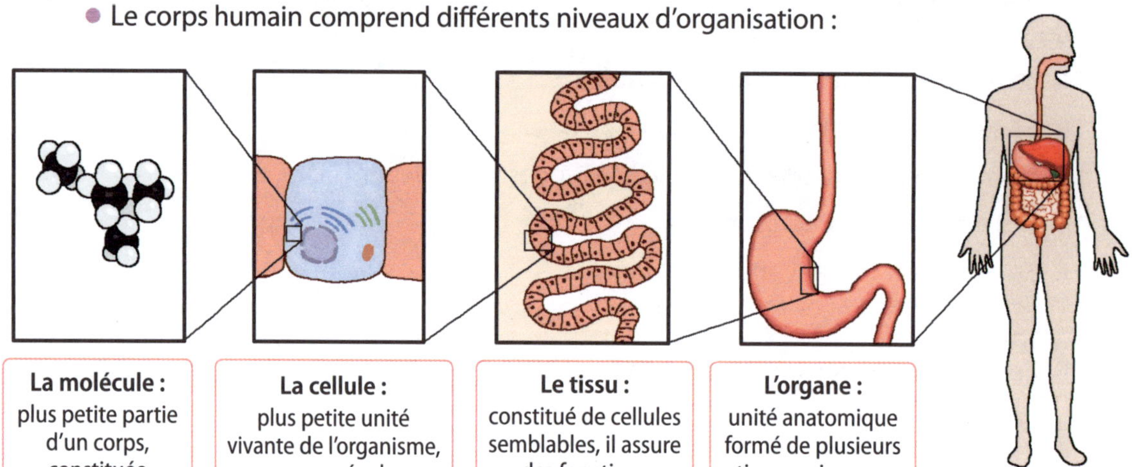

1.2 Les fonctions de l'organisme

- La **fonction de nutrition** assurée par les appareils digestif, circulatoire, respiratoire et excréteur. Elle a pour rôle de :
  - dégrader les aliments, absorber les nutriments issus de la digestion et les distribuer dans l'organisme ;
  - inspirer et expirer l'air et répartir les gaz (dioxygène et dioxyde de carbone) ;
  - éliminer les déchets de l'organisme.

- La **fonction de relation** assurée par le système nerveux et les organes des sens, et l'appareil locomoteur. Elle permet de coordonner les activités du corps humain, d'assurer les contacts avec l'environnement, de se déplacer et se mouvoir.

- La **fonction de maintien de l'intégrité** assurée par les systèmes immunitaire et endocrinien (ensemble des glandes sécrétrices d'hormones dans l'organisme). Elle permet de lutter contre les agressions extérieures et réguler le fonctionnement de l'organisme.

- La **fonction de reproduction** permise par les appareils génitaux féminin et masculin. Elle assure la reproduction et la gestation (chez la femme).

2 L'appareil locomoteur

2 1 L'organisation de l'appareil locomoteur

- L'appareil locomoteur est constitué par les **os**, les **muscles** et les **articulations**. Il permet de se mouvoir, de maintenir les postures et d'avoir des relations avec le monde extérieur.

- **Le squelette**, constitué de 206 os, forme la charpente du corps humain. Il protège les organes internes, sert de support aux muscles, est une réserve de sels minéraux (notamment le calcium), et est le lieu de fabrication des cellules sanguines.

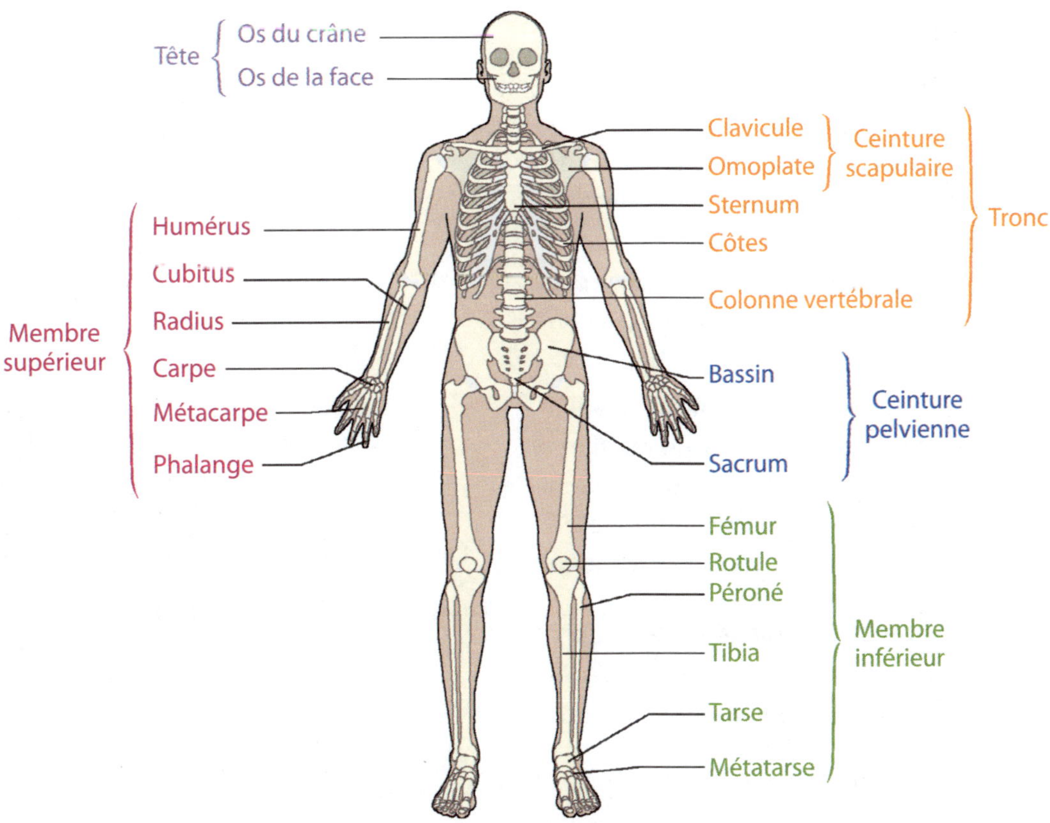

- **Les muscles striés** ou muscles rouges sont rattachés aux os par des tendons. Ils sont les éléments actifs des mouvements et du maintien postural.
- **Les articulations** relient les os entre eux et permettent la mobilisation des membres.
- Chez l'enfant, la marche, acquise en général vers 15 mois, nécessite plusieurs conditions : la maturité cérébrale, la croissance osseuse et le développement de la musculature.

2 2 Les indices de croissance de l'appareil locomoteur

- L'ossification du squelette se fait progressivement et permet de mesurer la croissance.
- Chez le nouveau-né, le crâne n'est pas complètement ossifié et présente des espaces membraneux appelés **fontanelles**, dont deux principales. La fontanelle antérieure est complètement ossifiée vers l'âge de 18 mois, tandis que la fontanelle postérieure l'est vers 3 mois. Elles sont régulièrement vérifiées et palpées par le médecin à chaque visite, afin de vérifier leur ossification et constater la bonne évolution du cerveau.

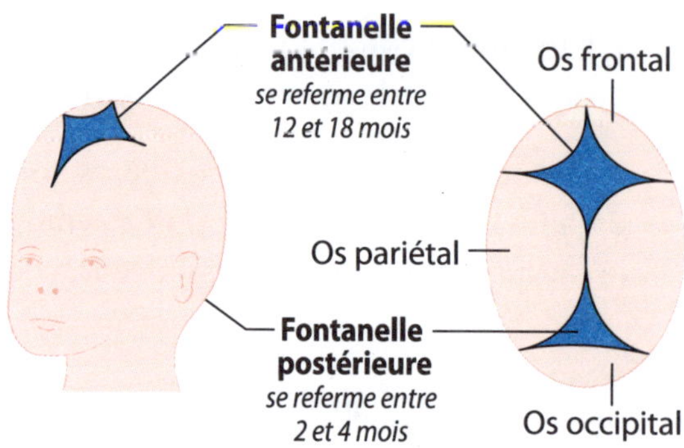

- **Les os longs** sont membraneux à la naissance et s'ossifient également petit à petit. Deux éléments permettent de suivre cette croissance : les points d'ossification et les cartilages de conjugaison.

Les points d'ossification (cartilage à partir duquel se forme l'os) sont au nombre de trois.

Le cartilage de conjugaison, quant à lui, se situe entre la partie médiane de l'os long et le point d'ossification de la diaphyse (partie allongée de l'os). Il permet la croissance de l'os en longueur. Sa disparition située à la fin de l'adolescence, vérifiable par radiographie, indique que la croissance en longueur est terminée.

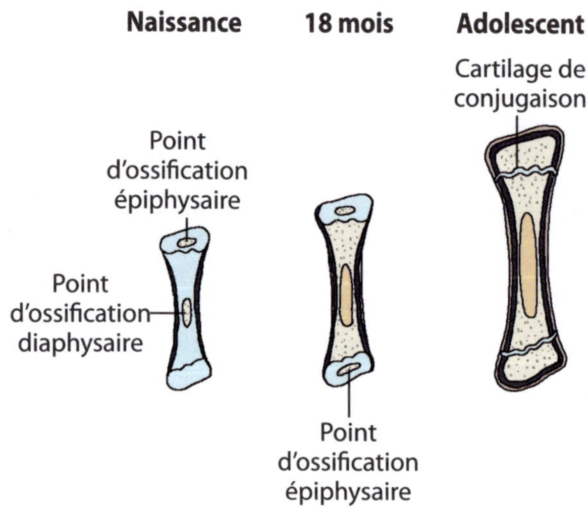

- **Les muscles striés** ou muscles rouges sont rattachés aux os par des tendons. Ils sont les éléments actifs des mouvements et du maintien postural. Cette attitude posturale va évoluer avec l'âge et va dépendre des courbures de la colonne vertébrale, de la maturité de la musculature et du squelette, et de la position des jambes.
  - Chez le nouveau-né la musculature de la colonne vertébrale est immature et on constate un faible tonus musculaire des muscles du cou : la tête est donc ballante.
  - Entre 6 et 8 mois, la musculature axiale se développe et la lordose cervicale (cambrure au niveau des vertèbres du cou) apparaît : l'enfant est capable de tenir sa tête et de maintenir la position assise.
  - Vers 12 à 15 mois, le développement des muscles le long de la colonne vertébrale se termine, et les courbures lombaires et dorsales sont bien présentes : l'enfant acquiert ainsi la position debout puis la marche.

EP1

3 L'appareil digestif

L'appareil digestif permet la transformation des aliments en nutriments. Ceux-ci passent dans le sang et la lymphe au niveau de l'intestin grêle.
Les déchets progressent dans le côlon et sont éliminés au niveau de l'anus. Ils constituent les matières fécales.

3 1 L'anatomie de l'appareil digestif et digestion

- L'appareil digestif est constitué de :
  - **la bouche** dans laquelle, grâce aux dents, les aliments sont coupés, broyés et imprégnés de salive. Cette dernière contient une enzyme (amylase salivaire) qui permet de commencer à digérer les molécules d'amidon ;

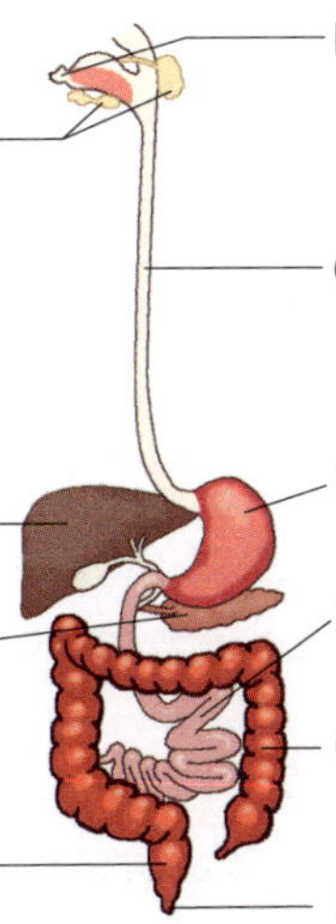

  - **l'œsophage**, long tube qui pousse les aliments vers l'estomac ;
  - **l'estomac** où sont brassés et malaxés les aliments, jusqu'à obtenir une bouillie appelée chyme. L'action de la salive se termine, et une autre enzyme, la protéase, permet de décomposer les molécules de protides ;
  - **l'intestin grêle,** long tube dans lequel le chyme va progresser. La bile sécrétée par le foie va émulsionner les lipides grâce aux sucs intestinal et pancréatique. Ce dernier va également agir sur les glucides et les protides ;
  - **le gros intestin ou côlon**, tube plus large que l'intestin grêle, récupère les déchets de la digestion. Ceux-ci sont brassés et poussés vers l'orifice de sortie, l'anus.

3 2 Spécificités de l'appareil digestif du jeune enfant

Spécificités de l'appareil digestif	Conséquences sur l'alimentation
Naissance	
▸ Pas de dents (impossibilité de mastiquer)	Alimentation exclusivement liquide
▸ Pas de sécrétion d'amylase salivaire	Pas d'introduction d'amidon avant 5/6 mois
▸ Estomac de faible volume (environ 80 mL)	Prises alimentaires de quantité adaptée et de fréquence rapprochée (toutes les 3 heures pour un nouveau-né)
▸ Œsophage court et faible tonicité du cardia (muscle se situant à l'entrée de l'estomac)	Fréquentes régurgitations après les repas et rot pour expulser l'air.
▸ Sphincter anal (muscle à la sortie du rectum) immature	Selles fréquentes et incontrôlées donc changes fréquents.
3 mois	
▸ Sécrétion d'amylase pancréatique en quantité notable	Introduction possible de farines infantiles
6 mois	
▸ Augmentation des sécrétions enzymatiques	Début de la diversification alimentaire
▸ Apparition des premières dents	Nutrition plus épaisse et consistante possible
8/10 mois	
▸ Sécrétion des protéases	Introduction des viandes
12/14 mois	
▸ Présence des 8 incisives (4 inférieures et 4 supérieures)	Introduction de petits morceaux dans l'alimentation
18 mois	
▸ Prémolaires présentes dans la cavité buccale	Viandes poissons et œufs présentés en morceaux
24 mois	
▸ Flore intestinale gagne en maturité ▸ Apparition des canines (améliorent la mastication)	Introduction possible des légumes secs.
48 mois	
▸ Appareil digestif mature ▸ 20 dents de lait (apparition des molaires) ▸ Transit régulier	Alimentation très diversifiée

Voir fiche 60

4 L'appareil urinaire

L'appareil urinaire, ou appareil excréteur, filtre le sang grâce au travail des reins, fabrique l'urine et permet l'élimination des déchets.

4 1 L'anatomie de l'appareil urinaire

- Il est composé de :
  - **deux reins**, vascularisés par les artères et veines rénales, qui filtrent le sang et élaborent l'urine ;
  - **deux uretères** qui acheminent l'urine des reins vers la vessie ;
  - **la vessie** qui sert de réservoir d'urine (cette dernière est retenue dans la vessie grâce à un muscle rond appelé sphincter vésical) ;
  - **l'urètre**, conduit qui permet d'évacuer l'urine vers l'extérieur lors de la miction par l'orifice urogénital.

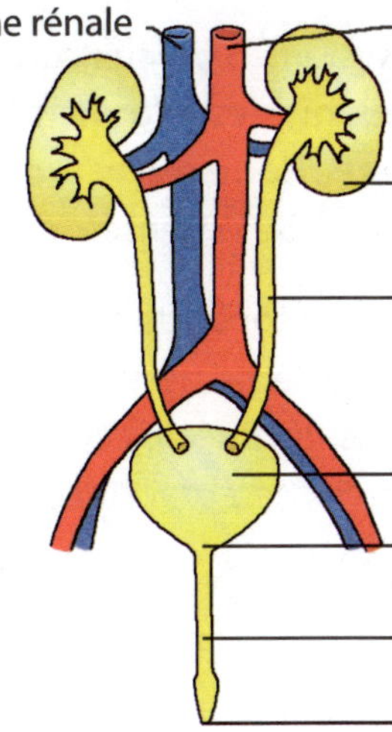

EP1

4 2 Les spécificités de l'appareil urinaire du jeune enfant

- Les reins du nourrisson mûrissent progressivement pour atteindre un fonctionnement normal au cours de sa 2e année.

- Le sphincter vésical est immature, l'enfant n'est donc pas capable de retenir ses urines. Cette maturation ne sera possible que vers l'âge de 15-18 mois et nécessite des facteurs favorables.
  - **Une maturité physiologique** : l'enfant est capable de maîtriser ses sphincters grâce à une maturité nerveuse.
  - **Une maturité intellectuelle** : l'enfant comprend ce qu'on attend de lui.
  - **Une maturité affective** : l'enfant a envie de grandir, il a envie de « faire seul », de faire plaisir.
  - **Une maturité psychologique** : l'enfant est capable de renoncer à une situation confortable (la couche) pour une situation nouvelle (le pot).
  - **Un environnement favorable** : situation familiale stable…
  - **Un accompagnement de l'enfant** : être à son écoute, proposer le pot, l'encourager dans ses réussites et progrès, le rassurer dans ses échecs.

5 Le système nerveux

5 1 L'organisation du système nerveux

● Le système nerveux contrôle et commande l'ensemble de nos appareils et systèmes. Il réceptionne les informations, les analyse et transmet les commandes par l'intermédiaire des nerfs. Notre cerveau, élément prépondérant de ce système, est également le siège des émotions, de la pensée, de l'intelligence et de la mémoire.

● Il est composé de deux parties :

– **Le système nerveux cérébrospinal**

Il est constitué du cerveau, du cervelet, du tronc cérébral, de la moelle épinière et des nerfs.

Les informations venant du milieu extérieur sont perçues par les organes des sens (oeil, oreilles, peau, nez, langue). Les nerfs véhiculent ces informations (par des influx nerveux sensitifs) jusqu'au cerveau qui les analyse puis apporte une réponse motrice (avec des influx nerveux moteurs) par les muscles (en se contractant par exemple et permettant un mouvement) ou les glandes (qui synthétisent une hormone).

C'est un système nerveux volontaire.

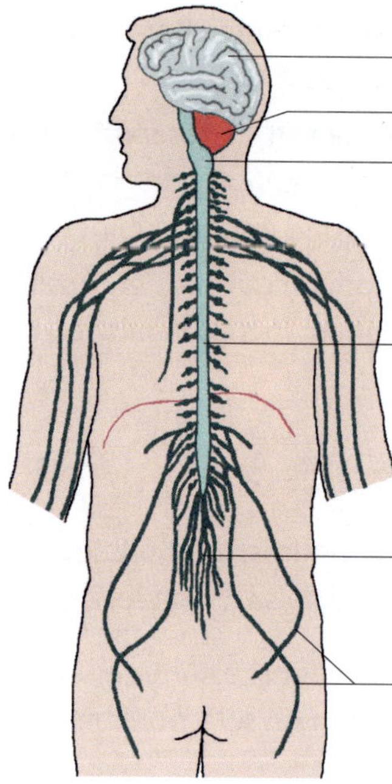

– **Le système neurovégétatif**

Il est constitué de deux types de nerfs qui agissent de façon contradictoire :

• le système nerveux sympathique qui a une action stimulante ;

• le système nerveux parasympathique qui agit de façon modératrice.

Il permet la régulation des fonctions vitales (battements cardiaques, digestion, respiration) et l'homéostasie (équilibre du milieu intérieur).

C'est un système autonome, indépendant de notre volonté.

Le tissu nerveux est constitué par des cellules nerveuses (ou neurones) constituées de très longs prolongements appelés axones qui conduisent l'influx nerveux.

● À la naissance, le système nerveux du nouveau-né est immature. Il a une activité réflexe que l'on peut contrôler par la présence des réflexes archaïques (actions automatiques et involontaires en réponse à une stimulation et présents à la naissance, comme la marche automatique ou le réflexe d'agrippement) qui témoignent du bon développement du système nerveux. La disparition de ces réflexes permettra de confirmer la continuité de développement du cerveau.

5 2 Le sommeil

- **Le sommeil** est particulièrement important pour l'enfant car il permet l'organisation et la maturation du système nerveux.
- Il participe également à la récupération de la fatigue nerveuse et physique, et à la croissance de l'enfant (sécrétion de l'hormone de croissance).
- Les phases du sommeil sont représentées par les illustrations ci-dessous.

Les temps de sommeil vont évoluer avec l'âge de l'enfant :

- 16 h / 24 h chez le nouveau-né ;
- 15 h / 24 h pour un nourrisson de 6 mois, réparties sur 3 à 4 périodes ;
- 14h / 24 h vers 1 an avec 2 siestes d'une heure (matin et après-midi). La sieste du matin disparaît après 1 an ;
- 11 à 12 h/ 24 h vers 4 ans, la sieste de l'après-midi est supprimée au profit d'une seule période nocturne.

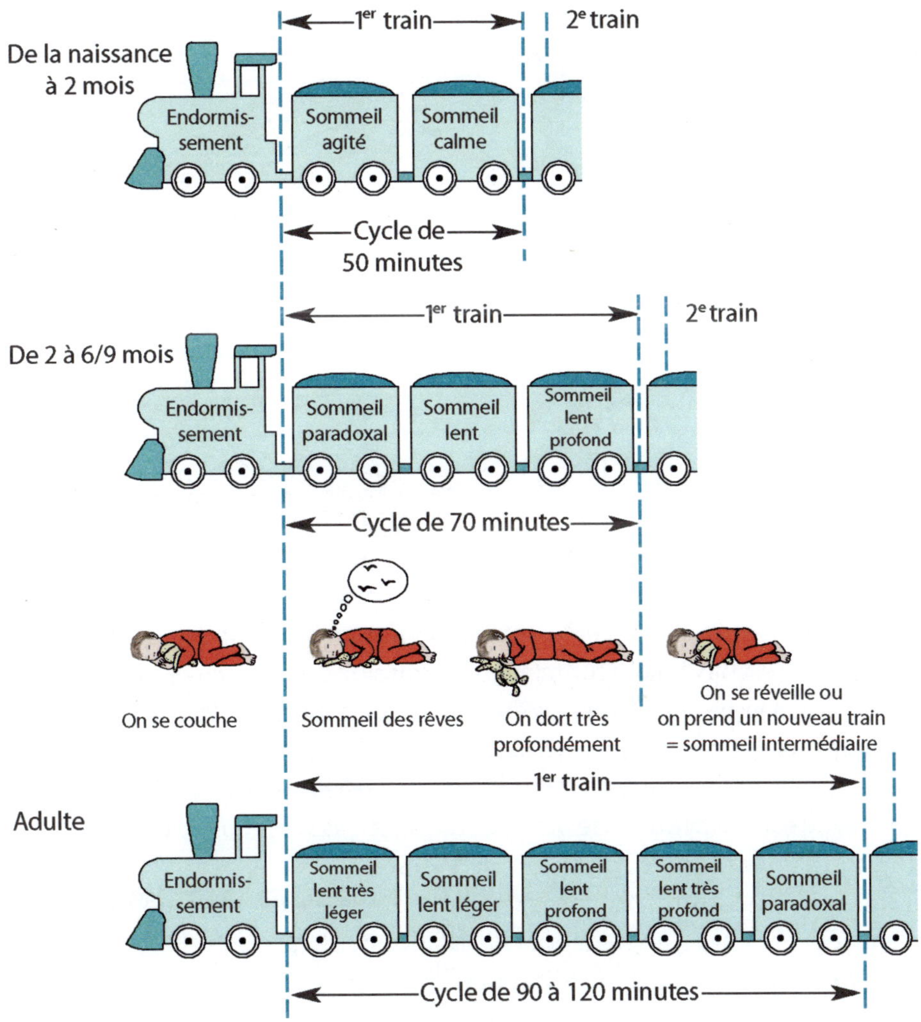

À 2-3 ans, le sommeil est identique à celui de l'adulte

6 L'activité sensorielle

Les organes des sens (oreilles, yeux, langue, nez, peau) permettent à l'enfant dès son plus jeune âge de découvrir le monde qui l'entoure, de développer ses acquisitions, de mémoriser et de s'adapter face à des situations diverses.

6 1 La perception et la transmission visuelles

- Dans le phénomène de la vision, c'est l'œil qui est chargé de percevoir les images qui sont transmises au cerveau par le nerf optique. Le cerveau les analyse, les interprète et les mémorise.

- La lumière traverse la cornée, l'humeur aqueuse, le cristallin, l'humeur vitrée et l'image de l'objet vient se former sur la rétine. Les cellules visuelles contenues dans la rétine sont excitées par la lumière, il se crée alors un influx nerveux qui est dirigé vers le nerf optique. Ce dernier transmet les informations au cerveau dans le cortex visuel chargé de transformer l'influx en image unique et nette.

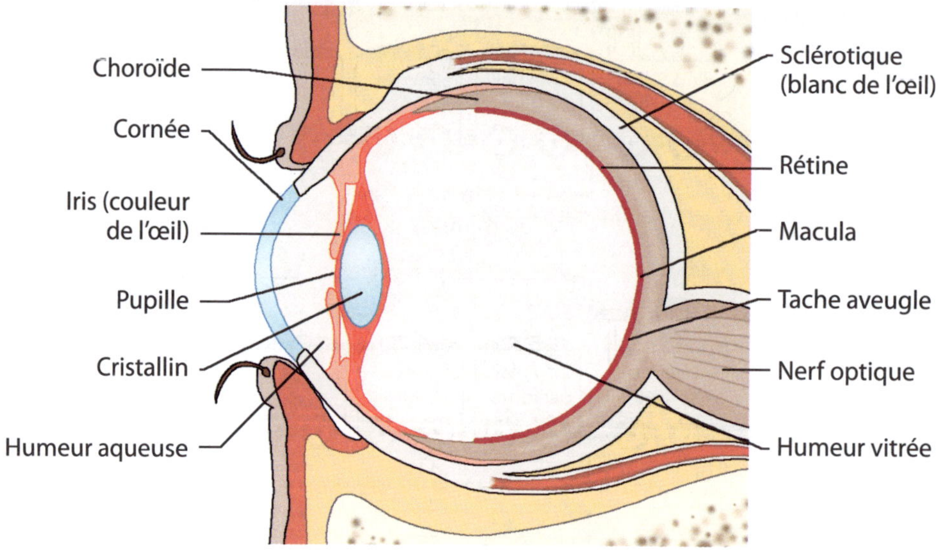

- **À la naissance**, l'humeur vitrée, substance gélatineuse entre le cristallin et la rétine, n'est pas encore complètement translucide, la transmission de l'information visuelle aux aires cérébrales est imparfaite. Le cristallin est toujours rigide, empêchant l'œil d'accommoder. L'enfant est uniquement capable de fixer un visage ou un objet situé face à lui à environ 20 cm.
À **1 mois**, il commence à suivre des yeux un objet que l'on déplace devant lui jusqu'à un angle de 90° puis 180° vers **2 mois**.
À **3/4 mois**, le nourrisson tourne la tête pour suivre les objets en mouvement et commence à appréhender la distance de ce qui l'entoure.
À **9 mois**, il voit bien et les détails sont de plus en plus visibles.
À **18 mois**, ses capacités sont quasiment adultes.
Enfin **de 3 à 6 ans** l'enfant acquiert toute son acuité visuelle.

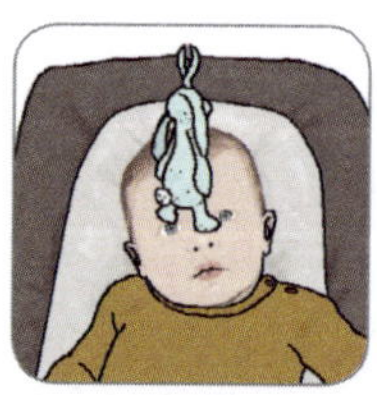
Naissance

3-4 mois

6.2 La perception et la transmission auditives

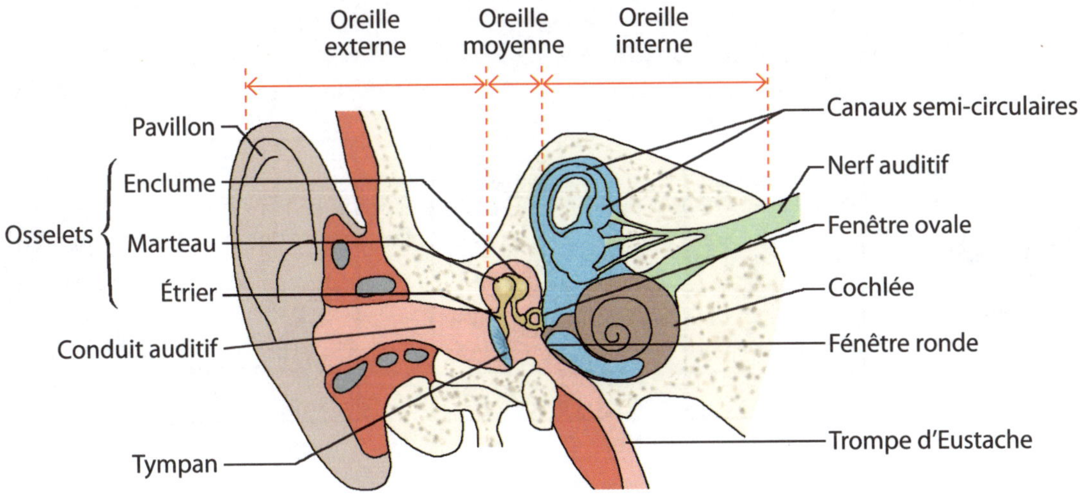

- Dans un premier temps les ondes sonores (sons), canalisées par l'oreille externe, font vibrer le tympan. Elles sont transformées en ondes mécaniques par les osselets qui propagent ces ondes à l'oreille interne par la fenêtre ovale. Les ondes se propagent dans le liquide contenu dans la cochlée et sont transformées en influx nerveux, transmis au cerveau par le nerf auditif. C'est le cortex auditif qui reconnaît et perçoit les sons.

- À **la naissance**, l'enfant détecte la présence d'objets sonores, oriente sa tête et ses yeux dans la direction d'un bruit, réagit davantage aux sons graves qu'aux sons aigus et reconnaît la voix de sa mère.

Vers **3 mois**, il tourne la tête vers la localisation du bruit.
Vers **6 mois**, il commence à prendre conscience du son de sa voix.
Vers **9 mois**, il est attentif, écoute, et imite certains sons.
Entre **9 et 12 mois**, l'enfant comprend le sens de plusieurs mots.

Retenez l'essentiel !

De la molécule aux différentes fonctions de l'organisme

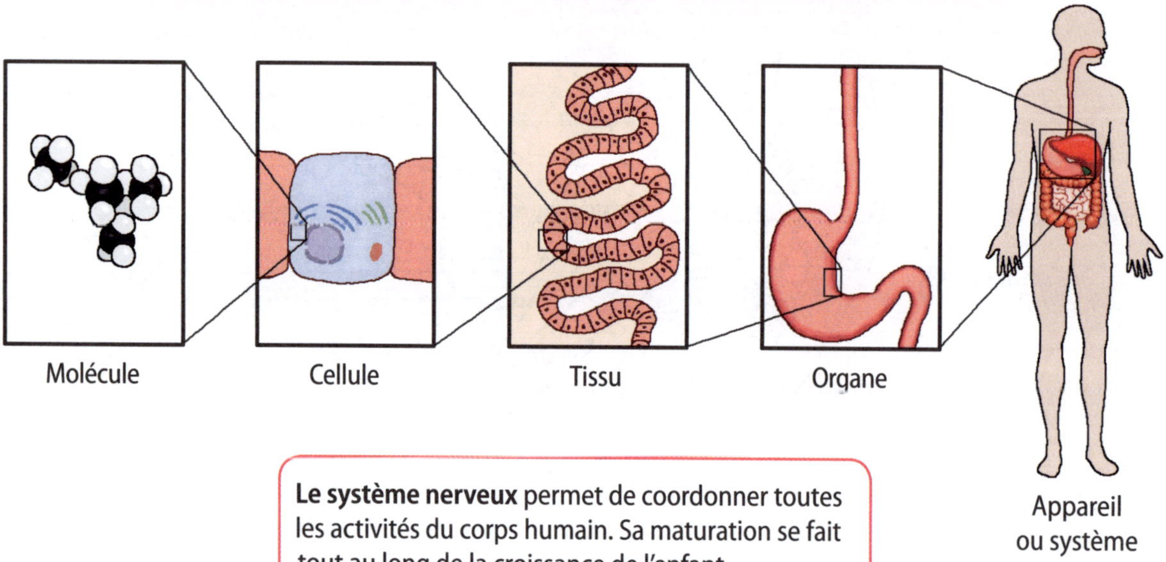

Le système nerveux permet de coordonner toutes les activités du corps humain. Sa maturation se fait tout au long de la croissance de l'enfant.

L'oreille canalise les sons et les transmet au cerveau qui les analyse et les interprète. Dès la naissance ce sens est acquis et continue d'évoluer.

L'œil perçoit les images et les transmet au cerveau qui les interprète. À partir de 3 ans environ l'enfant a acquis toute son acuité visuelle.

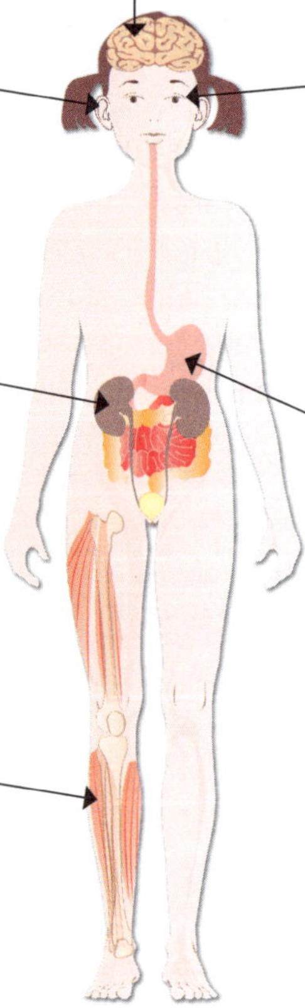

L'appareil urinaire filtre le sang grâce au travail des reins, fabrique l'urine et permet l'élimination des déchets. L'enfant maîtrise son sphincter vésical vers 18 mois.

L'appareil digestif permet la transformation des aliments en nutriments. Il est mature à 4 ans et permet une alimentation diversifiée.

L'appareil locomoteur permet de se mouvoir, de maintenir les postures et d'avoir des relations avec le monde extérieur.

Vérifiez vos acquis !

QCM
S'évaluer en ligne
→ lienmini.fr/4687-06

EP1

1 Indiquez si les affirmations suivantes sont vraies ou fausses.

A. Les régurgitations des nourrissons sont souvent dues à une immaturité d'un sphincter situé à l'entrée de l'estomac.
☐ Vrai ☐ Faux

B. Un enfant de 4 mois peut digérer un biberon contenant des farines.
☐ Vrai ☐ Faux

C. À la naissance un enfant ne voit distinctement qu'à une distance de 40 à 50 cm.
☐ Vrai ☐ Faux

D. Un bon sommeil participe à la croissance de l'enfant.
☐ Vrai ☐ Faux

E. Vers 12 mois un enfant possède 8 dents.
☐ Vrai ☐ Faux

F. La maturité du sphincter vésical commence vers 10 mois.
☐ Vrai ☐ Faux

2 Soulignez les propositions exactes.

A. Un organe est constitué de plusieurs tissus.

B. Un enfant de 4 mois peut manger des petits morceaux de viande.

C. À la naissance un enfant est capable de tourner la tête en direction d'un bruit.

D. Le système nerveux permet de se déplacer.

E. L'estomac permet de brasser et malaxer les aliments.

3 Reliez l'appareil ou le système à sa fonction.

A. L'appareil digestif ○

B. L'appareil urinaire ○

C. L'appareil locomoteur ○

D. Le système nerveux ○

○ **1.** Assure la transformation des aliments en nutriments.

○ **2.** Permet de se mouvoir, de maintenir les postures et d'avoir des relations avec le monde extérieur.

○ **3.** Permet de coordonner toutes les activités du corps humain.

○ **4.** Filtre le sang grâce au travail des reins, fabrique l'urine et permet l'élimination des déchets.

Corrigés : voir p. 318

RESSOURCES

FICHE 7

L'enfant en situation de handicap

OBJECTIFS

- Identifier le cadre de son intervention pour se situer en tant que professionnel.
- Déterminer le degré de développement et d'autonomie de l'enfant.

Une bonne raison d'apprendre

Accueillir un enfant en situation de handicap, ou repérer le handicap, fait appel à de nombreuses compétences et nécessite une coordination entre le lieu d'accueil, les parents et les nombreux partenaires du soin, du social, du médicosocial, et de l'éducation.

1 Les principaux handicaps de l'enfant

- La loi du 11 février 2005 définit le handicap comme « toute limitation d'activité ou restriction de participation à la vie en société subie dans son environnement par une personne en raison d'une altération substantielle, durable ou définitive d'une ou plusieurs fonctions physiques, sensorielles, mentales, cognitives ou psychiques, d'un polyhandicap ou d'un trouble de santé invalidant ».

- On préfère aujourd'hui parler de personne en situation de handicap plutôt que de personne handicapée. La personne est « en situation de handicap » lorsque l'environnement n'est pas adapté et ne lui permet pas d'accomplir une tâche. Cette formulation a considérablement élargi la notion de handicap, et met l'accent sur l'évolution nécessaire de l'environnement.

- Les principaux handicaps de l'enfant sont :

Le handicap moteur
Il résulte d'une atteinte de l'appareil locomoteur (paralysie, myopathie…).

Le handicap sensoriel
Il résulte d'une atteinte du système auditif ou visuel.

Le handicap mental
Il résulte d'une déficience intellectuelle.

Le handicap psychique
Il est caractérisé par un déficit relationnel, des difficultés de concentration, une grande variabilité dans la possibilité d'utilisation des capacités alors que la personne garde des facultés intellectuelles normales (troubles obsessionnels compulsifs, troubles anxieux …).

2 La législation

- **La loi du 11 février 2005** vient compléter celle de 1975, première loi consacrée aux personnes en situation de handicap. Les nouvelles mesures portent essentiellement sur :
  - la compensation du handicap sous forme financière, humaine, et matérielle ;
  - l'accessibilité à tous les domaines (école, sports, transports, ...) ;
  - la création des maisons départementales des personnes handicapées (MDPH).

- **La loi d'orientation et de programmation pour la refondation de l'École de la République, du 8 juillet 2013** consacre pour la première fois le principe d'**inclusion scolaire** : tous les élèves bénéficient d'une scolarisation ordinaire à temps, et à proximité de leur domicile. L'école doit s'adapter aux enfants. L'inclusion scolaire est contraire aux écoles spécialisées, et à la sélection.

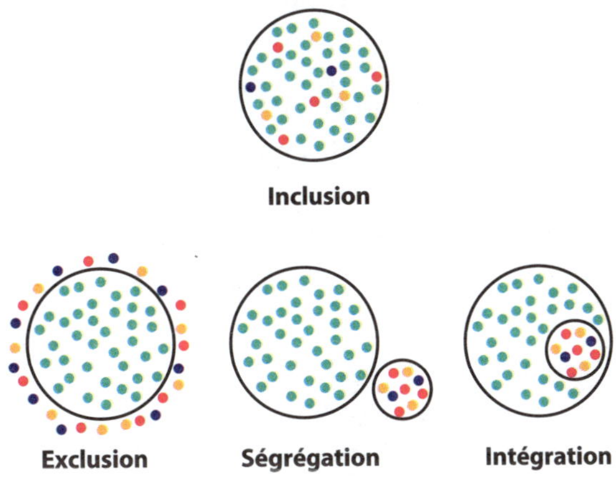

3 Les acteurs

Différentes structures, services et professionnels participent à la prise en charge des enfants en situation de handicap.

3 1 La maison départementale des personnes handicapées (MDPH)

- D'après la loi du 11 février 2005, dans chaque département la **MDPH** « exerce une mission d'accueil, d'information, d'accompagnement et de conseil des personnes handicapées et de leur famille ainsi que de sensibilisation de tous les citoyens aux handicaps ».

Voir fiche 42

- Une **équipe pluridisciplinaire** évalue les besoins de chaque enfant en situation de handicap et propose un **projet personnalisé de scolarisation** (PPS).

- La **Commission des droits et de l'autonomie des personnes handicapées** (CDAPH) décide des mesures à mettre en place, sur la base de l'évaluation réalisée par l'équipe pluridisciplinaire.

mdph Maison départementale des personnes handicapées PYRÉNÉES-ATLANTIQUES

3 2 Les lieux d'accueil des enfants de moins de 3 ans

• Même si la loi n'oblige pas les EAJE à accueillir des enfants en situation de handicap, c'est une de leurs missions : « Ils concourent à l'intégration des enfants présentant un handicap ou atteints d'une maladie chronique qu'ils accueillent. » *(Décret n° 2010-613 du 7 juin 2010)*

• De plus en plus de structures ou d'assistants maternels accueillent des enfants en situation de handicap, mais les professionnels ont besoin d'être accompagnés et formés.

3 3 Les dispositifs de scolarisation

La scolarisation peut être individuelle ou collective, en milieu ordinaire ou en établissement médico-social.

• **La scolarisation individuelle en milieu ordinaire**
En priorité, la scolarisation se déroule en milieu ordinaire dans l'établissement scolaire du secteur du domicile.
Une personne peut être présente pour accompagner l'enfant dans ses apprentissages scolaires, mais aussi dans les actes de la vie quotidienne : il s'agit de l'AESH.

• **La scolarisation collective en milieu ordinaire**

- **Les unités localisées pour l'inclusion scolaire (ULIS) :** elles permettent l'accueil dans une école primaire d'un petit groupe d'élèves présentant le même type de troubles et/ou de besoins. Elles ont pour mission d'accueillir de façon différenciée des élèves en situation de handicap afin de leur permettre de suivre totalement ou partiellement un cursus scolaire ordinaire.
- **Les unités d'enseignement (UE) autisme en maternelle :** ce sont des dispositifs médico-sociaux, implantés dans les écoles maternelles ordinaires pour permettre la scolarisation de sept enfants autistes âgés de 3 à 6 ans.

La scolarisation dans les établissements de l'éducation adaptée

Selon le handicap, la scolarisation en milieu ordinaire n'est pas toujours possible. Le projet personnalisé de scolarisation orientera l'enfant vers des établissements spécialisés de soins et d'éducation.

- **Les instituts médico-éducatifs (IME)** accueillent les enfants et les adolescents atteints de troubles des fonctions cognitives.
- **Les instituts thérapeutiques, éducatifs et pédagogiques (ITEP)** accueillent les jeunes souffrant de troubles de la conduite et du comportement.
- **Les établissements pour polyhandicapés** s'adressent aux enfants et adolescents présentant des handicaps complexes, à la fois mentaux et sensoriels et/ou moteurs.
- **Les instituts d'éducation sensorielle (IES)** accueillent les enfants atteints de troubles auditifs et/ou visuels.
- **Les instituts d'éducation motrice (IEM)** accueillent les enfants présentant un handicap moteur.

3 4 La structure polyvalente de diagnostic et de prise en charge des handicaps en ambulatoire

Tous ces services favorisent l'intégration scolaire en milieu ordinaire.

Les services d'éducation spéciale et de soins à domicile (SESSAD) : ils accompagnent dans les lieux de vie (domicile, école, structure d'accueil) ou dans leurs locaux les enfants en situation de handicap, après notification de la MDPH. Ils apportent un soutien et un accompagnement personnalisés aux jeunes enfants, en vue de leur intégration scolaire et de leur autonomie de vie.

D'autres moyens existent pour assurer les soins et les rééducations : services ou consultations hospitaliers, intersecteurs de psychiatrie infanto-juvénile (hôpitaux de jour, centres de consultations ambulatoires), centre médico-psycho pédagogique (CMPP), praticiens libéraux.

Une aide spécifique pour la petite enfance, **les centres d'action médico-sociale précoce (CAMSP)** : dotés d'une équipe pluridisciplinaire (médecins, psychomotriciens, orthophonistes, kinésithérapeutes, psychologues, puéricultrices, assistantes sociales…), ils ont pour mission le dépistage, le traitement, la rééducation en ambulatoire des enfants de moins de six ans qui présentent des déficiences sensorielles, motrices ou psychiques.

Retenez l'essentiel !

1 Définition du handicap

- Limitation d'activité subie par une personne en raison d'une altération d'une ou plusieurs fonctions.

2 Les différents types de handicap

- le handicap moteur
- le handicap sensoriel
- le handicap mental
- le handicap psychique

3 Loi en faveur des personnes handicapées

Loi du 11/02/2005 :

- Droit à la compensation des conséquences de son handicap
- Accessibilité dans tous les domaines (école, logement, transports…)
- Maison départementale des personnes handicapées (MDPH)
  Équipe pluridisciplinaire d'évaluation
  Commission des droits et de l'autonomie des personnes handicapées (CDAPH)

4 Accueil des enfants en situation de handicap

- Lieu d'accueil pour les enfants de moins de 3 ans : EAJE et AMA
- Lieu d'accueil pour les enfants de plus de 3 ans :

Scolarisation en milieu ordinaire

- **Classe ordinaire**
- **Unités localisées pour l'inclusion scolaire (ULIS)**
  L'élève a des temps d'enseignement dans sa classe de référence et des temps de regroupement si besoin
- **Unité d'enseignement autisme en maternelle**
- **Les aides**
  – Accompagnant des élèves en situation de handicap (AESH)
  – Service d'éducation spéciale et de soins à domicile (SESSAD) pour les 0-20 ans
  – Centre action médico-sociale précoce (CAMSP) pour les 0-6 ans

Scolarisation en milieu adapté

- **Instituts médico-éducatifs (IME)**
  Pour les enfants présentant une déficience intellectuelle
- **Instituts d'éducation motrice (IEM)**
  Pour les enfants présentant un handicap moteur
- **Établissements pour polyhandicapés**
  Pour les enfants présentant une déficience intellectuelle + troubles moteurs et/ ou sensoriels
- **Instituts d'éducation sensorielle (IES)**
  Pour les enfants atteints de handicaps auditifs et/ou visuels
- **Instituts thérapeutiques éducatifs et pédagogiques (ITEP)**
  Pour les enfants présentant des troubles de la conduite et du comportement

Vérifiez vos acquis !

QCM
S'évaluer en ligne
→ lienmini.fr/4687-07

EP1

1 Reliez chaque handicap au type de handicap.

A. Myopathie de Duchenne ○	○ 1. Handicap physique
B. Autisme ○	○ 2. Handicap mental
C. Déficience intellectuelle ○	○ 3. Handicap sensoriel
D. Surdité ○	○ 4. Handicap psychique

2 Cochez la bonne réponse.

A. Comment la loi du 11 février 2005 définit-elle le handicap ?
- ☐ 1. Comme un préjudice subi sur le plan social et matériel.
- ☐ 2. Comme une limitation d'activité en raison d'une atteinte des fonctions de l'organisme.
- ☐ 3. Comme une inaptitude.

B. De quelle année date la première loi en faveur des personnes en situation de handicap ?
- ☐ 1. 2005
- ☐ 2. 1975
- ☐ 3. 1987

C. Quelle est la signification du sigle ULIS ?
- ☐ 1. Unité localisée pour l'inclusion scolaire
- ☐ 2. Unité localisée pour l'intégration scolaire
- ☐ 3. Unité localisée pour l'intégration sociale

D. La MDPH est mise en place dans :
- ☐ 1. chaque département.
- ☐ 2. chaque région.
- ☐ 3. chaque commune.

3 Indiquez si les affirmations suivantes concernant le handicap sont vraies ou fausses.

A. Les élèves en situation de handicap ont droit à des aides

☐ Vrai ☐ Faux

B. Toutes les personnes en situation de handicap n'ont pas des handicaps visibles.

☐ Vrai ☐ Faux

C. Tous les élèves en situation de handicap peuvent être scolarisés.

☐ Vrai ☐ Faux

Corrigés : voir p. 318

RESSOURCES

FICHE 8

L'enfant maltraité

OBJECTIFS
- Repérer des signes d'altération de la santé et du comportement.
- Identifier le cadre de son intervention pour se situer en tant que professionnel.

Une bonne raison d'apprendre

Un Français sur cinq dit avoir subi des violences, physiques ou mentales, durant son enfance. Chaque jour, deux enfants décèdent sous les coups d'un adulte. Partant de ce constat, le gouvernement a mis en place en mars 2017 le premier plan de lutte et de mobilisation contre les violences faites aux enfants.

En tant que professionnel, vous pouvez être confronté à des cas d'enfants maltraités. Vous devez alors être capable de repérer les facteurs et signes de maltraitance, et savoir agir en conséquence.

1 La maltraitance

1 1 Définition

- **La maltraitance** de l'enfant désigne les violences ou négligences faites envers toute personne de moins de 18 ans. L'enfant peut être victime de violences physiques, de violences psychologiques, de violences sexuelles ou de négligences lourdes ayant des conséquences graves sur sa santé et son développement…

enfance & partage
stop maltraitance
0 800 05 1234 Service & appel gratuits

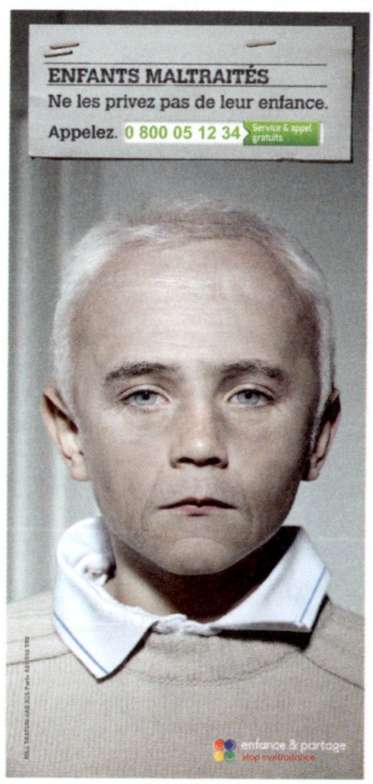

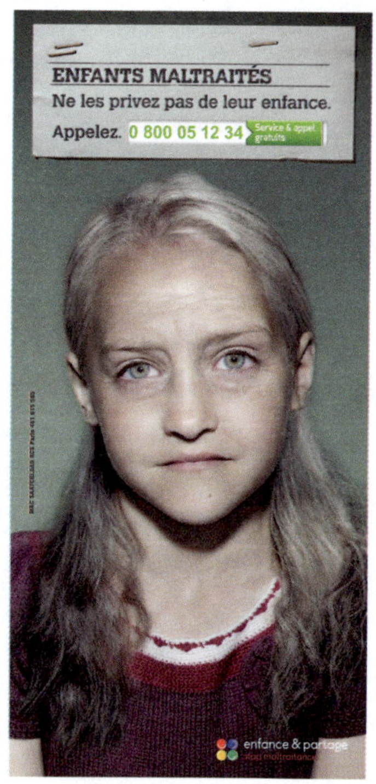

1 2 Les signes de la maltraitance

- Les signes de maltraitance sont des éléments d'alerte qui doivent être traités de façon objective, et associés à d'autres signes.

Signes physiques	Signes psychologiques et/ou du comportement
▸ Traces sur le corps : bleus, griffures, morsures brûlures, fractures… ▸ Maigreur, ▸ Aspect négligée ▸ Retard de croissance ▸ Atteinte sexuelle visible ▸ Etc.	▸ Troubles du comportement : tristesse, anxiété, repli sur lui-même, agitation, agressivité, rejet, violence ▸ Troubles du sommeil : insomnie, cauchemars ▸ Troubles alimentaires : anorexie, boulimie, vomissement… ▸ Manifestations régressives (énurésie, encoprésie) ▸ Baisse des résultats scolaires ▸ Crainte de l'adulte…

1 3 Les facteurs à l'origine de la maltraitance

- En tant que professionnel de la petite enfance il est nécessaire d'être vigilant aux différentes situations pouvant générer de la maltraitance auprès des enfants.

- Il peut y avoir des facteurs liés à l'enfant lui-même, à sa famille mais également à l'institution ou au professionnel.

  – **Facteurs liés à l'enfant** : enfant présentant une pathologie, un handicap, enfant dit « difficile » (ne dort pas bien, pleure souvent, présente des troubles alimentaires, colérique, hyperactif…), enfant qui ne répond pas aux attentes de ses parents…

  – **Facteurs liés à la famille :**
  • situation familiale complexe : séparation, remariage, isolement social ou familial, surendettement, précarité, alcoolisme, addictions, fatigue liée au travail… ;
  • grossesse non désirée, accouchement mal vécu, jeune âge des parents ;
  • le fait d'avoir soi-même subi des maltraitances dans l'enfance.

  – **Facteurs liés à l'institution ou au professionnel :**
  • surcharge de travail, épuisement professionnel, manque de motivation du personnel, mauvaise organisation du travail ;
  • manque de formation, isolement professionnel pour les assistants maternels ou assistants parentaux.

2 La protection de l'enfance

2 1 La protection de l'enfant

• **La protection de l'enfance** désigne un ensemble de règles et d'institutions, qui ont pour objet de prévenir les dangers auxquels un mineur peut être exposé. Elle a pour but « de prévenir les difficultés auxquelles les parents peuvent être confrontés dans l'exercice de leurs responsabilités éducatives, d'accompagner les familles et d'assurer, le cas échéant, selon des modalités adaptées à leurs besoins, une prise en charge partielle ou totale des mineurs ».

Voir fiche 1

• La société assure la protection de l'enfant à travers deux niveaux complémentaires :
- **la protection administrative** (ou protection sociale) est organisée au niveau départemental sous la responsabilité du Président du Conseil départemental de chaque département sous le nom de l'ASE ;
- **la protection judiciaire** est portée par le procureur de la république.

2 2 La transmission d'une information préoccupante

• L'information préoccupante concerne tout élément d'information, y compris médical, susceptible de laisser craindre qu'un enfant se trouve en situation de danger ou en risque de danger, ou qu'il puisse avoir besoin d'aide. Il peut s'agir de faits observés, de propos entendus, d'inquiétudes concernant des comportements de mineurs ou d'adultes à l'égard d'un mineur.

Voir fiche 11

• Lorsqu'un professionnel a des inquiétudes sur une situation concernant l'enfant, il est important de partager avec les autres professionnels les informations et les observations pour les croiser et les analyser afin d'agir au mieux. Dans ce cadre-là, le secret professionnel peut être levé. De plus, lorsqu'un enfant est victime de maltraitance avérée, le professionnel comme tout citoyen est dans l'obligation d'en avertir les autorités administratives ou judiciaires sous peine de sanction pénale.

• Lorsque le professionnel considère que cela est nécessaire, une information préoccupante est alors écrite, datée, signée et envoyée à la **cellule de recueil de traitement et d'évaluation des informations préoccupantes** (CRIP). Cette cellule est gérée par le département.
L'équipe peut appeler également le **119**, numéro gratuit qui recueille les appels concernant la maltraitance des enfants.
Lorsque la situation d'un enfant est d'une extrême gravité, il peut y avoir **un signalement** directement au procureur de la république qui peut décider d'une protection judiciaire d'urgence.

- La CRIP évalue la situation, conseille les professionnels et décide soit de classer le dossier sans suite, soit de mettre en place une mesure de protection administrative, soit de transmettre au procureur de la république qui pourra mettre en place une mesure de protection judiciaire.

3 La bientraitance

- Les professionnels de la petite enfance participent à leur niveau à la protection de l'enfance en ayant eux-mêmes une attitude bientraitante, et en étant capables de repérer les signes de maltraitance et en agissant en conséquence.

- Depuis quelques années, les professionnels sont formés au principe de **bientraitance** : « démarche inspirant les actions individuelles et les relations collectives au sein d'un établissement ou d'un service qui vise à promouvoir le bien-être de l'usager en gardant présent à l'esprit le risque de maltraitance ». (Définition de la Haute autorité de santé)

- La bientraitance est une attitude positive envers autrui, une attitude vigilante à toujours bien traiter les enfants et les familles. Il s'agit par exemple :
  - d'être attentif aux besoins de l'enfant, c'est-à-dire apprendre à percevoir les demandes de l'enfant, s'y adapter, écouter, rassurer ;
  - de ne pas porter de jugement sur l'enfant et sa famille ;
  - de ne pas forcer l'enfant ;
  - de ne pas mettre une « étiquette » ;
  - de respecter l'intimité de l'enfant ;
  - de valoriser et d'encourager l'enfant ;
  - de ne pas brusquer l'enfant, tant dans les paroles que dans les gestes ;
  - d'éviter les surnoms systématiques ;
  - de laisser les doudous à disposition…

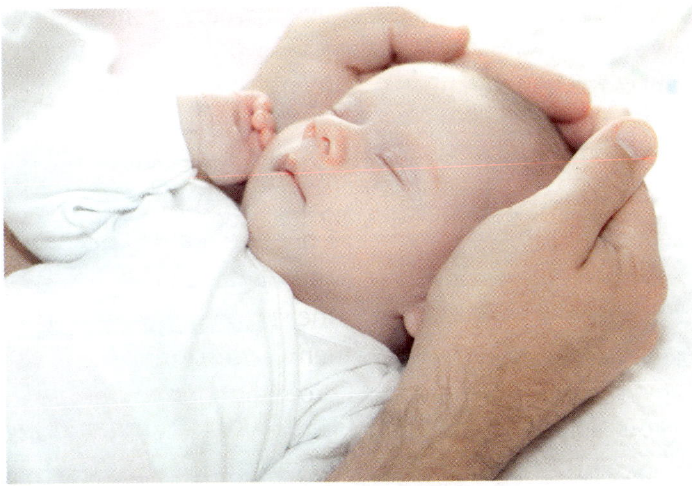

Retenez l'essentiel !

MALTRAITANCE INFANTILE

Toute violence physique, sexuelle, psychologique et négligence envers un mineur

SIGNES DE MALTRAITANCE

- **Signes physiques :** bleus, griffures, brûlures, aspect négligé, retard de croissance, atteintes sexuelles visibles…
- **Signes psychologiques ou du comportement :** peur, tristesse, agressivité, troubles de comportements, du sommeil, de l'alimentation…

⚠ **Ce n'est pas un signe qui doit alerter mais un ensemble de signes.**

FACTEURS GÉNÉRATEURS DE MALTRAITANCE

- **Liés à la personne maltraitée :** l'âge, la maladie, son comportement…
- **Liés à la personne maltraitante :** son passé, sa situation socio-économique, sa maladie ou addiction…
- **Liés à l'institution ou au professionnel :** épuisement professionnel, mauvaise organisation, isolement…

PROTECTION DE L'ENFANCE

- **Protection de l'enfance :** ensemble de règles et d'institutions, qui ont pour objet de prévenir les dangers auxquels un mineur peut être exposé.
- **Bientraitance :** démarche qui vise à promouvoir le bien-être de l'usager en gardant présent à l'esprit le risque de maltraitance

La transmission d'une information préoccupante

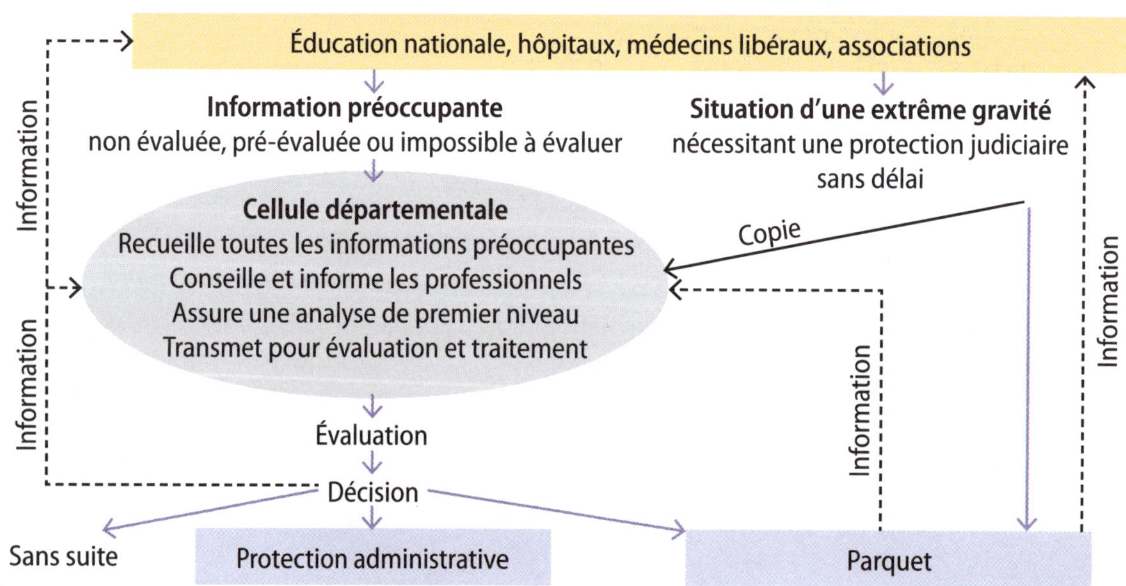

QCM
S'évaluer en ligne
→ lienmini.fr/4687-08

Vérifiez vos acquis !

EP1

1 Associez les termes suivants à leurs définitions.

A. Bientraitance | B. Protection de l'enfance | C. Maltraitance

1. Ensemble de règles et d'institutions, qui ont pour objet de prévenir les dangers auxquels un mineur peut être exposé : ....
2. Toutes violences et négligences envers toute personne de moins de 18 ans : ....
3. Démarches individuelle et collective qui visent à promouvoir le bien-être de l'usager en gardant présent à l'esprit le risque de maltraitance : ....

2 Associez chaque situation aux différents signes de maltraitance correspondants.

1. Troubles du comportement
2. Hématomes
3. Dénutrition
4. Apparition de conduites non adaptées
5. Brûlures
6. Manque de soins
7. Crainte, repli sur soi
8. Retard de croissance
9. Agressivité
10. Boulimie/anorexie

A. Signes physiques	....
B. Signes psychologiques ou de comportement	....

3 Remettez dans l'ordre les étapes de la procédure de transmission d'une information préoccupante.

A. La cellule départementale de recueil, de traitement et d'évaluation évalue la situation et conseille les professionnels.
B. La cellule décide soit de classer le dossier sans suite, soit de mettre en place une mesure de protection administrative, soit une mesure de protection judicaire.
C. Les professionnels envoient une information préoccupante vers la cellule départementale de recueil, de traitement et d'évaluation.

Ordre : ....

Corrigés : voir p. 318

RESSOURCES

FICHE 9

L'origine et la prévention des biocontaminations

OBJECTIF

- Prendre en compte la dimension santé et sécurité au travail.

Une bonne raison d'apprendre

Nous vivons dans un environnement où les micro-organismes sont présents partout : l'eau, l'air, la terre, les surfaces, les objets… notre peau. L'enfant est fragile et son système immunitaire est immature. Il est donc essentiel de le protéger des micro-organismes pathogènes afin de réduire les risques d'infections.

1 Origine des biocontaminations

1.1 Les principaux types de micro-organismes

- Il existe quatre catégories de micro-organismes.

Les bactéries : micro-organismes unicellulaires mesurant en moyenne 1 à 10 microns.	Exemple : *Escherichia coli* présent dans nos intestins	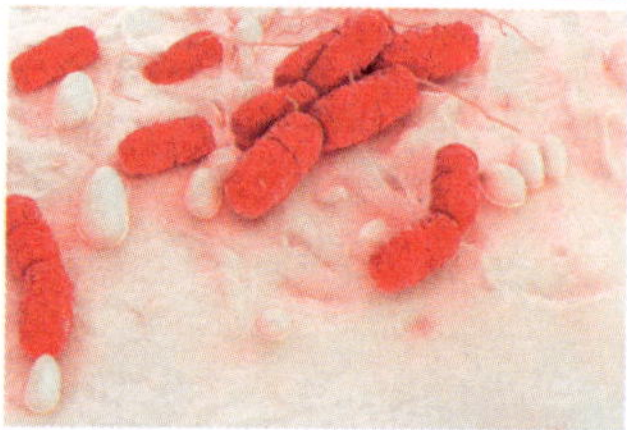
Les virus : structure acellulaire (qui n'est pas une cellule) vivant aux dépens d'une autre cellule. Ils mesurent en moyenne 0,1 micron.	Exemple : virus de la varicelle	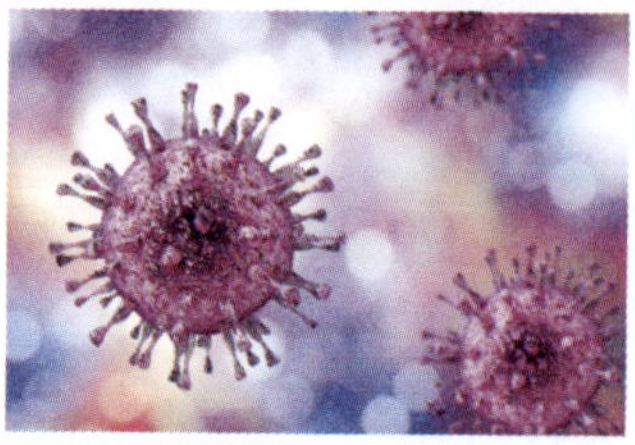
Les champignons microscopiques composés d'une cellule (levure) ou de plusieurs cellules (moisissure) de 1 à 100 microns.	Exemple : *Candida albicans* présent dans nos intestins	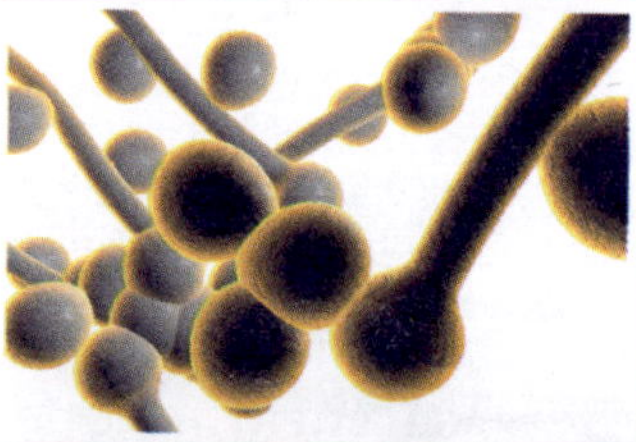
Les protozoaires humains vivent en nous à nos dépens. Ils mesurent de 10 microns à 2 cm.	Exemple : *Toxoplasma gondii* responsable de la toxoplasmose	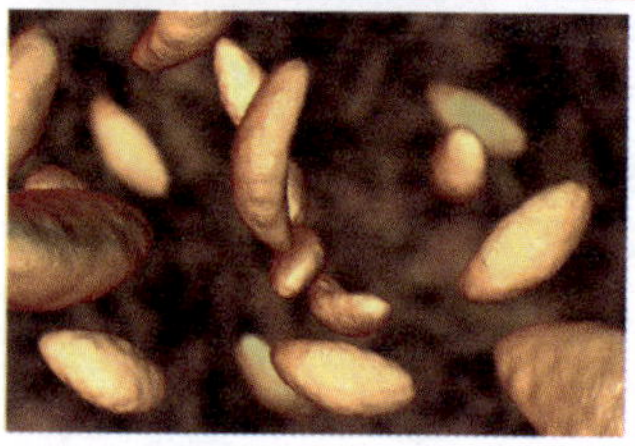

1 2 Les différentes flores

- On appelle flore l'ensemble des micro-organismes qui vivent dans un lieu déterminé.

- **Les flores humaines** sont des flores commensales (qui vivent sur une personne sans lui nuire). Elles sont de deux types :
  - **la flore résidente** est présente de façon permanente sur la peau et les muqueuses, et n'est pas pathogène ;
  - **la flore transitoire** est une flore de passage qui se dépose en fonction des activités réalisées, elle peut être pathogène.

Il existe une flore cutanée (sur la peau et les muqueuses), une flore respiratoire (dans les fosses nasales, le pharynx…), une flore digestive (dans la bouche, l'estomac, les intestins…) et une flore génitale (dans les appareils génitaux féminin et masculin).

- **La flore des aliments** : ils sont presque toujours contaminés par d'autres micro-organismes issus d'autres flores (la terre par exemple pour des légumes – racines). Ils peuvent également être contaminés lors de préparations, transformations ou conditionnements.

- **La flore environnementale** est composée de tous les micro-organismes pathogènes ou non issus des sols, air, eau, objets, et de la présence humaine.

EP1

1 3 Les voies de transmission et de pénétration des micro-organismes

Transmission	Porte d'entrée ou pénétration
Par l'air	Voie respiratoire
Par la peau et les muqueuses	Voies cutanéo-muqueuse, urinaire, sexuelle
Par ingestion	Voie digestive
Par inoculation (lésion)	Voie sanguine

2 Prévention des biocontaminations

Afin d'éviter les transmissions des micro-organismes, il existe différentes mesures.

2 1 L'hygiène professionnelle et les EPI (équipements de protection individuelle)

Voir fiche 29

- Effectuer un **lavage des mains** avant et/ou après chaque tâche réalisée : change d'un enfant, avant de préparer un repas, avant de donner à manger aux enfants, après une activité salissante…

Voir fiche 28

- Mettre une **tenue professionnelle** adaptée au contexte professionnel.

• Utiliser des **gants à usage unique** : ils peuvent être de rigueur dans le cas de soin d'une plaie (éviter la transmission du VIH ou VHB), ou pour un change si l'enfant est atteint de diarrhées. La législation prévoit également le port de **masque** en cas de toux ou affection rhino-pharyngée afin de protéger les enfants et les usagers.

2 2 Les mesures de protection collective

• Manipuler correctement le matériel en respectant le principe de « la marche en avant », c'est-à-dire en travaillant du plus propre au plus sale.

• Respecter les circuits propres et circuits sales pour le matériel et le linge.

• Afficher les protocoles (lavage des mains ou change de l'enfant).

• Utiliser les produits détergents-désinfectants adaptés à la situation.

2 3 L'apprentissage des règles d'hygiène et participation des enfants

Des mesures éducatives peuvent être mises en place auprès des enfants. Leur apprendre à **se laver les mains** avant de passer à table, avant une activité cuisine, après être passé aux toilettes, après une activité extérieure, à **éternuer dans le creux de leur coude**, à **jeter leur mouchoir à la poubelle**... participe à la prévention des biocontaminations.

2 4 La vaccination des enfants et des professionnels

• **Principe de la vaccination**

Une forme inoffensive d'un agent infectieux (virus ou bactérie) est introduite dans l'organisme. Le système immunitaire réagit en fabriquant des anticorps spécifiques à cet agent et des cellules mémoires (lymphocytes « mémoires »). En cas de nouveau contact avec cet agent, le système immunitaire reconnaît très rapidement la bactérie ou le virus grâce aux lymphocytes « mémoires ». La fabrication rapide d'anticorps spécifiques permet de détruire l'agent infectieux et d'enrayer ainsi l'infection.

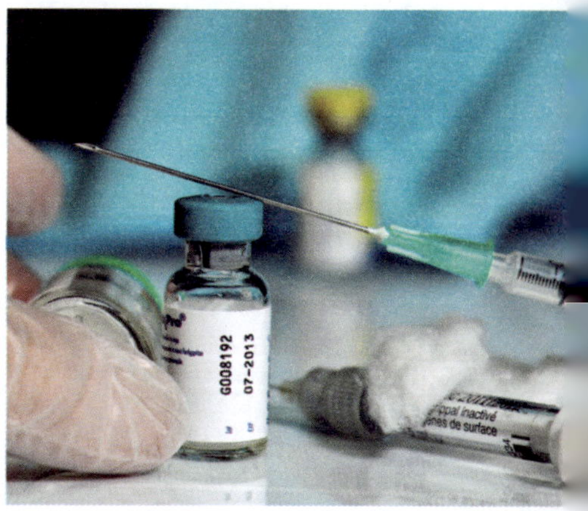

• **Intérêts de la vaccination**

1. Prévention individuelle avec un bénéfice direct pour la personne.
2. Prévention collective car permet l'éradication des maladies.
3. Protection des personnes non vaccinées qui partagent le même environnement.

- **Vaccinations pour les enfants**

En France, pour tous les enfants nés à compter du 1er janvier 2018, et avant l'entrée en milieu collectif, onze vaccinations sont obligatoires.

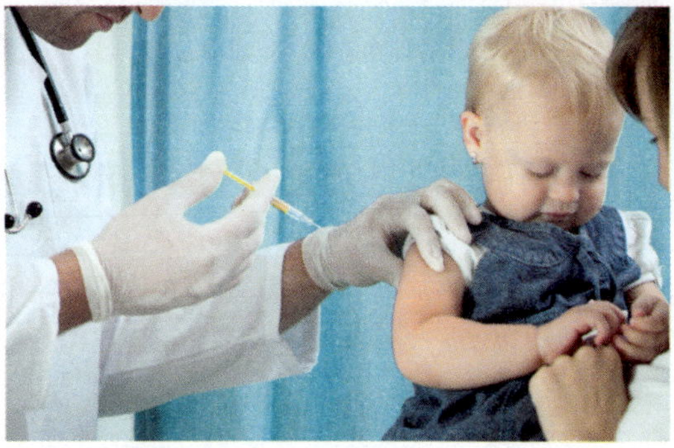

Le calendrier vaccinal

	1 mois	2 mois	4 mois	5 mois	11 mois	12 mois	16-18 mois	6 ans	11-13 ans	14 ans	25 ans	45 ans	> 65 ans
Diphtérie, Tétanos, Poliomyélite		●	●		●			●	●		●	●	●
Rougeole, Oreillons, Rubéole						●	●						
Coqueluche		●	●		●			●	●		●		
Haemophilus influenzae de type B		●	●		●								
Pneumocoque		●	●		●								
Méningocoque C				●		●							
Hépatite B		●	●		●								
BCG	●												

Vaccins obligatoires
Vaccins obligatoires à partir de janvier 2018
Vaccins facultatifs

- **Vaccinations pour les professionnels**

Selon le calendrier vaccinal 2016, les personnels des établissements des gardes d'enfants préscolaires (crèche, halte-garderie…), les assistants maternels et les personnels des établissements et services sociaux de la protection de l'enfance sont soumis à l'obligation vaccinale contre la diphtérie, le tétanos et la poliomyélite. Un test tuberculinique est également obligatoire lors de la prise de poste.
Selon le risque d'accident exposant au sang, le médecin du travail peut également exiger la vaccination contre l'hépatite B.

Retenez l'essentiel !

ORIGINES DES BIOCONTAMINATIONS

Types de micro-organismes :
bactéries, virus, champignons microscopiques, protozoaires.

Différentes flores humaines :
cutanée, respiratoire, digestive, génitale.

TRANSMISSION DES MICRO-ORGANISMES	PORTES D'ENTRÉE DES MICRO-ORGANISMES
par l'air	Voie respiratoire
par ingestion	Voie digestive
par lésions de la peau et des vaisseaux sanguins	Voie sanguine
par contact avec la peau et les muqueuses	Voie cutanéo-muqueuse
par contact avec la peau et les muqueuses	Voies urinaires et génitales

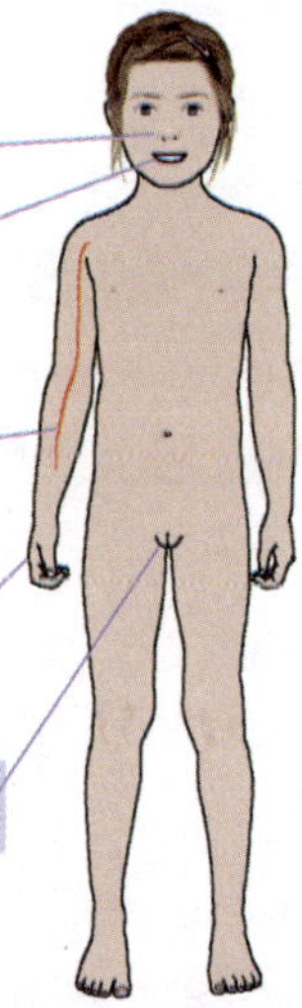

PRÉVENTION DES BIOCONTAMINATIONS

Mesures de prévention individuelles

- Hygiène professionnelle : port de la tenue professionnelle, lavage des mains…
- EPI : utilisation de gants à usage unique, masque…

Mesures de prévention collectives

- Respect des circuits propres et sales, travailler « du plus propre au plus sale ».
- Affichage des protocoles.
- Utilisation des détergents désinfectants appropriés.

Vaccination : inoculation d'une forme inoffensive d'un agent infectieux → fabrication d'anticorps et lymphocytes « mémoires » → reconnaissance et fabrication d'anticorps lors d'une nouvelle présence de l'agent infectieux → destruction du micro-organisme.

- **Pour les enfants :** 11 vaccins obligatoires avant l'entrée en milieu collectif.
- **Pour les professionnels :** obligation vaccinale contre la diphtérie, le tétanos et la poliomyélite + hépatite B sous certaines conditions.

Éducation des enfants au respect des règles d'hygiène et notamment le lavage des mains.

QCM
S'évaluer en ligne
→ lienmini.fr/4687-09

Vérifiez vos acquis !

1 Soulignez les phrases correctes parmi les affirmations suivantes.

A. Un virus est une structure acellulaire qui vit aux dépens d'une autre cellule.
B. Les virus sont les plus grands micro-organismes.
C. Les bactéries sont des micro-organismes unicellulaires.
D. Les mycètes sont des bactéries.
E. Les levures sont des champignons microscopiques.
F. Une flore est un ensemble de micro-organismes vivant en un lieu déterminé.
G. La flore buccale est une flore respiratoire.
H. La flore nasale est une flore respiratoire.

2 Reliez la voie de transmission à la porte d'entrée des micro-organismes.

A. Par l'air ○	○ 1. Voie digestive
B. Par ingestion ○	○ 2. Voie cutanéo-muqueuse
C. Par la peau et les muqueuses ○	○ 3. Voie sanguine
D. Par inoculation ○	○ 4. Voie respiratoire

3 Cochez la bonne réponse parmi les propositions suivantes.

A. La vaccination contre l'hépatite B est :
- ☐ 1. obligatoire pour l'ensemble de la population.
- ☐ 2. obligatoire pour le personnel non-soignant d'un multi-accueil.
- ☐ 3. obligatoire en cas de risque d'exposition au sang pour le personnel non-soignant d'un multi-accueil.

B. Le lavage des mains est :
- ☐ 1. une mesure de protection individuelle.
- ☐ 2. une mesure de protection collective.
- ☐ 3. un équipement de protection individuelle.

C. L'utilisation de gants à usage unique est :
- ☐ 1. une mesure de protection collective.
- ☐ 2. un équipement de protection individuelle.
- ☐ 3. obligatoire lors d'un change.

D. La vaccination contre la rougeole est :
- ☐ 1. obligatoire pour tous les enfants nés à partir du 1er janvier 2018.
- ☐ 2. conseillée pour tous les enfants nés à partir du 1er janvier 2018.
- ☐ 3. obligatoire pour tous les enfants nés avant le 1er janvier 2018.

Corrigés : voir p. 318

RESSOURCES

FICHE 10

Les troubles du développement et les maladies de l'enfant

OBJECTIFS
- Repérer des signes d'altération de la santé et du comportement.
- Participer à l'application des protocoles d'urgence.
- Participer à l'application du protocole d'accueil individualisé (PAI).

Une bonne raison d'apprendre

En tant que professionnel de la petite enfance vous devez être capable d'identifier les signes et comportements qui pourraient être révélateurs d'un trouble dans le développement de l'enfant ainsi que les signes de maladies infectieuses et/ou parasitaires afin d'agir de façon adaptée dans la limite de vos compétences et d'en informer les parents.
Vous pouvez également accueillir un enfant bénéficiant d'un PAI (projet d'accueil individualisé).

1 Les troubles du développement de l'enfant

Voir fiche 5

- Les troubles du développement surviennent chez les enfants avant leur naissance ou au cours de l'enfance. Ils entraînent en général un **retard du développement normal**.
Il est important de détecter ces troubles et d'orienter l'enfant et sa famille vers un professionnel compétent pour permettre une prise en charge rapide, et ainsi éviter les souffrances et les situations d'échec scolaire et personnel.

1 1 Les troubles de la motricité

- Les troubles de la motricité touchent l'appareil locomoteur : retard dans l'acquisition des postures, de la préhension et de la marche, mauvaise coordination des gestes…

- Chaque enfant évoluant à son propre rythme, il est primordial d'en tenir compte avant d'orienter les parents chez un spécialiste si besoin.

Voir fiche 40

1 2 Les troubles du langage

- L'acquisition du langage chez le jeune enfant peut parfois s'accompagner de troubles comme :
  - **le retard de langage** : difficulté d'associer les mots en phrases. Le vocabulaire n'est pas assez riche pour son âge et la phrase manque de structure grammaticale. L'enfant utilise peu les pronoms (je, il…) et les verbes sont employés à l'infinitif. L'enfant peut avoir des difficultés de compréhension ;
  - **le bégaiement** : répétition (de sons, de syllabes, de mots), des allongements du temps pour émettre un son, des pauses à l'intérieur des mots ou entre les mots ;
  - **le zézaiement** : trouble de prononciation qui consiste à dire « ze » à la place de « je » ou de « ce ».

1 3 Les troubles du sommeil

- Les troubles du sommeil peuvent être :
  - **des troubles de l'endormissement** : le jeune enfant peut avoir du mal à s'endormir, ce qui traduit le plus souvent des difficultés de séparation d'avec son entourage, la peur du noir, la peur d'être seul dans sa chambre ;
  - **des terreurs nocturnes** : l'enfant se redresse dans son lit brusquement en criant et en s'agitant, puis se rendort profondément. Il ne se souvient plus de rien le matin. Ces terreurs traduisent en général des angoisses ;
  - **des cauchemars** : ils surviennent pendant le sommeil paradoxal et sont suivis d'un éveil complet. L'enfant crie et appelle après le cauchemar.

EP1

1 4 Les troubles d'acquisition de la propreté

- **L'énurésie** (ou « pipi au lit ») est une miction active, complète, inconsciente, involontaire, se produisant pendant le sommeil. On ne peut parler d'énurésie qu'à partir de 5 ans, car c'est l'âge où le contrôle physiologique du sphincter vésical doit être acquis.

- **L'encoprésie** est la défécation involontaire ou délibérée dans des endroits non appropriés chez un enfant d'âge chronologique et d'âge mental d'au moins 4 ans.

2 L'hyperthermie

Signes	Conséquences	Conduite à tenir
▸ Température supérieure à 38 °C ▸ Somnolence ▸ Manque d'appétit ▸ Grognon ▸ Manque de tonus ▸ Peau rouge et chaude	▸ Déshydratation aiguë ▸ Convulsions fébriles : contractions musculaires involontaires, l'enfant bouge les membres de façon saccadée et a les yeux révulsés ▸ Troubles neurologiques	▸ Lui donner à boire souvent et à petite dose pour prévenir de la déshydratation ▸ Vérifier la température ambiante (19 à 20 °C) ▸ Le rafraîchir, le découvrir, lui faire porter des vêtements légers ▸ Consulter un médecin : – si la fièvre est à plus de 38,5 °C, il lui prescrira un médicament antipyrétique (contre la fièvre) ; – en cas de convulsions fébriles.

3 Les maladies infectieuses

Une maladie infectieuse est provoquée par la pénétration d'un micro-organisme dans le corps. Elle peut être plus ou moins contagieuse.
Certaines maladies infectieuses touchent plus particulièrement les enfants, dont le système immunitaire est fragile : on parle alors de maladie infantile.

3 1 Les différentes phases d'évolution des maladies infectieuses

- Une maladie infectieuse évolue généralement en cinq phases.
  1. **La phase d'incubation** est le temps qui s'écoule entre la pénétration d'un agent infectieux dans l'organisme et l'apparition des premiers signes.
  2. **La phase d'invasion** correspond à l'apparition de signes généraux (fièvre, fatigue, maux de tête, manque d'appétit…).
  3. **La phase d'état** est l'apparition de signes spécifiques de la maladie (éruption cutanée, mal de gorge…).
  4. **La phase de terminaison** correspond à la diminution et disparition des signes spécifiques.
  5. **La phase de convalescence** est le retour à l'état de santé antérieur à la maladie.
- Dans certains cas la personne peut décéder, cela survient généralement après la phase d'état.

3 2 Les principales maladies infantiles

Les maladies non éruptives	
Maladies	**Manifestations**
Coqueluche (bactérie) 	▸ **Phase d'incubation :** 7 jours en moyenne. ▸ **Invasion :** pendant 7 à 15 jours présence d'une toux sèche surtout la nuit. ▸ **Phase d'état :** quintes de toux caractéristiques suivies d'une inspiration longue et bruyante appelée « chant du coq ». ▸ **Évolution :** généralement favorable en 1 mois, mais nécessite souvent une hospitalisation pour les jeunes enfants.
Oreillons (virus) 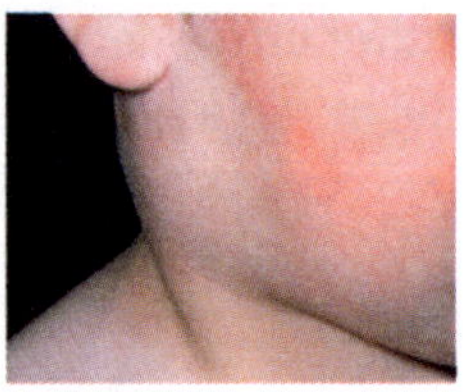	▸ **Phase d'incubation :** 21 jours en moyenne. ▸ **Invasion :** pendant 1 à 2 jours avec une fièvre à 38/39 °C et des maux de tête. ▸ **Phase d'état :** gonflements douloureux derrière les oreilles ; gorge rouge. ▸ **Évolution :** favorable généralement en une dizaine de jours.

Les maladies éruptives	
Maladies	**Manifestations**
Varicelle (virus) 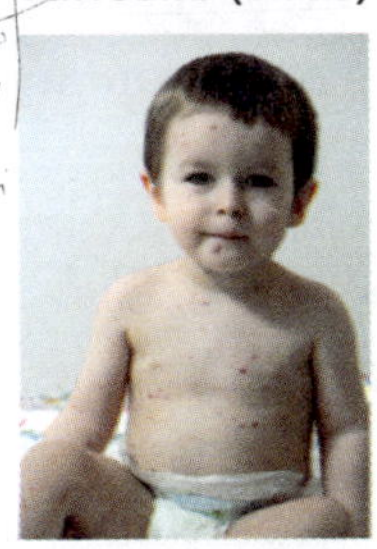	◗ **Phase d'incubation :** 14 jours en moyenne. ◗ **Invasion :** silencieuse. ◗ **Phase d'état :** éruption cutanée avec de très fortes démangeaisons évoluant par poussées successives ; apparition d'abord de macules* puis de vésicules* et de croûtes* ; fièvre. ◗ **Évolution :** favorable généralement en 10 jours environ.
Rougeole (virus) 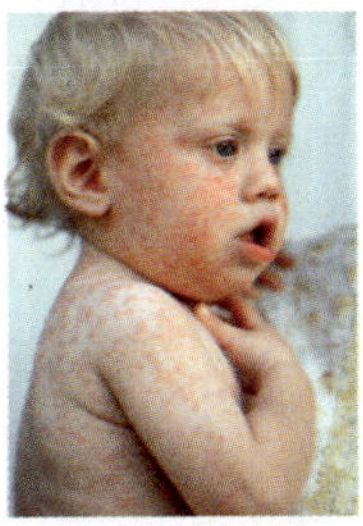	◗ **Phase d'incubation :** 10 jours en moyenne. ◗ **Invasion :** fièvre élevée pendant 3 à 4 jours, yeux larmoyants, points blancs à l'intérieur des joues, rhume, toux, parfois apparition de diarrhée. ◗ **Phase d'état :** éruption cutanée de macules* rouges sur le visage puis sur le tronc et les membres ; fièvre modérée. ◗ **Évolution :** favorable généralement en 5 jours environ.
Rubéole (virus) 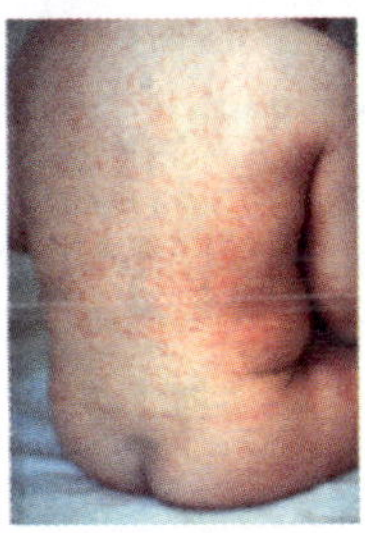	◗ **Phase d'incubation :** 15 jours en moyenne. ◗ **Invasion :** fièvre à 38 °C pendant 1 à 2 jours, rhinopharyngite, ganglions au niveau du cou assez douloureux. ◗ **Phase d'état :** fièvre modérée, éruption cutanée de macules* rouges sur tout le corps. ◗ **Évolution :** disparition des macules en 4 à 5 jours.

*Macules : taches rosées avec intervalle de peau saine.
*Vésicules : petits sacs remplis d'un liquide clair.
*Croûtes : cicatrisation d'une vésicule.

3 3 Conduite à tenir et moyens de prévention

- Traitement médical contre la fièvre et les démangeaisons pour les maladies éruptives, des antibiotiques pour les maladies dues à une bactérie.
- Éviction de la collectivité car ce sont des maladies très contagieuses.
- Du repos.
- Informer les autres parents d'un cas de maladie infectieuse notamment en cas de rubéole qui est une maladie dangereuse pour les femmes enceintes (risques de malformations du fœtus).
- Application de mesures d'hygiène pour l'entourage.
- Traitement préventif : la vaccination.

Voir fiche 9

EP1

4 Les maladies parasitaires

- Ce sont des maladies provoquées par un parasite, organisme qui vit au dépend d'un autre être vivant.

Maladies	Manifestations	Traitement et prévention
Pédiculose (due aux poux) 	◗ Démangeaisons persistantes et grattage du cuir chevelu ◗ Présence de poux et de lentes	◗ Traitement avec des produits spécifiques ◗ Pas de traitement préventif mais application des règles élémentaires afin d'éviter la transmission des poux : désinfections des peignes, de la literie, des vêtements… ◗ Surveillance régulière de la tête des enfants
Oxyurose (due à des vers intestinaux, les oxyures) 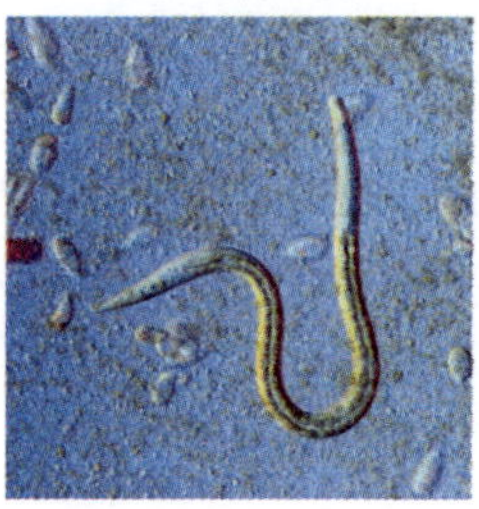	◗ Démangeaisons intense de la zone anale surtout la nuit ◗ Présence des œufs dans les selles ◗ Irritabilité de l'enfant	◗ Traitement médicamenteux (vermifuge) de l'enfant et de l'entourage ◗ Désinfection de la literie, des vêtements, du linge de toilette, des jouets ◗ Se laver très soigneusement les mains après le passage aux toilettes ◗ Avoir les ongles courts

5 Les maladies chroniques

5 1 Définition des maladies chroniques

- Les maladies chroniques sont des affections de longue durée qui, en règle générale, évoluent lentement. Elles peuvent être d'origine génétique, congénitale, liées à des facteurs environnementaux ou une combinaison de plusieurs de ces facteurs.

- Pour pouvoir accueillir des enfants atteints de maladies chroniques, un dispositif est mis en place : le projet d'accueil individualisé (PAI).

5 2 Définition et objectif d'un PAI

- Le PAI est un dispositif mis en place pour permettre d'accueillir au sein d'un EAJE, de l'école maternelle ou chez un assistant maternel des enfants atteints de troubles de la santé tels que :
  – des pathologies chroniques (asthme, allergies respiratoires, alimentaires etc.) ;
  – des intolérances alimentaires.

- Il se présente sous forme d'un document écrit, qui précise les besoins thérapeutiques de l'enfant dont l'état de santé exige l'administration de traitements ou protocoles médicaux afin qu'il puisse être accueilli dans des conditions aussi ordinaires que possible (aménagements d'horaires, organisation des actions de soins, régime alimentaire, etc.).

EP1

5 3 Procédure de mise en place d'un PAI

- Le PAI est élaboré **à la demande de la famille** par le directeur de la collectivité (EAJE, école maternelle) ou par l'assistant maternel et le médecin de la structure d'accueil ou du médecin scolaire ou celui de la PMI, à partir des données transmises par le médecin qui soigne l'enfant.
Ce dernier doit fournir :
  – une ordonnance indiquant le médicament qu'il convient d'administrer : nom, doses et horaires ;
  – les demandes d'aménagements spécifiques qu'il convient d'apporter dans le cadre de l'accueil de l'enfant ;
  – la prescription ou non d'un régime alimentaire ;
  – le protocole d'intervention d'urgence.

- Le projet d'accueil individualisé est ensuite signé par les différents partenaires (parents, professionnels…). Sa durée est liée à la pathologie ou au trouble constaté, il peut donc être établi pour une période allant de quelques jours à une année scolaire. Il peut également être reconduit d'une année sur l'autre.

5 4 Les facteurs de risque de non-respect du PAI

- Le risque majeur de non-respect du PAI est de mettre en danger la santé et la sécurité de l'enfant pouvant même entraîner son décès (exemple : allergie alimentaire non respectée).

- Si le professionnel a signé le PAI et qu'il refuse d'agir, il peut être poursuivi sur le plan civil pour non-respect d'un contrat et sur le plan pénal (risque d'emprisonnement) pour non-assistance à personne en danger.

Retenez l'essentiel !

LES TROUBLES DU DÉVELOPPEMENT DE L'ENFANT

- **Les troubles de la motricité** : retard dans l'acquisition des postures, de la préhension de la marche, difficulté de coordination des gestes …
- **Les troubles du langage** : retard de langage, bégaiement, zézaiement.
- **Les troubles du sommeil** : troubles de l'endormissement, terreur nocturne, cauchemar…
- **Les troubles de l'acquisition de la propreté** : énurésie, encoprésie.

LES MALADIES CONTAGIEUSES DE L'ENFANT

Les maladies infectieuses provoquées par des virus ou des bactéries

- **maladies éruptives** (avec des boutons) : varicelle, rubéole, rougeole…
- **maladies non éruptives** (sans boutons) : coqueluche, oreillons

→ **Un symptôme : l'hyperthermie**

Température du corps humain supérieure à 38 °C, l'enfant est somnolent, grognon, il manque d'appétit et de tonus…

Les maladies parasitaires provoquées par un parasite

– la pédiculose
– l'oxyurose

LES MALADIES CHRONIQUES ET LE PAI

Maladies chroniques : maladies de longue durée.

↓

PAI : document écrit qui permet d'accueillir en toute sécurité au sein d'une collectivité ou chez un assistant maternel des enfants atteints de troubles de la santé (maladies chroniques, intolérance alimentaire…).

→ fait à la demande des familles
→ élaboré, signé avec le responsable de la structure et le médecin référent (scolaire, PMI…)
→ s'appuit sur les prescriptions du médecin qui soigne l'enfant (traitement médical, aménagements spécifiques, régime alimentaire, protocole d'intervention d'urgence…)

Si non respect : poursuite sur le plan civil et sur le plan pénal (risque d'emprisonnement).

QCM
S'évaluer en ligne
→ lienmini.fr/4687-10

Vérifiez vos acquis !

1 Entourez de couleurs différentes les troubles de la motricité, du langage, du sommeil et de l'acquisition de la propreté.

A. Retard dans l'acquisition des postures
B. Bégaiement
C. Difficulté de coordination des gestes
D. Énurésie
E. Zézaiement
F. Terreur nocturne, cauchemar…
G. Encoprésie

2 Surlignez les mots qui caractérisent une maladie éruptive.

A. Absence de boutons
B. Bactérienne ou virale
C. Chronique
D. Infectieuse
E. Contagieuse
F. Parasitose

3 Reliez les maladies suivantes à leur classification.

A. Maladies éruptives ○	○ 1. Oxyurose
B. Maladies non éruptives ○	○ 2. Oreillons
C. Parasitoses ○	○ 3. Rougeole
	○ 4. Varicelle
	○ 5. Pédiculose
	○ 6. Coqueluche

4 Répondez par vrai ou faux aux affirmations suivantes.

	Vrai	Faux
A. Le PAI est valable pour les enfants en situation de handicap.		
B. Le PAI est un document écrit qui permet d'accueillir des enfants atteints de troubles de la santé.		
C. Le PAI n'est valable qu'en accueil collectif de jeunes enfants.		

Corrigés : voir p. 318

RESSOURCES

FICHE 11

La posture professionnelle

OBJECTIFS

- Prendre en compte les dimensions éthiques et déontologiques de son intervention.
- Adopter un regard critique sur sa pratique professionnelle.

Une bonne raison d'apprendre

Le respect de la loi, du projet d'accueil de votre établissement, des règles de conduites usitées dans le milieu professionnel, vont guider vos actions et vos actes professionnels. Malgré cela, des interrogations, des dilemmes, des débats ne manqueront pas d'apparaître. L'évaluation de sa pratique permet de se questionner, de réajuster sa posture, afin de proposer une action qui réponde véritablement aux besoins des usagers. Dans l'exercice de votre métier votre responsabilité est engagée.

1 Des références juridiques

1 1 Secret professionnel, discrétion professionnelle

- La **discrétion professionnelle** est l'obligation des professionnels de taire les informations qui concernent le personnel et la structure où ils travaillent.

- Le **secret professionnel** est l'obligation des professionnels de ne pas divulguer les informations concernant un usager dont ils ont connaissance dans l'exercice de leurs fonctions. C'est une interdiction pénalement sanctionnée (15 000 euros d'amende et un an de prison).

Les professionnels sont soumis au secret professionnel :
- **par état :** les ministres du culte (prête, rabbin, imam…) ;
- **par profession :** infirmier, pharmacien, médecin, sage-femme, avocats, policiers, gendarmes… ;
- **par fonction ou par mission :** les professionnels du système de santé, du social ou médico-social…

Voir fiche 8

Le secret professionnel peut être levé dans les cas suivants :
- protection des mineurs maltraités ;
- protection des personnes qui ne sont pas en mesure de se protéger en raison de leur âge ou de leur état physique et/ou psychique.

- Le **secret partagé** est l'autorisation de partager certaines informations couvertes par le secret professionnel. Il est indispensable de partager des informations pour apporter une aide efficace, pour permettre aux autres professionnels auxquels on réfère une situation d'intervenir, ou tout simplement pour éviter à une famille de se répéter. Mais attention, tout ne peut se dire, tout ne peut être évoqué auprès d'un autre professionnel. Le partage d'information à caractère secret est un acte de discernement des informations utiles et pertinentes qui, partagées ou révélées, sont de nature à améliorer la prise en charge ou le bien être de l'enfant. Elles ne peuvent être recueillies ou communiquées que dans cet unique but.

1 2 Le principe de laïcité

- La France est une république laïque. La laïcité repose sur trois principes :
  - la liberté de conscience, qui comprend la liberté de culte et de croyance, la liberté de changer de religion ou ne pas en avoir ;
  - la séparation de l'État et des organisations religieuses, de laquelle découle la neutralité de l'État ;
  - l'égalité des citoyens quelles que soient leurs convictions.

- Le personnel des EAJE est géré par une collectivité territoriale : ce sont des agents d'un service public, et donc dans l'obligation de respecter une neutralité religieuse.

- À l'école, le port de signes ou de tenues par lesquels les élèves et les adultes manifestent ostensiblement une appartenance religieuse est interdit.

- La PMI, lors de la délivrance de l'agrément des assistants maternels agréés, vérifie les capacités des candidats « à faire preuve de réserve et de retenue à manifester ou à partager leurs opinions et leurs pratiques philosophiques, religieuses, politiques et syndicales vis-à-vis des enfants et de leurs parents ».

2 Des références institutionnelles

Les documents qui suivent constituent des références de travail pour les professionnels.

Voir fiche 2

- Dans les EAJE, le **projet d'établissement** présente une vue globale de la structure, décrit les conditions d'accueil des enfants d'un point de vue pédagogique et sociologique. Il formalise les orientations de travail.

- Le **règlement intérieur** précise toutes les règles à respecter.

Voir fiche 3

- Chaque école est dans l'obligation de se doter d'un **projet d'école**. Il répond aux besoins particuliers des élèves de l'école, et assure une cohérence dans l'établissement.

Voir fiche 59

- Un **contrat d'accueil** facultatif peut être mis en place par les parents et l'assistante maternelle. Il précise le rôle de l'AMA pour l'enfant concerné.

3 Des références morales

- Le droit pourtant ne règle pas tout, il est parfois porteur de paradoxe. Le professionnel de la petite enfance doit donc obéir à des règles morales. Ce qui est en jeu ici, c'est la dignité humaine, le respect de l'autre, les droits humains et les libertés fondamentales.

- Le respect est la valeur de référence des professionnels de la petite enfance. Vous devez respecter :
  - les droits fondamentaux des personnes ;
  - les biens et l'intimité des personnes ;
  - la culture, la religion les choix de vie des personnes ;
  - les choix éducatifs des parents.

Le respect de la personne humaine est fondamental, mais aussi une forme d'équité envers chacun, sans distinction de nationalité, d'âge, de sexe ou de conviction. Vous ne devez pas servir vos intérêts personnels au travers de votre métier, imposer vos propres idées à autrui concernant la politique, la religion, les choix de vie.

- **Les stéréotypes de genre** sont un ensemble de croyances socialement partagées : certaines aptitudes ou certains traits de caractères seraient spécifiques aux garçons, et d'autres aux filles, et ce dès la naissance. Avec comme corollaire, l'idée que certains rôles dans la société sont réservés aux hommes ou aux femmes. Ces stéréotypes de genre sont disqualifiants et discriminants pour le genre féminin. Ils proposent des modèles d'identification qui freinent l'évolution des femmes, et découragent les hommes à se diriger vers des métiers dits féminins. Afin de ne pas dévaloriser le féminin par rapport au masculin, il est nécessaire de les identifier, pour pouvoir sortir de ce schéma restrictif. Les professionnels de la petite enfance se doivent de dénoncer ces stéréotypes, le changement de mentalités devant démarrer dès la petite enfance.

4 L'analyse des pratiques professionnelles

- L'analyse des pratiques professionnelles est un des outils permettant de prendre du recul, et d'améliorer l'organisation du travail et les attitudes professionnelles en situation.

- L'analyse des pratiques professionnelles consiste dans un premier temps à raconter, décrire et éventuellement à mettre en commun, à échanger un vécu professionnel personnel. Puis dans un second temps, à analyser, pour tenter de comprendre ce qui a été fait, ce qui s'est passé, ce qui a été produit, ceci dans le but de trouver des solutions, construire des nouvelles manières de faire et d'être, pour changer et évoluer.

- Cette compétence « Savoir analyser sa pratique » nécessite une formation et un accompagnement.

5 La responsabilité professionnelle

- Dans l'exercice de votre métier, vous pouvez engager votre responsabilité morale, mais également vos responsabilités juridiques pénale et civile.
  - **La responsabilité pénale** est une responsabilité personnelle, engagée lorsqu'un professionnel commet une infraction à la loi (amende, prison).
  - **La responsabilité civile** oblige le professionnel à réparer pécuniairement le dommage causé à autrui (dommages-intérêts).

Retenez l'essentiel !

LA POSTURE PROFESSIONNELLE

Référence juridique

- **Discrétion professionnelle** :
  Obligation professionnelle de taire des informations qui concernent le personnel et la structure où il travaille
- **Secret professionnel** :
  Obligation faite aux professionnels de ne pas divulguer les informations concernant un usager dont ils ont connaissance dans l'exercice de leurs fonctions
- **Principe de laïcité**
- **Secret partagé**

Réference institutionnelle

- Règlement intérieur
- Projet d'école
- Projet d'accueil pour les AMA
- Projet d'établissement pour les EAJE

Référence morale

Analyse des pratiques professionnelles

Ces éléments vont permettre d'adopter une posture professionnelle, qui engagera votre responsabilité

RESPONSABILITÉ PROFESSIONNELLE

- **Responsabilité morale**
- **Responsabilité civile :**
  Réparations pécunière
  Dommage et intérêts
- **Responsabilité pénale :**
  Infraction à la loi
  Amende, prison

Vérifiez vos acquis !

QCM
S'évaluer en ligne
→ lienmini.fr/4687-11

EP1

1 Reliez chaque notion à sa définition.

A. Responsabilité pénale ○	○ 1. Le professionnel doit réparer pécuniairement le dommage causé à autrui.
B. Responsabilité civile ○	○ 2. Obligation des professionnels de ne pas divulguer les informations concernant un usager dont ils ont connaissance dans l'exercice de leurs fonctions.
C. Discrétion professionnelle ○	○ 3. Responsabilité personnelle, engagée lorsqu'un professionnel commet une infraction à la loi.
D. Secret professionnel ○	○ 4. Obligation des professionnels de taire les informations qui concernent le personnel et la structure où ils travaillent.

2 Soulignez les propositions exactes concernant le secret professionnel.

A. Le secret professionnel peut être levé pour des mineurs maltraités.

B. La violation du secret professionnel peut entraîner une sanction pénale, jusqu'à un an de prison et 15 000 euros d'amende.

C. Les stagiaires ne sont pas soumis au secret professionnel.

3 Indiquez si les affirmations suivantes concernant la laïcité sont vraies ou fausses.

A. Un élève ne peut pas porter sa médaille de baptême.
☐ Vrai ☐ Faux

B. Tout agent public est soumis au devoir de neutralité, qu'il soit ou non en contact direct avec le public.
☐ Vrai ☐ Faux

C. Un père portant un signe religieux peut participer en tant qu'accompagnateur à une sortie scolaire.
☐ Vrai ☐ Faux

D. La laïcité est l'interdiction des religions.
☐ Vrai ☐ Faux

E. À l'école, des différences peuvent être faites entre les élèves en fonction de leur conviction religieuse.
☐ Vrai ☐ Faux

Corrigés : voir p. 318

RESSOURCES

FICHE 12

L'aménagement de l'espace collectif et familial

OBJECTIF

• Identifier les ressources et les contraintes techniques de son intervention.

Une bonne raison d'apprendre

Un enfant décède chaque jour des suites d'un accident à l'intérieur ou aux abords de l'habitation. Pour prévenir ces accidents domestiques, les lieux d'accueil pour les jeunes enfants doivent respecter certaines réglementations pour permettre aux enfants d'évoluer dans un cadre sécurisant en respectant les règles d'hygiène, de sécurité et de confort. Vous devez donc veiller à ce que les dispositions nécessaires au bien-être physique de l'enfant soient mises en place, que ce soit au sein d'un logement privé ou d'un espace collectif.

1 Aménagement des locaux

1.1 L'aménagement spécifique du logement privatif

- Le logement privatif doit bénéficier d'espaces suffisants pour respecter le rythme et les différents temps de présence des enfants et prévenir les accidents domestiques. Une autorisation de la PMI est obligatoire pour accueillir des enfants à son domicile. Des conseils d'aménagement respectant le cadre de l'agrément de l'assistant maternel sont proposés.

- L'aménagement du logement :

1. **Les fenêtres dangereuses** doivent être équipées d'un garde-corps (hauteur supérieure à 1 m et écartement des barreaux de 11 cm maximum) ou d'entrebâilleurs. Aucun meuble, ni objet pouvant servir de marche-pied, ne doit se trouver à proximité. Les baies vitrées sont à matérialiser avec des autocollants.
2. **Les escaliers, mezzanines, terrasses et balcons** : des gardes-corps sont obligatoires, ainsi que des barrières de sécurité (au moins 1,20 m de hauteur) solidement fixées en bas et en haut des escaliers.
3. **L'hygiène** : le logement doit être propre et aéré tous les jours, la température ne doit pas excéder 19 °C et les espaces doivent être correctement éclairés. Certaines plantes sont dangereuses et toxiques, il est conseillé de se renseigner. La présence d'animaux de catégories I et II (chiens classés dangereux) est incompatible avec le métier d'assistant maternel et par ailleurs, aucun animal ne doit accéder à l'espace sommeil des enfants.
4. **Communication :** le logement doit disposer d'un moyen de communication permettant d'alerter en cas de problème.

1 2 Les différents espaces du logement privatif

Espace du logement	Indications de mise en sécurité
◗ **L'espace de repas** doit être réfléchi en fonction de l'âge de l'enfant et permettre la prise de repas en commun dès que le développement psychomoteur de l'enfant le permet.	◗ Utiliser des chaises hautes munies d'une sangle entre les jambes pour éviter le glissement de l'enfant. ◗ Installer des grilles de sécurité afin que l'espace cuisson ne soit pas accessible aux enfants. ◗ Mettre hors de portée tout objet tranchant.
◗ **L'espace de repos** doit être sécurisé, non surchauffé et sous la surveillance de l'adulte. Il doit être au calme et obscurci sans être totalement noir pour la surveillance.	◗ Pour prévenir la mort inattendue du nourrisson, utiliser une literie adaptée. Voir fiche 37 ◗ Préférer le lit à barreaux aux normes et muni d'un matelas adapté. ◗ Éliminer les tours de lits, turbulettes trop grandes, oreillers et peluches. ◗ Les lits superposés sont interdits aux enfants de moins de 6 ans.
◗ **L'espace sanitaire**, et notamment le plan de change, doit être aménagé, de préférence, près d'un point d'eau et respecter l'intimité et la pudeur de l'enfant.	◗ Ne pas laisser un enfant seul sur la table à langer.
◗ **L'espace de jeux** et d'activités doit être adapté à l'âge et au nombre d'enfants. – Pour le nourrisson : espace de jeux au sol où il peut changer de position facilement ainsi que d'activité. – Pour les plus grands : espace suffisant pour permettre l'acquisition de la motricité, les déplacements et les jeux.	◗ L'enfant ne doit jamais rester seul hors de la surveillance quelles que soient les circonstances. ◗ Utiliser des jouets adaptés à l'âge des enfants. Les jouets doivent être en bon état et conformes aux normes de sécurité, régulièrement vérifiés et nettoyés. Jeter les jouets détériorés.
◗ **L'espace extérieur** doit être clos en totalité. La clôture doit être infranchissable (sup à 1,20 m) et il faut rendre les piscines inaccessibles.	◗ Une haie végétale n'est pas une clôture homologuée. ◗ Enlever les plantes toxiques.

1 3 L'environnement de l'enfant en collectivité de jeunes enfants

• Dans une collectivité, les différents espaces doivent s'organiser entre eux en permettant une accessibilité, la sécurité des usagers accueillis (enfants et personnel). L'agencement des locaux doit permettre la mise en œuvre du projet éducatif de la structure. Il peut s'organiser comme suit :

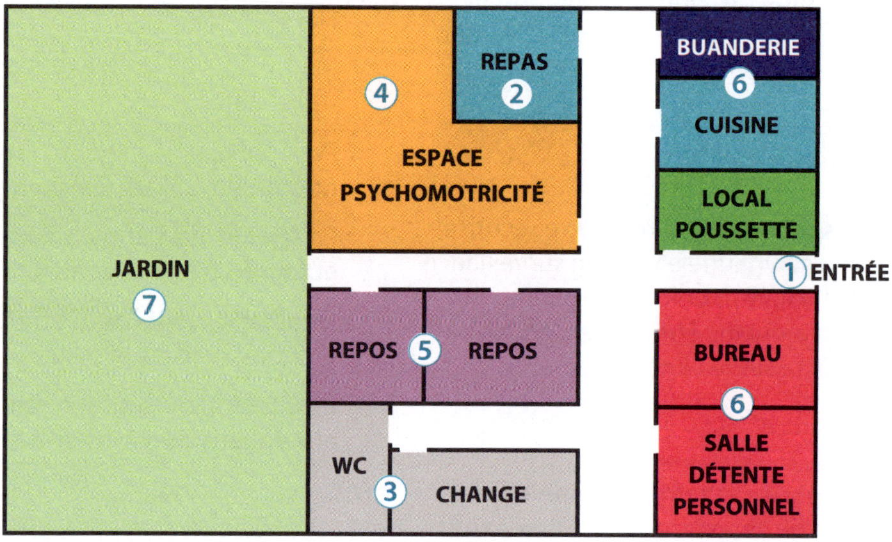

1 **Espace accueil :** sas qui sécurise la structure et qui doit être un lieu convivial pour faciliter la séparation parent-enfant. Il doit être pratique pour le rangement (vestes, poussette par exemple) et proche du bureau du directeur.

2 **Espace repas :** une salle ou coin repas est souhaitable tout comme un point d'eau pour le lavage des mains.

3 **Espaces sanitaires :** sanitaires adaptés en nombre suffisant et en fonction des enfants accueillis, respectant l'intimité, des espaces de change avec escalier escamotable.

4 **Espace d'activités :** aménager des espaces séparés en fonction des activités (psychomotricité, musique, jeux d'eau…) tout en respectant les rythmes de l'enfant, prévoir un espace protégé pour les bébés.

5 **Espace repos :** de préférence éloigné des lieux d'activités pour le calme, toujours sous surveillance d'un adulte, équipé de matériel aux normes.

6 **Espaces annexes :** cuisine, lingerie, buanderie, espace du personnel, bureaux qui doivent respecter les modalités de réglementation en matière d'hygiène et de sécurité.

7 **Espaces extérieurs :** sécurisés et faciles d'accès, les jeux collectifs doivent être aux normes en vigueur, un espace couvert est important pour sortir par tout temps.

- Quelques recommandations pour la mise en place de ces espaces :
  - **Insonorisation** : prévenir les nuisances sonores qui peuvent nuire aux échanges et à la capacité d'attention.
  - **Éclairage** : préconiser la lumière naturelle et l'éclairage modulable.
  - **Isolation et ventilation** : installer une VMC (ventilation mécanique contrôlée) performante.
  - **Sécurité incendie et prévention des accidents corporels** : respecter les normes pour établissements recevant du public qui tiennent compte de l'âge des enfants accueillis : absence d'angles vifs à hauteur d'enfant et de barreaux horizontaux que les enfants sont susceptibles d'escalader, équipement des portes de dispositifs anti-pincement et poignées inaccessibles, installation des prises de courant en hauteur (1,40 m), utilisation de revêtements muraux et de sols facilement lessivables.
  - **Aménagement du mobilier** : répondre aux normes AFNOR (association française de normalisation), être facilement accessible aux enfants en bas âge et facile d'entretien.

EP1

2 Les accidents de la vie courante et la prévention

2 1 L'éveil de l'enfant et les risques d'accidents domestiques

De la naissance à 3 mois

L'enfant doit être surveillé, en permanence en particulier dans son bain, sur la table à langer ou dans la maison.

De 4 à 9 mois

L'enfant se tient peu à peu assis, puis il commence à se déplacer à quatre pattes. Sa curiosité le pousse à toucher tous les objets qui sont à sa portée et à les mettre à la bouche (risques d'étouffement).

De 9 à 18 mois

L'enfant se déplace, les risques de chute sont fréquents, notamment dans les escaliers, ainsi que les risques de brûlures dans la cuisine ou les intoxications par les produits ménagers.

À partir de 18 mois

L'enfant grimpe partout, ce qui augmente les risques de chute. Attention aux fenêtres ouvertes ou aux balcons.

À partir de 2 ans

L'enfant est capable de monter et descendre seul les escaliers. Il sait aussi ouvrir les portes et part en exploration.

À partir de 3 ans

L'enfant prend de l'assurance, parle et comprend de mieux en mieux. Il fait peu à peu la différence entre ce qui est permis et ce qui est interdit mais il n'est pas capable de mesurer les risques qu'il prend et les accidents sont souvent plus graves.

2 2 Les risques liés à l'eau et prévention

- Les risques de noyade sont fréquents pour les enfants en bas âge. Même si l'enfant se tient assis, il ne faut jamais le laisser seul dans son bain et sans surveillance. Ce dernier peut se noyer en quelques secondes, sans un bruit, dans 20 cm d'eau dans son bain, en voulant se mettre debout par exemple.

- La vigilance doit être permanente près d'un point d'eau ou d'une piscine sans dispositif de sécurité.

Conseils pratiques pour donner le bain

- Préparez tout ce dont vous avez besoin (savon, shampoing, servlette) à l'avance.
- Ne répondez pas au téléphone et n'allez pas ouvrir la porte.

2 3 Les risques liés à l'électricité et prévention

- À partir de 9 mois, le nourrisson acquiert la notion de profondeur et s'intéresse aux trous et aux rainures. Il peut donc s'électriser ou s'électrocuter en glissant ses doigts ou de petits objets en métal dans les prises électriques.

- Depuis 1991, la réglementation impose l'installation de prises électriques dont les orifices sont fermés en permanence : seule l'introduction simultanée des broches d'une fiche permet l'ouverture. On peut également installer des cache-prises à ventouse ou à clé.

- D'autres réflexes et mesures de sécurité :
  - penser à débrancher et ranger les appareils (sèche-cheveux, rasoirs électriques, fers à repasser…) ;
  - installer des disjoncteurs différentiels à haute sensibilité qui coupent immédiatement le courant en cas de court-circuit ;
  - ne jamais laisser de rallonge électrique branchée, ni surcharger les prises électriques avec des multiprises.

2 4 Les risques de brûlures et prévention

- Les risques de brûlures sont présents dans toutes les pièces de la maison et particulièrement dans la salle de bains et la cuisine.

Voir fiche 34

- **Dans la salle de bain** : la peau d'un enfant est très sensible, il faut seulement 3 secondes pour qu'il se brûle au 3e degré avec de l'eau à 60 °C. Lors de la préparation du bain, il faut toujours vérifier la température (37 °C) à l'aide d'un thermomètre et non du coude ou de la main, peu précis, pour la sécurité et le confort de l'enfant. Les robinets thermostatiques intègrent des dispositifs de sécurité qui permettent de contrôler la température de l'eau.

- **Dans la cuisine** : il ne faut jamais laisser un enfant seul dans une cuisine. Il existe des réflexes et mesures de sécurité à suivre :
  - tourner les manches de casseroles et de poêles vers l'intérieur ;
  - l'utilisation des plaques au gaz en cuisine présente un danger pour les enfants en bas âge : ajouter des systèmes de protège flammes autour de la cuisinière ;
  - les fours doivent être équipés d'une porte isotherme.

2 5 Les risques liés aux intoxications et prévention

- Pendant les premières années de sa vie, l'enfant porte tout à sa bouche. Les principales causes d'intoxication des enfants sont l'ingestion de médicaments, de produits ménagers et de bricolage qui sont laissés à sa portée.

- Les médicaments, les produits ménagers et les produits de bricolage doivent toujours être rangés en hauteur, hors de portée des enfants et dans un placard fermé à clé. Il ne faut jamais transvaser un produit ménager dans une autre bouteille.

Retenez l'essentiel !

AMÉNAGEMENT DU LOGEMENT PRIVÉ

→ Agrément obligatoire

SÉCURITÉ

Prévention des accidents domestiques

- Garde-corps, barrière de sécurité, chaise haute aux normes et surveillance permanente en particulier dans le bain et sur la table à langer
- Robinets thermostatiques, protège-flammes dans la cuisine, porte isotherme pour le four
- Ranger tous les produits dangereux hors de portée des enfants
- Éviter les plantes toxiques
- Communication obligatoire vers l'extérieur

HYGIÈNE

- Logement propre et aéré tous les jours

CONFORT

- Température n'excédant pas 19 °C
- Espace suffisant pour respecter le rythme de l'enfant

AMÉNAGEMENT DES LOCAUX D'ACCUEIL COLLECTIF

→ Doit permettre la mise en œuvre du projet pédagogique de la structure

- **Espace accueil** : facilite la séparation avec les parents et le rangement
- **Espace repas** : avec un point d'eau et aménagé en fonction de l'âge des enfants
- **Espace sanitaire** : adapté et en nombre suffisant
- **Espace repos** : doit permettre le respect du sommeil des enfants avec plusieurs dortoirs
- **Espace activité** : aménagé en fonction des activités et du rythme des enfants
- **Espaces annexes** : respectent la réglementation en matière d'hygiène et de sécurité

→

- Insonorisé et isolé
- Ventilé
- Éclairage naturel ou modulable
- Mobilier répondant aux normes de sécurité et adapté aux enfants

Vérifiez vos acquis !

QCM
S'évaluer en ligne
→ lienmini.fr/4687-12

EP1

1 Indiquez si les conseils d'aménagement sont vrais ou faux.

A. Une autorisation de la PMI est nécessaire pour accueillir des enfants à son domicile.
☐ Vrai ☐ Faux

B. L'espace de repos doit être dans le noir total.
☐ Vrai ☐ Faux

C. Un enfant ne doit jamais rester hors de la surveillance d'un adulte.
☐ Vrai ☐ Faux

D. Une haie végétale est considérée comme une clôture.
☐ Vrai ☐ Faux

2 Cochez la réponse correcte.

A. La hauteur des barrières de sécurité doivent être d'au moins :
☐ **1.** 80 cm
☐ **2.** 1 m
☐ **3.** 1,20 m

B. La température de confort d'un logement d'une assistante maternelle est :
☐ **1.** 15-16 °C
☐ **2.** 17-18 °C
☐ **3.** 18-19 °C

C. Pour prévenir le risque de brûlure, l'eau du bain doit être à :
☐ **1.** 25 °C
☐ **2.** 37 °C
☐ **3.** 45 °C

3 Reliez chaque risque au conseil d'aménagement pour la sécurisation de son logement.

A. Risque d'intoxication ○
B. Risque de brûlure ○
C. Risque lié à l'eau ○
D. Risque d'électrisation ○

○ **1.** Installer un protège-flammes.
○ **2.** Débrancher les appareils électriques après utilisation.
○ **3.** Enfermer à clé les produits d'entretien.
○ **4.** Surveiller le bain même si l'enfant reste assis.
○ **5.** Vérifier la température du bain à l'aide d'un thermomètre.
○ **6.** Installer des cache-prises à ventouse ou à clé.
○ **7.** Ranger les médicaments dans une armoire en hauteur et fermée à clé.

Corrigés : voir p. 318

RESSOURCES

FICHE 13

La technologie des produits

OBJECTIFS
- Identifier les ressources et les contraintes techniques de son intervention.
- Prendre en compte la dimension santé et sécurité au travail.

Une bonne raison d'apprendre

Les produits d'entretien, d'hygiène corporelle, d'animation et les médicaments peuvent présenter un danger pour les jeunes enfants, et doivent donc répondre à certaines normes et contraintes.
Vous devez être capable de choisir et d'utiliser ces produits dans le respect des contraintes éducatives hygiénique, sécuritaire et environnementale.

1 Les produits d'entretien et la notion de développement durable

1.1 Les produits d'entretien

- Il existe plusieurs familles de produits d'entretien. À chaque type de produit d'entretien correspond une action de nettoyage. Avant le choix des produits et matériels d'entretien, il faut identifier :
  - le matériau des objets ou surfaces à nettoyer ;
  - la nature des salissures ;
  - le degré de saleté.

Salissures Origine organique (végétale ou animale) – chimique – minérale	
Salissures adhérentes	**Salissures non-adhérentes**
Sang, urine, chocolat, tartre, etc.	Poussières, cheveux, poils, papier, herbe, sable, etc.

- **Le détergent** contient des molécules de tensio-actifs constituées d'une partie hydrophile attirée par l'eau et d'une partie hydrophobe (lipophile) attirée par la salissure (souvent alimentaire, grasse).
Il peut avoir une action complémentaire (désinfectante ou dégraissante…) en fonction de son pH acide ou basique.
→ *Enlève les salissures adhérentes : reste de nourriture, gras, etc.*

- **L'abrasif** est constitué de minéraux plus ou moins gros et plus ou moins durs. Il se présente sous la forme de mélanges pâteux (crème à récurer), de poudre à base de silice (poudre à récurer), de disques (disque de monobrosse). Le choix de l'abrasif se fait en fonction du support : si les minéraux qui le composent sont plus durs que le support à nettoyer, il y a un risque de rayure.
→ *Agit par action mécanique : par frottement, par usure de la tache d'origine minérale (tartre).*

● **L'agglutinant** est composé d'eau ou d'huile minérale. Il se présente seul ou sous forme de gazes imprégnées.
→ *Capture et retient la poussière et les particules fines (salissures non adhérentes).*

● **Le détartrant** est constitué d'un agent acide. Ces produits sont souvent spécifiques pour le détartrage sanitaire (toilettes, robinetterie).
→ *Dissout les salissures de type minéral telles que tartre, dépôts de sels calcaires…*

● **Le désinfectant** est un produit biocide. Il peut être bactéricide (tue les bactéries) et/ou fongicide (tue les champignons microscopiques), virucide (tue les virus) et sporicide (tue les spores).
Plus son spectre est large et plus il est puissant, c'est-à-dire qu'il agit sur plusieurs types de micro-organismes. Un temps de pose est à respecter pour avoir une action efficace (temps noté sur l'emballage).
→ *Désinfecte en détruisant les micro-organismes présents. Il doit être utilisé sur une surface propre (précédemment nettoyée).*

● **Le détergent-désinfectant (dD)** associe un nettoyant et un désinfectant. Certains sont utilisés spécifiquement sur des surfaces en contact avec la nourriture : les dDa (détergent désinfectant alimentaire).
→ *Enlève les salissures adhérentes et désinfecte simultanément. Respecter le temps de pose indiqué sur l'emballage pour l'action biocide.*

1 2 La notion de développement durable

● **Le développement durable**, c'est permettre de répondre à nos besoins présents, sans que cela empêche les générations du futur de répondre aux leurs. Ci-contre les trois piliers du développement durable.

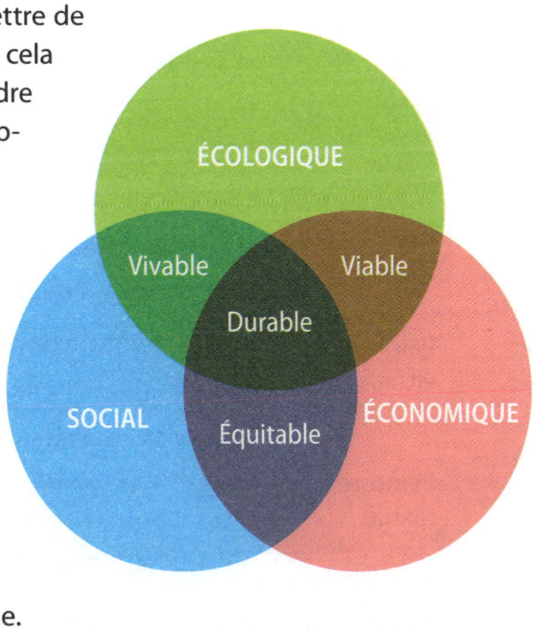

● Le **choix et l'achat des produits d'entretien** doit permettre de **respecter au mieux le développement durable**. Un produit d'entretien dit écologique prend en compte trois dimensions : la performance ; l'environnement et la santé. Un produit de nettoyage de qualité écologique a moins d'impacts sur l'environnement tout au long de son cycle de vie, par rapport à d'autres produits d'usage similaire, et à performance identique.

- **La performance** définit l'efficacité d'un produit. Il est important que le produit soit efficace et c'est à l'acheteur d'en définir les critères selon ses besoins.

– **La qualité environnementale** du produit est déterminée par les impacts générés à chaque étape de son cycle de vie (choix des matières premières, fabrication, distribution, utilisation, fin de vie). On peut distinguer différents types d'aspects environnementaux : réduction des substances dangereuses pour l'environnement et pour la santé ; limitations des impacts lors de la fabrication, réduction des emballages et des transports ; limitation des impacts lors de l'utilisation (dosage, utilisation d'eau) ; limitation des impacts en fin de vie (déchets, pollution des eaux).

– **La qualité santé** est déterminée par la réduction des expositions nocives, que ce soit pour les utilisateurs ou pour les personnes utilisant les locaux. Elle tient compte de la présence d'allergènes dans les produits.

2 Les produits d'animation

2.1 Les peintures

Voir fiche 18

Peintures	Caractéristiques et utilisations
Gouache liquide	◗ Effet opaque et couvrant, lavable à l'eau savonneuse, non toxique, nombreux coloris. ◗ S'applique sur le papier, le carton, le bois ou la pâte à sel…
Gouache au doigt	◗ Lavable à l'eau savonneuse, non toxique, nombreux coloris. ◗ S'applique aux doigts, aux pieds sur papier, carton.
Acrylique	◗ Donne des couleurs vives, sèche rapidement, à base d'eau. ◗ S'applique sur papier, plâtre, bois, plastique, tissu, verre…
Aquarelle	◗ Effet léger, transparent. ◗ S'applique sur papier.
Peinture vitrail	◗ Transparente, à base d'alcool, se nettoie à l'alcool. ◗ S'applique sur verre.
Peinture textile	◗ S'applique sur des tissus, de la soie… ◗ En flacon, en tube, en bombe, en spray ou feutre. ◗ S'applique au pinceau, au pochoir, à l'éponge. ◗ Onéreuse, à base d'eau, peut se diluer, les couleurs peuvent se mélanger.

● Les peintures doivent être entretenues pour une utilisation optimale et une économie financière. Il faut les ranger par types, nettoyer les bords des récipients ou embouts avant de mettre le bouchon, les refermer correctement et les conserver dans un endroit sec et frais.

2 2 Les papiers

Voir fiche 17

Papiers	Caractéristiques
Papier à dessiner et à peindre	◗ Résistant et cartonné. ◗ Divers coloris.
Papier de soie	◗ Aspect soyeux, fin, légèrement transparent. ◗ Se déchire facilement, se froisse. ◗ Divers coloris.
Papier ondulé	◗ Carton souple. ◗ Divers coloris.
Papier crépon	◗ Fin, léger, fripé. ◗ Divers coloris. ◗ Se déchire facilement, extensible. ◗ Déteint avec de l'eau ou colle.
Papier vitrail	◗ Filtre la lumière. ◗ Divers coloris.

- Les papiers doivent être rangés par variété, à plat, dans un meuble adapté, à l'abri du soleil pour éviter le jaunissement et la perte de couleur.

2 3 Les pâtes pour le modelage

Voir fiche 19

Pâtes	Caractéristiques et utilisations
Pâte à modeler	◗ Légère et souple, non toxique, convient aux jeunes enfants, différentes couleurs qui peuvent se mélanger. ◗ Bien refermer le pot pour que la pâte ne se dessèche pas.
Pâte à sel	◗ Se travaille facilement, ne tache pas, ne colle pas, non toxique, peut se colorer, se fabrique facilement, coût très abordable. ◗ Durcit à la cuisson au four, cuire au four traditionnel ou au four spécialisé.
Pâte à maïs ou porcelaine froide	◗ À base de farine de maïs et de colle. Après son chauffage, la pâte est facile à modeler. ◗ Sèche rapidement à l'air libre, possibilité de la peindre ou vernir (aquarelle, gouache, acrylique), se conserve.
Terre à modeler Argile	◗ Argile en masse ou en colombins (en boudins), souvent de couleur terre. ◗ Durcit à l'air, mais peut être cuite, cuire dans un four spécialisé.
Bandes plâtrées	◗ Bande enduite de plâtre séché et qui se réhydrate à l'eau. ◗ Ne pas utiliser directement sur la peau.

- Les pâtes doivent être conservées dans un emballage hermétique pour garder leur consistance souple.

2 4 Les colles

Colles	Caractéristiques et utilisations
Colle en bâton	◗ Simple, rapide, glisse facilement, inodore, non toxique, lavable à froid. ◗ Pour des collages simples sur papier, carton.
Colle liquide	◗ Transparente au séchage, inodore, non toxique. ◗ Pour des collages sur papier, carton, tissu, bois.
Colle en poudre	◗ Se dilue à l'eau froide. ◗ Pour des collages de papiers.
Vernis colle	◗ Laisse un film transparent et brillant après séchage (résistant à l'eau et aux rayures), non toxique. ◗ S'applique sur papier, carton, bois, métal, plâtre, plastique…

● Le récipient de colle doit être bien fermé hermétiquement pour éviter que la colle ne sèche. Les bords et l'embout doivent être essuyés pour une ouverture facile. Il faut les conserver dans un lieu sec et frais.

2 5 Les feutres et les crayons

Feutres – crayons	Caractéristiques et utilisations
Feutres dessin	◗ Pointe résistante, tracé précis, non toxique, divers coloris et différentes tailles de pointes. ◗ Pour colorier.
Crayons couleurs	◗ Mine à tailler, fragile si on appuie sur la mine. ◗ Pour colorier.
Pastels	◗ Fragile si on appuie fort sur la pointe. ◗ Pour superposer des couleurs.

● Les bouchons des feutres doivent être fermés après chaque utilisation.

Conseil pratique

Tremper la mine des feutres quelques minutes dans du vinaigre blanc pour leur donner une seconde vie.

3 Les produits d'hygiène corporelle

3 1 Les produits pour l'hygiène des mains du professionnel

Nom	Caractéristiques et utilisation
Savon liquide doux	▸ Composé d'une base minérale (soude) et d'un corps gras. ▸ Utilisé lors du lavage simple des mains pour éliminer les salissures.
Savon antiseptique	▸ Combinaison entre un détergent et un antiseptique. ▸ A différentes propriétés notamment antiseptique, fongicide, bactéricide et virucide.
Solution Hydro Alcoolique (SHA)	▸ À base d'alcool, d'agents antiseptiques et d'émollients (se dit d'une substance qui détend, amollit, adoucit). ▸ Utilisée lors de la friction hydroalcoolique. ▸ Présente une meilleure efficacité sur les germes et tend à remplacer le lavage par savon antiseptique.

Voir fiche 29

● Ces produits sont à ranger hors de portée des enfants, de préférence à côté de l'espace où sont réalisés les soins. Il est important de vérifier régulièrement leur date de péremption.

EP1

3 2 Les produits pour l'hygiène de l'enfant

Nom	Caractéristiques et utilisations
Gel lavant	▸ Nettoie efficacement et en douceur la peau de l'enfant. ▸ Présente une haute tolérance cutanée et oculaire.
Liniment oléo-calcaire	▸ Émulsion naturelle à base d'huile d'olive et d'eau de chaux. ▸ Produit à appliquer en prévention des érythèmes fessiers, mais contre-indiqué si les fesses sont rouges.
Lait de toilette	▸ Élimine efficacement et en douceur les impuretés. ▸ Peut être à l'origine de rougeurs et d'allergies. Pour éviter cela, il est fortement conseillé de rincer la peau après utilisation du lait et de ne l'utiliser qu'épisodiquement.
Lingettes nettoyantes	▸ Pratiques pour les sorties mais potentiellement irritantes et allergisantes pour la peau des enfants.
Sérum physiologique	▸ Permet de nettoyer les yeux, le nez et les oreilles des nouveau-nés mais également les plaies. ▸ Se présente sous forme d'unidoses stériles.

Voir fiche 33

● Il est conseillé d'utiliser des produits formulés spécifiquement pour les bébés. Il est préférable de choisir des produits de toilette sans parfum, sans colorant, sans alcool, sans huiles essentielles et sans parabène.

4 La trousse d'urgence

4 1 La trousse

- La trousse de secours est un élément indispensable lors de sorties ou promenade en compagnie de l'enfant. Elle doit être entretenue régulièrement en contrôlant la date de péremption des produits et les stocks.

- La trousse de secours doit être conservée dans l'armoire à pharmacie et hors de portée des enfants. Il est obligatoire d'avoir une ordonnance fournie par les parents avant d'administrer tout produit contenant un principe actif.

- Elle contient différents éléments :

1. Liste des numéros d'urgence : SAMU (15), Pompiers (18), Centre Anti poisons…
2. Gants jetables
3. Solution hydroalcoolique
4. Ciseaux
5. Pince à épiler
6. Sparadra
7. Sacs à déchets
8. Compresses stériles
9. Bandes extensibles
10. Couverture de survie
11. Lingettes anti-démangeaisons
12. Sérum physiologique en unidoses
13. Pansements de différentes tailles
14. Solution antiseptique en spray
15. Pommade anti contusions

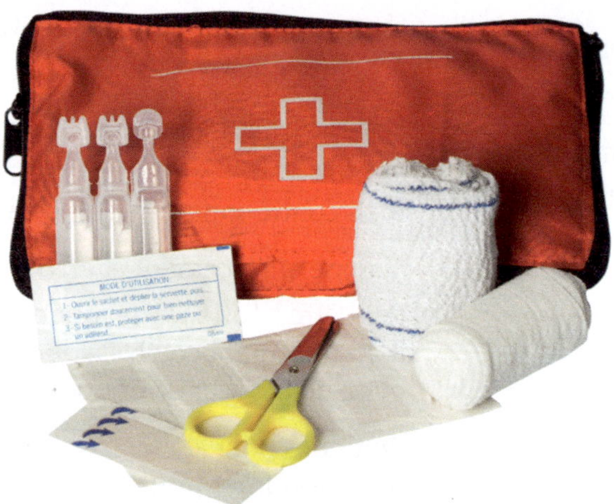

Voir fiche 10

- Il est important de connaître les gestes de secours face à l'hyperthermie, l'étouffement, les plaies… comme ceux appris lors de la formation de Sauveteurs Secouristes du Travail.

- En complément de la trousse de secours, il est possible de télécharger une application de premiers secours et d'aide aux soins pour les petits bobos du quotidien (exemple : « L'Appli qui sauve » de la Croix Rouge). Ces applications ne sont pas à utiliser lors d'une urgence ; il faut appeler le 15.

4 2 Les médicaments

- Les médicaments doivent être rangés dans la pharmacie, hors de portée des enfants et à l'abri de la lumière. Il est primordial de vérifier la date de péremption régulièrement.

Voir fiche 36

- Le professionnel doit obligatoirement disposer d'une ordonnance renouvelée tous les 6 mois par le médecin (en fonction du poids de l'enfant).
- Le professionnel qui administre un médicament en assume l'entière responsabilité personnelle, professionnelle, civile et pénale. Il est donc important d'être prudent lors de cette administration.
- Il existe différentes formes pharmaceutiques et notamment la voie :
  - orale, administrée par la bouche ;
  - injectable, administrée par injection ;
  - dermique, appliquée sur la peau ;
  - inhalée, administrée par aérosols ;
  - rectale, introduite par le rectum.

Le médecin choisit la forme en fonction de l'âge du malade : pour les enfants, il favorisera la forme orale. De plus, avant 6 ans, ce sont plutôt les formes liquides qui sont privilégiées telles que les sirops, les poudres et les granulés à dissoudre dans un peu d'eau. En cas de difficultés d'administration, Il faut toujours demander l'avis du médecin et préférer les formes liquides.

Mesures à prendre lors de l'administration d'un sirop :
- Mesurer la quantité à prendre avec la seringue ou la cuillère doseuse fournies, calibrées en fonction de la nature du liquide.
- Noter la date d'ouverture.
- Nettoyer le col du flacon pour éviter que le sucre ne colle.

Nom	Caractéristiques et utilisation
Antiseptique	Empêche le développement des bactéries ou des virus. Il est appliqué localement sur la zone à traiter (plaie). Exemples : Biseptine® ; Bétadine® …
Antipyrétique	Utilisé dans le traitement de la fièvre. Exemple : Paracétamol (Doliprane® en sirop ou en poudre…)
Crème anti contusions	Utilisée en cas de contusion sans plaie, sert à combattre la douleur et le gonflement. Exemples : Hemoclar®, Arnica®, Voltarène®
Crème anti érythèmes fessiers	Appliquée sur les fesses irritées à chaque change. Dès la 1re application, elle apaise, protège et favorise la réparation naturelle de la peau irritée. Exemples : Mitosyl®, Bepanthen®.

Retenez l'essentiel !

Technologie des produits

Les produits d'entretien

- Le choix du produit se fait en fonction :
  - du matériau des objets ou surfaces à nettoyer ;
  - de la nature des salissures ;
  - du degré de salissures.
- Le choix du produit se fait également dans le respect du développement durable qui passe par :
  - la **performance du produit** ;
  - sa **qualité environnementale** (impact sur l'environnement) ;
  - sa **qualité santé** (réduction des expositions nocives).

Les produits d'animation

- Exemples : peintures, papiers, colles, pâtes à modeler, feutres…
- Le professionnel doit toujours veiller à proposer aux enfants des produits adaptés à l'activité, à l'âge des enfants et respectant les normes NF.
- Il est important de vérifier l'état des produits et si nécessaire les remplacer, et de les ranger correctement dans un lieu adapté.

Les produits de soins

- **Pour le professionnel** : ranger les produits hors de portée des enfants à côté de l'espace où sont réalisés les soins.
  Exemples : savon, savon antiseptique, solution hydro alcoolique
- **Pour les enfants :** produits spécifiques : sans parfum, sans colorant, sans alcool, sans huile de palme, sans huile essentielle et sans parabène.
  Exemples : gel lavant, lait de toilette, sérum physiologique

Trousse de secours et médicaments

- **Trousse de secours** : elle doit être conservée dans l'armoire à pharmacie et hors de portée des enfants. Il faut vérifier régulièrement les stocks et les dates de péremption des produits.
- **Les médicaments :** ils doivent être conservés dans l'armoire à pharmacie et hors de portée des enfants.
  Pour les administrer, il faut obligatoirement avoir une ordonnance de moins de 6 mois.

Vérifiez vos acquis !

QCM
S'évaluer en ligne
→ lienmini.fr/4687-13

EP1

1 Reliez le produit d'entretien à l'action attendue.

A. Détergent ○
B. Abrasif ○
C. Agglutinant ○
D. Détartrant ○
E. Désinfectant ○

○ 1. Détruit les micro-organismes.
○ 2. Dissout les salissures de type minéral.
○ 3. Enlève les salissures adhérentes grasses.
○ 4. Use les salissures d'origine minérale.
○ 5. Capture et retient la poussière.

2 Cochez la ou les propositions exactes.

A. La peinture doit être conservée :
- ☐ 1. à l'abris de l'humidité
- ☐ 2. près d'une source de chaleur
- ☐ 3. dans un endroit frais
- ☐ 4. dans un réfrigérateur

B. La colle en poudre doit toujours être diluée avec de l'eau :
- ☐ 1. tiède
- ☐ 2. chaude
- ☐ 3. froide
- ☐ 4. peu importe

C. L'argile est cuite :
- ☐ 1. dans un four traditionnel
- ☐ 2. à l'air ambiant
- ☐ 3. dans un four spécialisé
- ☐ 4. ne se cuit pas

3 Indiquez si les affirmations suivantes concernant le rangement des produits et des médicaments sont vraies ou fausses.

A. Les produits d'hygiène sont à ranger hors de portée des enfants, de préférence à côté de l'espace où les soins sont réalisés.
☐ Vrai ☐ Faux

B. Les médicaments sont à ranger dans le placard du bas avec les produits d'hygiène.
☐ Vrai ☐ Faux

C. Il est possible d'utiliser les produits d'hygiène d'adulte pour les bébés.
☐ Vrai ☐ Faux

Corrigés : voir p. 318

FICHE 14

RESSOURCES

La technologie des équipements et des matériels

OBJECTIF

• Identifier les ressources et les contraintes techniques de son intervention.

Une bonne raison d'apprendre

Les équipements et les matériels utilisés dans les lieux recevant des enfants en bas âge doivent répondre à certaines normes et contraintes.
Vous devez être capable de choisir et d'utiliser ces équipements et matériels dans le respect des contraintes éducatives, hygiéniques, sécuritaires et environnementales.

1 Les matériaux du sol et des surfaces en milieu collectif

Les matériaux utilisés dans les structures d'accueil de la petite enfance doivent être résistants, imperméables, imputrescibles, non toxiques et d'un entretien aisé, permettant ainsi de maintenir une bonne hygiène.

1 1 Les matériaux de surface

- Le mobilier doit être adapté à la taille des enfants et aux normes de sécurité.

Principaux revêtements	Caractéristiques	Conséquences sur l'entretien
Stratifié 	▸ Obtenu par pressage à chaud de plusieurs couches de papier de haute qualité, imprégnées de résine transparente. ▸ La surface visible est constituée d'une feuille décor (imprimée ou unie) recouverte d'une couche de finition, mate ou brillante.	Dépoussiérage humide avec lavette ou gaze pré-imprégnée. Ne pas utiliser d'abrasif ni de produit concentré acide ou basique.
Mélaminé 	▸ Obtenu avec un panneau de particules de bois et un papier décor imbibé d'une résine thermodurcissable pressée à chaud.	Dépoussiérage humide avec lavette ou gaze pré-imprégnée. Ne pas utiliser d'abrasif.

1 2 Les matériaux du sol

- **Les carrelages**

Principal revêtement	Caractéristiques	Conséquences sur l'entretien
Grès cérame 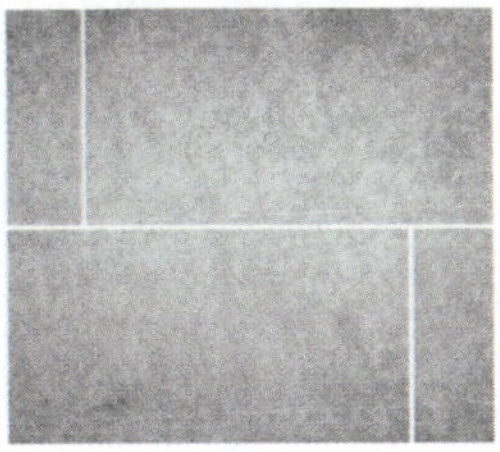	◗ Matériau obtenu par cuisson à haute température d'un mélange d'argile et de silice. ◗ Imperméable (attention aux joints perméables), très résistant à l'usure, peut être traité antidérapant. ◗ Revêtement sonore qui craint les chocs.	Facilité d'entretien. Balayage humide et aspiration possible. Peut être lavé même à grande eau et sous pression. Utilisation possible de tous les produits d'entretien, y compris abrasifs.

- **Les sols souples**

Principaux revêtements	Caractéristiques	Conséquences sur l'entretien
Linoléum 	◗ Constitué de matières naturelles (huile de lin, poudre de bois ou de liège). ◗ Imperméable, résistant aux acides et aux solvants mais sensible aux bases concentrées (décapant concentré).	Facilité d'entretien. Balayage humide et aspiration possible. Peut être lavé. Utilisation possible de tous les produits d'entretien (attention cependant aux produits basiques concentrés).
PVC 	◗ Issu de la chimie du pétrole et constitué de polymère thermoplastique. ◗ Imperméable, sensible à la chaleur et aux solvants organiques. ◗ Résistant aux piétements et à l'usure.	Facilité d'entretien. Balayage humide, aspiration et lavage possible. Utilisation de la plupart des produits d'entretien.
Résine époxy 	◗ Mélange de résine, durcisseur et minéraux qui se pose au sol sans aucun joint et qui permet ainsi de répondre aux normes d'hygiène en cuisine collective. ◗ Antidérapante et résistante à l'usure.	Facilité d'entretien. Lavable à grande eau et sous pression. Utilisation possible de la plupart des produits d'entretien.

EP1

2 Les matériaux du sol et des surfaces en milieu familial

Voir fiche 43

Si la plupart des matériaux utilisés en milieu collectif se retrouve en milieu familial, d'autres matériaux ne sont utilisés qu'en milieu familial à cause de leur entretien moins aisé.

2 1 Les matériaux du sol

- **Le bois**

Principaux revêtements	Caractéristiques	Conséquences sur l'entretien
Sol en bois ciré 	◗ Bois massif protégé par une couche de cire. ◗ Sensible aux marques de poinçonnement (pieds de meuble). ◗ Très poreux. ◗ Faible résistance à l'eau.	Uniquement dépoussiérage par aspiration ou balayage. Ne pas laver, sensible aux tâches d'eau. Une fois par an, remettre en état en éliminant l'ancienne cire puis cirer et lustrer.
Sol en bois vernis ou vitrifié 	◗ Bois massif protégé par du vernis ou vitrification. ◗ Bonne résistance à l'eau.	Dépoussiérage par balayage ou aspiration. Lavage possible mais avec un détergent neutre et une frange très essorée. Au bout de plusieurs années, renouveler la vitrification.
Sol en stratifié 	◗ Aggloméré de bois et de matières plastiques. ◗ Bonne résistance à l'eau.	Dépoussiérage par balayage, balayage humide ou aspiration. Lavage possible avec un détergent neutre et une frange très essorée.

- **Les revêtements textiles**

Principaux revêtements	Caractéristiques	Conséquences sur l'entretien
Moquette 	◗ Constituée d'un velours ou couche d'usage (matière naturelle ou artificielle). ◗ Bonne isolation thermique et phonique. ◗ Esthétique et décoratif. ◗ Sensible aux taches, à l'eau et aux produits chimiques. ◗ Retient la poussière et peut provoquer des risques d'allergie. ◗ Peut être traité antitaches et anti-acariens.	Dépoussiérage uniquement mécanique. Utilisation de produits et matériels spécifiques pour nettoyer en profondeur.

EP1

2 2 Les matériaux de surfaces

Principaux revêtements	Caractéristiques	Conséquences sur l'entretien
Grès émaillé 	◗ Carrelage revêtu d'une couche d'émail. ◗ Revêtement imperméable. ◗ Résiste à tout type de détergent mais sensible aux rayures.	Dépoussiérage. Peut être lavé. Ne pas utiliser d'abrasifs.
Verre 	◗ Transparent, lisse. ◗ Isolant, se charge d'électricité statique et retient la poussière. ◗ Sensible aux rayures et aux chocs, dangereux une fois cassé.	Lavable. Résistant à la plupart des produits chimiques sauf aux produits très alcalins. Utiliser du papier absorbant ou des lavettes microfibres pour éviter les traces.

3 Le matériel d'animation

3 1 Le matériel pour le modelage

Accessoires	Caractéristiques et utilisations
Emporte-pièces	◗ En plastique rigide ou en métal. ◗ Découper, reproduire des formes.
Spatules	◗ En plastique ou en bois. ◗ Couper, gratter, lisser la pâte.
Rouleaux	◗ En bois ou PVC. ◗ Étaler la pâte.
Ébauchoirs	◗ En bois ou plastique. ◗ Sculpter des détails.

3 2 Le matériel pour découper

Accessoires	Caractéristiques et utilisations
Ciseaux à bouts ronds	◗ Existe pour gaucher et droitier. ◗ Découper du papier, carton fin.
Ciseaux crantés	◗ Découper du papier en donnant une forme.
Ciseaux de bricolage	◗ Découper des supports comme du carton épais, tissu, fil de fer…
Cutters et cutters de précision	◗ Découper précisément, évider un pochoir. ◗ Ne pas laisser un enfant les utiliser.

Conseils pratiques

- Tous les types de ciseaux existent pour droitier et pour gaucher : pensez à prévoir des ciseaux pour gaucher pour éviter de mettre les enfants en difficulté.
- Proposez des ciseaux à bouts ronds pour éviter les accidents. La surveillance constante est de rigueur lorsque l'activité nécessite du matériel qui coupe.

3 3 Le matériel de collage

Accessoires	Caractéristiques et utilisations
Pistolet à colle	◗ Permet de réaliser des collages de précision sur une grande variété de matériaux : papier, bois, verre, … Il existe des pistolets à colle manuel ou électrique. ◗ Utilisé uniquement par les adultes.
Pinceau ou brosse à colle	◗ Permet de travailler la colle, l'étaler ; économique. ◗ Bien laver après utilisation.

EP1

3 4 Le matériel de peinture

Accessoires	Caractéristiques et utilisations
Pinceaux	◗ Différentes tailles et pointes pour varier les tracés. ◗ Tracé précis, souple sur tous supports. ◗ À rincer et sécher après utilisation (poils vers le haut).
Brosses	◗ Différentes tailles et pointes pour varier les tracés. ◗ Pour couvrir une surface importante ou un fond sur tous supports. ◗ À rincer et sécher après utilisation (poils vers le haut).
Rouleaux	◗ En mousse : peu absorbante. ◗ Manche en plastique. ◗ Permettent de recouvrir de grandes surfaces, facilité d'usage. ◗ À rincer et sécher après utilisation (rouleau vers le haut ou sur une surface plane).
Tampons mousse	◗ Divers modèles. ◗ Pas de gaspillage, pas de débordement. ◗ S'utilisent avec de la peinture épaisse. ◗ À rincer et sécher après utilisation.
Pochoirs	◗ Nombreux modèles, en plastique. ◗ Permettent de faire facilement des formes. ◗ À rincer et sécher après utilisation.
Pinceaux pochoirs	◗ Poils courts en soie, différentes tailles. ◗ Manche en bois. ◗ S'utilisent avec de la peinture épaisse. ◗ À rincer et sécher après utilisation.
Palettes	◗ En plastique, avec des alvéoles. ◗ Pour diluer et faire des mélanges de couleurs. ◗ À nettoyer et sécher après utilisation.

4 Le matériel de soins

4 1 Le matériel de mobilisation et d'installation de l'enfant

Accessoires	Caractéristiques et utilisations
Transat	Permet à l'enfant de découvrir son environnement, de prendre ses premiers repas. Utilisé dès la naissance et jusqu'à 6-8 mois. ❗ *Toujours attacher l'enfant dans son siège ; ne jamais poser le transat en hauteur pour éviter les chutes.*
Parc	Permet à l'enfant de jouer en toute sécurité. Barreaux en bois ou barrière en plastique. ❗ *Surveiller l'enfant pour éviter qu'il ne se blesse.*
Chaise haute évolutive	Accompagne l'enfant pour ses repas : – à 6 mois en position « chaise haute » avec tablette pour l'apprentissage des repas ; – à partir de 2 à 3 ans, en position « chaise enfant » pour s'asseoir à table avec les adultes. ❗ *Attacher l'enfant ; rester à proximité et le surveiller.*
Maxi cosy	Siège-auto qui accueille l'enfant dès la sortie de la maternité. Il peut se fixer sur la poussette. ❗ *Enfant attaché avec le harnais ; toujours fixer le cosy, dos à la route grâce aux bases ISOFIX et à la ceinture de sécurité.*
Poussette	Permet de promener l'enfant jusqu'à 4-5 ans et de lui faire découvrir son environnement. La poussette peut accueillir l'enfant dès ses premiers jours grâce à une nacelle landau. Sa coque rigide assure le maintien du dos de l'enfant. ❗ *Mettre les freins lorsque la poussette n'est plus tenue ; toujours attacher l'enfant dans la poussette.*

4 2 Le matériel d'aide à l'élimination

Accessoires	Caractéristiques et utilisations
Couche jetable	Absorbante et légère mais elle reste chère, non écologique et contient des produits chimiques. À choisir en fonction du poids de l'enfant.
Couche lavable	Plus douce, plus écologique et plus économique, elle est cependant moins absorbante que les changes jetables.
Pot	Permet l'apprentissage de la propreté. Il est en plastique pour plus d'hygiène et adapté à la morphologie de l'enfant.

4 3 Le matériel de couchage

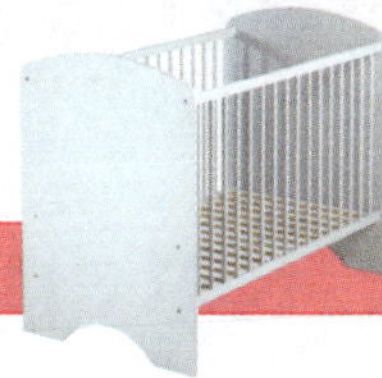

Accessoires	Caractéristiques et utilisations
Berceau	Utilisé de la naissance et jusqu'à l'âge de 3-4 mois (dès que l'enfant est capable de se relever, il y a un risque de chute). En matière souple ou en osier (attention qu'aucun brin ne dépasse). Avec des roulettes et peut avoir une fonction de balancement.
Lit à barreaux	Utilisé dès la naissance et jusqu'à 3 ans. Composé d'une structure en bois et d'un sommier réglable en hauteur qui permet de s'adapter au développement de l'enfant.
Lit d'appoint	Couchette en plastique utilisée en crèche ou en école maternelle pour des enfants ayant plus de 2 ans ½. Facilement lavable et superposable pour être rangée dans un coin de la pièce.
Lit parapluie	Peut être utilisé de 3 mois à 3 ans. Ce lit pliant doit être aux normes NF. Ils sont déconseillés par la PMI suivant les départements et aucun objet (matelas par exemple) ne doit être rajouté au lit.

4 4 Le matériel divers

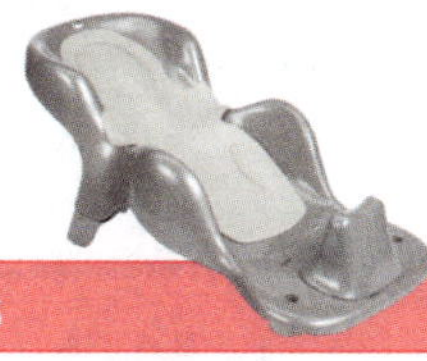

Voir fiche 36

Accessoires	Caractéristiques et utilisations
Thermomètre ❗ *Ceux contenant du mercure sont interdits car dangereux.*	**Thermomètre électronique** : permet une mesure axillaire et buccale grâce à une sonde métallique (la prise rectale n'est plus utilisée en structure) ; il se désinfecte à l'alcool à 70° après chaque utilisation.
	Thermomètre tympanique ou auriculaire : doit être bien orienté en direction du tympan et l'embout de protection se jette après chaque mesure. Technique simple et rapide avec un résultat précis.
	Thermomètre sans contact : très pratique pour les nourrissons et les enfants en bas âge, il mesure la température sans contact physique. Moins fiable en raison de l'absence de contact corporel ; il est recommandé d'ajouter un degré au chiffre obtenu.
	Thermomètre de bain : permet de vérifier la température de l'eau du bain.
Babyphone	Outil efficace qui permet une surveillance à distance de l'enfant. Il existe des babyphones audio ou audio/vidéo.
Baignoire en plastique	Accessoire individuel ou intégré dans la table à langer. Utilisé pour donner le bain à l'enfant de moins de 6 mois.
Transat ou siège de bain	Accessoire à fixer dans une baignoire qui permet de donner le bain au bébé et lui garantit maintien et confort pendant ce moment. Veiller à surveiller en permanence l'enfant dans le bain.

Retenez l'essentiel !

Revêtement du sol et des surfaces

		+	–
Sol	Carrelage, sols souples	Lavables facilement	
	Spécifiquement familial : moquette, bois	Bon isolant thermique et phonique	Nettoyage délicat (sans eau, avec des produits spécifiques…) Moquette : retient la poussière (risque d'allergies)
Surfaces	Stratifié, mélaminé	Dépoussiérage humide facile	
	Spécifiquement familial : verre, grès émaillé	Verre : isolant	Verre : dangereux une fois cassé

Produits d'animation

- Le choix du matériel se fait en fonction de l'activité à réaliser :
  - **Modelage**
  - **Découpage**
  - **Collage**
  - **Peinture**
- Il est important de :
  - veiller à **adapter le matériel** en fonction de **l'âge mais aussi des capacités** des enfants (tenir compte de leur latéralité : droitier / gaucher) ;
  - bien entretenir et ranger le matériel pour éviter une usure trop précoce.

Matériel de soins

- **Installation** (poussette, transat, parc, maxi cosy, chaise haute) : utiliser le matériel en fonction de l'âge et des capacités de l'enfant.
- **Aide à l'élimination :** utilisation en structure de la couche jetable plutôt que la couche lavable ; le pot pour l'apprentissage de la propreté.
- **Évolution du couchage :** du lit à barreaux à la naissance jusqu'au lit d'appoint en structure pour les enfants ayant plus de 2 ans ½.
- **Thermomètre :** à choisir en fonction des capacités et de l'âge de l'enfant.
- **Pour le bain,** l'enfant le prend en toute sécurité et confort grâce à la baignoire en plastique ou le transat de bain. Attention de toujours surveiller l'enfant lors de ce moment.

Vérifiez vos acquis !

QCM
S'évaluer en ligne
→ lienmini.fr/4687-14

EP1

1 Reliez la surface du sol à son entretien.

A. Moquette ○
B. Sol en bois ciré ○
C. Sol en stratifié ○

○ 1. Lavage possible avec un détergent neutre et une frange très essorée.
○ 2. Uniquement dépoussiérage par aspiration et balayage.
○ 3. Nettoyage possible avec des produits spécifiques.

2 Reliez chaque revêtement de surface à une propriété.

A. Revêtement stratifié ○
B. Revêtement en mélaminé ○
C. Verre ○

○ 1. Sa surface est constituée d'une feuille décor recouverte d'une résine transparente.
○ 2. Transparent et résiste à la plupart des produits chimiques.
○ 3. Répond aux normes de sécurité et entretien aisé.

3 Reliez l'activité au matériel d'animation lui correspondant.

A. Modelage ○
B. Découpage ○
C. Collage ○
D. Peinture ○

○ 1. Ciseaux crantés
○ 2. Pochoir
○ 3. Ébauchoir
○ 4. Pinceau à colle

4 Indiquez si les affirmations suivantes concernant le matériel sont vraies ou fausses.

A. Les couches jetables sont plus fréquemment utilisées que les couches lavables en structure.
☐ Vrai ☐ Faux

B. La poussette n'accueille l'enfant qu'à partir du moment où il tient assis.
☐ Vrai ☐ Faux

C. L'enfant doit être attaché et sous surveillance dans un transat.
☐ Vrai ☐ Faux

D. Le lit d'appoint peut être utilisé dès la naissance.
☐ Vrai ☐ Faux

Corrigés : voir p. 318

TECHNIQUE

FICHE 15

Les activités libres et les activités d'éveil

OBJECTIFS
- Adapter et aménager un espace favorable à l'activité libre pour l'enfant.
- Préparer et animer des activités d'éveil.

Une bonne raison d'apprendre

L'animation fait partie intégrante du quotidien des enfants quel que soit le mode d'accueil. Le jeu est un besoin fondamental au bien-être et au développement de l'enfant. Dans le cadre de votre travail, vous devrez donc être capable de mettre en place un environnement favorable aux activités libres et de mettre en œuvre des activités d'éveil.

1 L'animation et ses intérêts

L'animation est un ensemble de moyens et de méthodes mis en œuvre pour faire participer activement une personne ou un groupe donné à des activités. (Petit Larousse).

Elle permet de :
- participer à l'éveil et au développement des enfants ;
- procurer du plaisir ;
- favoriser les apprentissages ;
- développer l'autonomie et la socialisation.

2 Les activités libres et activités d'éveil

Les activités d'éveil se différencient des activités dites libres (ou spontanées). Il est important de savoir donner de la place à chaque type d'activités en tenant compte de l'âge des enfants, de leurs rythmes, du moment dans la journée.

2 1 Les activités d'éveil

Le professionnel choisit l'activité, la prépare, fixe les règles et les objectifs. L'enfant doit donc être attentif et se concentrer.

Ces activités favorisent la découverte de nouveaux jeux, activités, matériels, outils ; elles développent la motricité fine et globale, ainsi que l'apprentissage social et la cohésion de groupe, etc.

2 2 Les activités libres ou spontanées

Le professionnel met à disposition des enfants du matériel et des espaces adaptés. Il ne doit pas intervenir dans le choix des activités, il est présent et veille à la sécurité physique et affective de l'enfant.

L'enfant est libre de choisir l'activité, sa durée et son déroulement. Il fixe ses propres règles, découvre et réoriente son activité, il fait appel à son imaginaire. Les jeux sont adaptés à l'âge de l'enfant et facilement accessibles.

Ces activités stimulent la pensée créative, développent l'autonomie, la confiance et la prise d'initiatives, les règles de vie. Les enfants explorent l'environnement et découvrent de nouvelles activités.

3 Les modes d'animation

Le professionnel de la petite enfance doit savoir choisir son mode d'animation en fonction du public, de l'activité proposée et des objectifs à atteindre. Pour une même activité, il peut faire appel à différents modes d'animation et s'adapter à des imprévus. Il est important de tenir compte des rythmes des enfants et d'ajuster le mode au moment de la journée.

Modes	Caractéristiques
Directif = autoritaire	Le professionnel détermine le déroulement de l'activité, dirige les actions, prend les décisions, donne de nombreuses consignes. Il fait passer une information, donne un ordre, une directive (en cas de conflit, pour un public qu'il faut guider, etc.) et ne laisse pas la place aux échanges. Ce mode est rassurant car le groupe sait ce qu'il doit faire mais il n'est pas libre, ce qui peut entraîner passivité, agacement, baisse de motivation.
Semi-directif = coopératif, participatif	Le professionnel aménage l'espace, fait des propositions au groupe, il régule, facilite les échanges (collaboration), est à l'écoute. Il respecte l'avis de tous et encourage la prise de parole de chacun selon les envies et les capacités.
Non-directif = autonome, laisser faire	Le professionnel aménage l'espace, assiste le groupe, il le laisse agir. Il est présent pour gérer les conflits. Le groupe est en autonomie, décide des règles et prend les décisions.

FICHE 16

TECHNIQUE

La conduite d'activités d'éveil

OBJECTIF

• Préparer et animer des activités d'éveil.

Une bonne raison d'apprendre

En tant que professionnel de la petite enfance, vous devez être capable de mettre en œuvre des activités d'éveil, qu'elles soient individuelles ou collectives et de repérer les éléments facilitateurs et perturbateurs du déroulement de ces activités.

1 La préparation de l'activité

Les locaux : avant de réaliser une activité, il faut s'assurer que la salle est disponible. Dans certains cas, il est nécessaire de la réserver pour une meilleure organisation.

Voir fiche 12

La préparation se fait en fonction de l'activité, mais il est indispensable de mettre un accent particulier sur la sécurité. Les enfants peuvent être acteurs lors de cette étape : discipline, règles collectives (je ne touche pas le matériel avant que l'on m'y autorise, etc.).

Le matériel est choisi en fonction de l'âge des enfants, du nombre d'enfants participants et de l'activité à réaliser (tables, chaises, coussins, feutres, papier, ciseaux, colle, etc.).
Lors de cette étape il est important de veiller au bon fonctionnement du matériel pour éventuellement le remplacer ou en commander.

2 La réalisation de l'activité

Le professionnel doit :

- proposer aux enfants d'aller aux toilettes si besoin et de se laver les mains ;
- présenter le matériel aux enfants et s'assurer que chacun ait son matériel ;
- présenter un modèle ou faire une démonstration, réexpliquer si nécessaire ;
- s'assurer que les enfants aient bien compris les consignes ;
- veiller au respect des règles de sécurité et d'hygiène tout au long de l'activité ;
- vérifier que les enfants ne rencontrent pas de difficultés, si besoin les accompagner dans leur réalisation.

3 Après l'activité

Le professionnel doit veiller à :

- exposer les réalisations (faire sécher si besoin au préalable) ;
- ranger et mettre en état les locaux et le matériel : compter le matériel et veiller à son bon état, veiller au stock. Suivant l'âge des enfants, ils pourront participer à cette tâche ;
- prévoir un temps « retour au calme ».

Voir fiche 11

Le professionnel doit également analyser l'activité et faire une auto-évaluation. Il transmettra ensuite le bilan de l'activité à l'équipe et aux parents : observations, progrès constatés, difficultés rencontrées, refus de participation de certains…

4 La gestion du groupe

Certains éléments peuvent faciliter ou perturber le déroulement des activités. Le professionnel doit les prendre en compte pour assurer une bonne gestion du groupe.

4 1 Les éléments facilitateurs

Le professionnel doit créer une dynamique de groupe en facilitant l'adhésion, la participation et la coopération des enfants lors de l'activité. Pour cela il peut :

- créer des rituels pour marquer le début de l'activité : utiliser un objet d'attention (une marionnette, etc.) ou un signe particulier pour capter l'attention du groupe par exemple ;
- donner des règles et les rappeler si besoin au cours de l'activité ;
- verbaliser les actions afin de permettre aux enfants d'améliorer leur vocabulaire, d'apprendre de nouveaux mots ;
- prendre en compte les émotions des enfants afin de comprendre leur réaction et pouvoir leur répondre de façon adaptée.

4 2 Les éléments perturbateurs

Parfois certains comportements des enfants gênent le cours de l'activité. Le professionnel doit s'adapter aux différents comportements en ayant une attitude aidante, stimulante tout en étant vigilant et ne pas hésiter à poser des limites :

- le « timide » : l'encourager à prendre la parole ;
- le « rêveur » : l'interpeler pour le faire réagir ;
- le « jamais content » : lui donner la parole puis recentrer sur l'activité ;
- le « bavard » : limiter son temps de parole ;
- l'« agressif » : rester calme, faire attention que son comportement n'influence pas le groupe, le laisser s'exprimer et lui donner un rôle.

D'autres éléments peuvent perturber le déroulement de l'activité, le professionnel doit en tenir compte et agir en conséquence :

- le nombre d'enfants trop important pour l'activité ;
- le matériel non adapté ou mal organisé ;
- les situations de conflit ou de tension entre les enfants.

Conseil pratique

Des enfants peuvent ne pas avoir envie de participer à une activité, il est important de respecter ce souhait sans pour autant les exclure.

TECHNIQUE

FICHE 17

Les activités papier

OBJECTIF

• Préparer et animer des activités d'éveil.

Une bonne raison d'apprendre

Les activités autour du papier favorisent et développent le toucher, la motricité fine, la dextérité mais aussi la capacité de concentration et la coordination. Elles éveillent la créativité, l'imagination et le goût artistique. Elles permettent à l'enfant de prendre conscience de la satisfaction du travail réalisé mais développent aussi sa confiance.

Différentes techniques d'utilisation du papier existent : il peut être utilisé avec les mains (froisser, déchirer, etc.) ou avec des outils (couper, etc.).

1 Le découpage

Cette technique requiert une bonne coordination. Elle permet de stimuler la motricité fine, de prendre conscience que les yeux et les mains peuvent travailler ensemble.
Il est important d'accompagner l'enfant suivant son âge pour lui enseigner les stratégies de découpage essentielles : bien tenir son ciseau, effectuer des changements de direction, etc.

2 L'assemblage et le collage

L'enfant se familiarise avec des supports et se rend compte que l'on peut assembler divers matériaux entre eux. Les activités de collage développent la dextérité et la concentration des enfants et demandent de la précision et de la patience. Un colorant alimentaire peut être utilisé pour teinter la colle.

3 Le pliage : l'origami

Cette technique économique permet de développer la précision, la concentration, la mémoire visuelle mais aussi de se repérer dans l'espace. Pour exécuter les pliages dans l'ordre, l'enfant doit écouter et suivre les explications.

Conseils pratiques

- Il est important de sensibiliser les enfants dès le plus jeune âge aux notions de récupération et de recyclage. Pour cela, de nombreuses activités peuvent être réalisées avec plusieurs types de papiers : emballages ménagers, magazines de publicités, …

Voir fiches 13-14

- Veiller à utiliser des supports variés : cartons, papiers de diverses textures en lien avec l'âge des enfants.
- Respecter les règles de sécurité (toujours surveiller les enfants).

Exemple d'activité

La tête de chat en origami

DOCUMENT
Réalisation de la tête de chat
→ lienmini.fr/4687-15

Durée : 15-20 minutes
Nombre d'enfants : individuel ou collectif
Âge des enfants : à partir de 3 ans

Matériels et produits nécessaires

- Une feuille de papier A4 uni ou une couleur différente sur chaque face
- Des gommettes ou des feutres
- Une paire de ciseaux
- Une règle

Organisation

- Mesurer et tracer des bandes de 8 cm de large.
- En fonction de l'âge des enfants, couper en amont la feuille ou laisser faire les enfants.
- Installer des tables pour avoir un appui stable afin d'effectuer les pliages.

Réalisation

1. Présenter l'activité aux enfants : montrer un exemple et donner les consignes.
2. Découper une bande rectangulaire de papier.
3. La disposer devant soi dans le sens horizontal.
4. Plier la pointe du coin supérieur gauche vers le bas.
5. Plier la pointe du coin inférieur droit vers le haut.
6. Disposer le pliage face à soi de façon verticale.
7. Plier la bande en deux : rabattre la pointe du bas vers le haut (les deux oreilles du chat sont ainsi obtenues).
8. Plier les angles droit et gauche du bas de la tête vers l'arrière.
9. Personnaliser le chat : colorier, dessiner, coller des gommettes…
10. Valoriser la réalisation (exposition).
11. Ranger le matériel, éventuellement avec les enfants.

Évaluation et transmission

- Évaluer la satisfaction des enfants et le déroulement de l'activité.
- Transmettre à l'équipe et/ou aux parents les observations, les difficultés rencontrées.

TECHNIQUE

FICHE 18

Les activités peinture

OBJECTIF

• Préparer et animer des activités d'éveil.

Une bonne raison d'apprendre

Les activités peinture favorisent la découverte créatrice et sensorielle pour l'enfant. Il affine ainsi sa préhension et coordonne ses mouvements. C'est une étape importante pour le futur apprentissage de l'écriture. Les notions d'espace et de vocabulaire sont présentes. L'enfant fait ses propres expériences, imagine, communique ses émotions, se concentre, éveille sa curiosité et développe sa socialisation si l'activité est réalisée en groupe.

1 La peinture avec les doigts et les pieds

L'enfant apprécie en général le contact direct avec la peinture, il aime découvrir le mélange des couleurs et utiliser l'espace de son support. Cette technique peut être proposée à partir de 1 an.

Dans certains cas, l'enfant peut refuser de peindre de peur de se salir ou parce qu'il ne supporte pas le contact avec cette matière. Cela doit être accepté et il ne faut pas forcer l'enfant.

2 La peinture avec des outils

Voir fiche 5

De nombreux outils peuvent être utilisés par l'enfant :

- **pinceaux ou rouleaux** : ils ne sont pas recommandés avant l'âge de 3 ans, tant que l'enfant ne maîtrise pas bien la préhension ;
- **objets divers** : certains objets peuvent être détournés de leur fonction tels que bouchons, éponges, brosses à dent, cotons tige, laine, ficelle, paille…

Voir fiches 13-14

Conseils pratiques

- Veiller à utiliser des peintures et des supports variés (couleurs, textures) en lien avec l'âge des enfants.
- Respecter les règles d'hygiène et de sécurité : protéger l'espace et les vêtements, veiller à ce que l'enfant ne porte pas la main à la bouche dans le cas de peinture avec les doigts, surveiller d'éventuelles allergies cutanées.

Recettes des peintures maison
→ lienmini.fr/4687-16

Exemple d'activité

La peinture à la ficelle

Durée : 15-20 minutes
Nombre d'enfants : individuel ou collectif
Âge des enfants : à partir de 2 ans

Matériels et produits nécessaires

- Feuilles de papier dessin
- Morceaux de ficelle ou de laine
- Peinture adaptée (1 ou 2 couleurs)
- Assiette(s) en plastique
- Tablier(s)

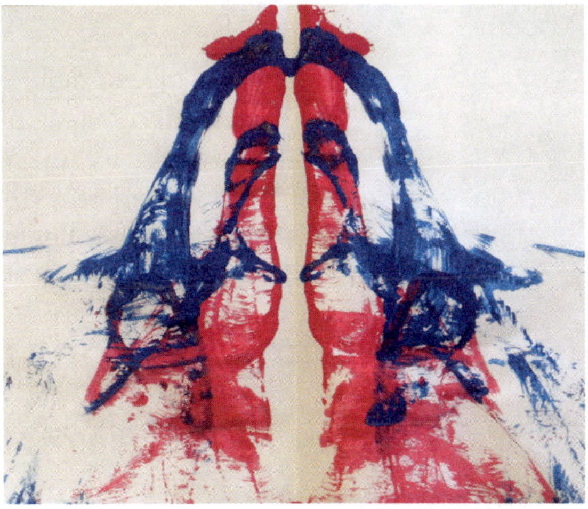

Organisation

- Protéger l'espace de travail.
- Couper un morceau de ficelle par enfant et mettre la peinture dans une assiette.
- Mettre un tablier pour protéger les vêtements.

Réalisation

1. Présenter l'activité aux enfants : montrer un exemple et donner les consignes.
2. Aider si besoin l'enfant à :
   - plier la feuille de papier en deux ;
   - tremper la ficelle dans la peinture, sauf l'extrémité qui permet de la tenir ;
   - placer la ficelle à l'intérieur de la feuille pliée en laissant déborder l'extrémité de la ficelle sans peinture ;
   - maintenir la feuille avec une main et tirer la ficelle dans tous les sens avec l'autre main.
3. Ouvrir la feuille et découvrir le dessin laissé par la ficelle.
4. Refaire avec une autre couleur si l'enfant le souhaite.
5. Laisser sécher le dessin et valoriser la réalisation (exposition).
6. Enlever le tablier et accompagner le (les) enfant(s) au lavage des mains.
7. Nettoyer les espaces de travail et ranger le matériel (les enfants peuvent participer).

Évaluation et transmission

- Évaluer la satisfaction des enfants et le déroulement de l'activité.
- Transmettre à l'équipe et/ou aux parents les observations, les difficultés rencontrées.

FICHE 19

TECHNIQUE

Les activités de manipulation

OBJECTIF

• Préparer et animer des activités d'éveil.

Une bonne raison d'apprendre

La manipulation permet à l'enfant d'explorer et d'observer les transformations au niveau de la consistance de la matière, des couleurs (éveil sensoriel). Il découvre le plaisir de malaxer et de toucher, il expérimente l'action du corps sur une matière et inversement.
Manipuler va permettre de développer le langage : l'enfant peut verbaliser les sensations ressenties, nommer les couleurs, etc.

1 Les différentes façons de manipuler

1.1 Manipulation avec des éléments naturels

Les éléments naturels peuvent être du sable, de la terre, de l'eau, de l'herbe, de la neige. L'enfant peut alors toucher, remplir, vider, transvaser, etc.

1.2 Manipulation avec d'autres éléments

La pâte à modeler, la pâte à sel, le papier mâché, l'argile, la pâte à maïs, le plâtre sont des produits plus ou moins faciles à manipuler suivant l'âge de l'enfant. La manipulation peut également se faire avec de la semoule, du riz et d'autres denrées alimentaires.

2 Exemples de quelques techniques

Les pâtes peuvent être utilisées de différentes manières.

- **Modeler à plat** : utiliser des rouleaux à pâtisserie pour étaler la pâte, des emporte-pièces pour couper des formes, etc.
- **Modeler avec les mains** : former des boules, des boudins pour réaliser des formes, animaux, etc.
- **Mouler** : utiliser des moules pour obtenir des créations en relief.

Conseils pratiques

Voir fiches 13-14

- Proposer du matériel et des outils variés qui respectent les normes de sécurité, et en quantité suffisante pour chaque enfant.
- Réaliser l'activité dans une pièce lumineuse équipée d'un point d'eau et d'un four ménager (à proximité) en fonction de l'activité.
- Utiliser des surfaces planes et non poreuses.
- L'objectif est le plaisir de manipuler la pâte donc le professionnel ne doit pas attendre des enfants, notamment des plus jeunes, qu'ils reproduisent un objet avec la pâte ou fabriquent quelque chose.

DOCUMENT
Recettes de la pâte à modeler maison et de la pâte à sel
→ lienmini.fr/4687-17

Exemple d'activité

La pâte à patouille

Durée : 15-20 minutes
Nombre d'enfants : individuel ou collectif
Âge des enfants : à partir de 2 ans

Matériels et produits nécessaires

- Maïzena
- Colorant(s) alimentaire(s)
- Récipients : bassines ou saladiers
- Eau
- Tasses
- Tablier(s)

EP1

Organisation

- Protéger une surface plane (table).
- Mettre les tabliers aux enfants.
- Vérifier les éventuelles allergies cutanées tout au long de l'activité.

Réalisation

1. Présenter l'activité aux enfants : montrer un exemple et donner les consignes.
2. Prendre deux tasses de Maïzena et verser le contenu dans un récipient.
3. Laisser les enfants appréhender cette matière sèche.
4. Rajouter progressivement une tasse d'eau.
5. Rajouter, si l'enfant le souhaite, un colorant alimentaire.
6. Laisser les enfants malaxer, découvrir et jouer avec ce mélange : liquide quand on le manipule doucement, il devient solide quand on le manipule plus brusquement.
7. Rajouter de l'eau si nécessaire car elle s'évapore au fur et à mesure des manipulations des enfants.
8. Accompagner les enfants au lavage des mains.
9. Nettoyer les espaces de travail et ranger le matériel (les enfants peuvent participer).

Évaluation et transmission

- Évaluer la satisfaction des enfants et le déroulement de l'activité.
- Transmettre à l'équipe et/ou aux parents les observations, les difficultés rencontrées.

TECHNIQUE

FICHE 20

L'éveil à la nature

OBJECTIF

- Préparer et animer des activités d'éveil.

Une bonne raison d'apprendre

La nature permet d'explorer et d'observer les transformations des éléments et du milieu. L'éveil et l'éducation à la nature et à l'environnement sont essentiels pour l'enfant dans l'apprentissage du monde qui l'entoure.
Le professionnel est le lien entre la nature et les enfants. Proposer des activités d'éveil à la nature permet aux enfants d'apprendre par eux-mêmes, ce qui favorise dans le temps le développement d'un regard critique et une meilleure compréhension des enjeux.

1 Découvrir la nature et comprendre le milieu dans lequel on vit

L'animation nature permet de développer diverses attitudes et capacités comme :

- observer, analyser, rechercher, se déplacer, se repérer, apprendre ;
- courir, sauter, grimper, se cacher ;
- créer, dessiner ;
- voir, écouter, sentir, toucher, goûter (développement des sens).

Les activités peuvent être très simples comme se promener, faire un bouquet de fleurs, dessiner avec les ombres des arbres, etc.

2 Agir et se confronter à la nature

La nature est le vecteur pour appréhender des valeurs telles que le respect de la vie et de l'environnement, et l'importance de la biodiversité.
Il est important de sensibiliser dès le plus jeune âge les enfants à la faune et la flore, en observant les insectes, la végétation, les traces de pas.
Les jeunes enfants sont les futurs acteurs de l'environnement et donc des citoyens responsables : on peut leur proposer de ramasser les déchets lors des promenades, de découvrir le tri sélectif, etc.

Conseils pratiques

- Proposer un matériel et des outils sécurisés favorisant l'autonomie de l'enfant : planches à dessiner, petits râteaux adaptés, etc.
- Mettre un cadre sécurisant pour que l'enfant découvre spontanément, le laisser faire ses propres expériences et découvertes.
- La sécurité est importante afin de respecter l'environnement et avoir un comportement éco-citoyen.

DOCUMENT

Réalisation du potager

→ lienmini.fr/4687-18

Exemple d'activité

Le potager

Durée : 30 minutes

Nombre d'enfants : individuel ou collectif

Âge des enfants : à partir de 2 ans

Matériels et produits nécessaires

- Table potagère ou contenant non nocif
- Différentes graines : radis, betteraves, céleris, haricots, courges, etc.
- Différents plants : tomates cerises, thym, persil, fraises, romarin, etc.
- Terre végétale
- Billes d'argile
- Petite(s) pelle(s) (transplantoir)
- Petit(s) râteau(x)
- Tablier(s)
- Arrosoir(s)
- Carton
- Bâtonnets de bois
- Colle
- Ordinateur et imprimante

EP1

Organisation

- Préparer le matériel nécessaire en fonction du nombre d'enfants et du contenant.
- Proposer aux enfants de mettre un tablier.
- Vérifier les éventuelles allergies cutanées tout au long de l'activité.
- Préparer les étiquettes : faire dessiner et colorier un radis, etc. ou imprimer des images et dessins et les coller sur du carton. Coller le carton sur le bâtonnet de bois.

Réalisation

1. Présenter l'activité aux enfants : montrer des photographies dans des livres et les plants, et donner les consignes.
2. Installer avec les enfants le contenant à leur taille.
3. Mettre les billes d'argile au fond du contenant pour drainer l'eau : cela permet à l'eau de ne pas rester dans la terre pour éviter que les racines pourrissent.
4. Ajouter la terre. Laisser les enfants toucher, observer, malaxer, sentir.
5. Creuser des petits trous pour mettre les plants ou les graines à l'aide de la petite pelle, puis tasser et égaliser la terre avec le râteau après les semis.
6. Arroser « en pluie ».
7. Piquer les bâtonnets devant les plantations correspondantes.
8. Nettoyer les espaces de travail et ranger le matériel (les enfants peuvent participer).
9. Accompagner les enfants au lavage des mains.
10. Au quotidien : observer, arroser puis récolter.

Évaluation et transmission

- Évaluer la satisfaction des enfants et le déroulement de l'activité.
- Transmettre à l'équipe et/ou aux parents les observations, les difficultés rencontrées.

FICHE 21

TECHNIQUE

L'éveil musical

OBJECTIF

• Préparer et animer des activités d'éveil.

Une bonne raison d'apprendre

L'éveil musical est important chez l'enfant car il développe le sens auditif, le plaisir de toucher et de manipuler, et la curiosité. L'enfant découvre le rythme, l'univers musical et s'ouvre à l'art. Ces activités favorisent l'expression des émotions et le langage.

1 Les instruments existants

De nombreux instruments existent dans le commerce, ils peuvent être classés en différentes familles :

- **les instruments à corde :** le violon, le violoncelle, la contrebasse, la harpe, la guitare, le piano, etc. ;
- **les instruments à vent :** les flûtes, la clarinette, le saxophone, la trompette, le trombone, le tuba, l'orgue, etc. ;
- **les percussions :** les timbales, la caisse claire, les cymbales, le tambourin, le triangle, les cloches tubulaires, le xylophone, le vibraphone, le tam-tam (gong), les castagnettes, les maracas, etc.

2 Les instruments fabriqués

Les enfants aiment jouer avec des objets qui peuvent produire des sons, de la musique. Il est possible de réaliser des instruments avec des objets de la vie quotidienne : verres d'eau (verillon), bouteilles en plastiques, baguettes en bois, etc.

Les instruments facilement réalisables pour et avec les enfants sont les bâtons de pluie, les maracas, le tam-tam, les castagnettes, les guitares, le porte-voix, etc.

Conseils pratiques

- Proposer un matériel et des outils sécurisés favorisant l'autonomie de l'enfant : le laisser frapper, souffler, secouer les instruments.
- Laisser l'enfant jouer tout en gardant un cadre sécurisant : l'éveil musical commence dès les premiers jeux musicaux.
- L'éveil musical peut être accompagné par des chants, des comptines.

Voir fiche 22

DOCUMENT
Réalisation du bâton de pluie
→ lienmini.fr/4687-19

Exemple d'activité

Le bâton de pluie

Durée : 30 minutes
Nombre d'enfants : individuel ou collectif
Âge des enfants : à partir de 3 ans

Matériels et produits nécessaires

- Tube long en carton épais
- Adhésif transparent et/ou décoratif
- Emballage papier, rubans, fils de laine, etc.
- Petits clous pointus
- Marteau
- Graines, perles, riz, etc.

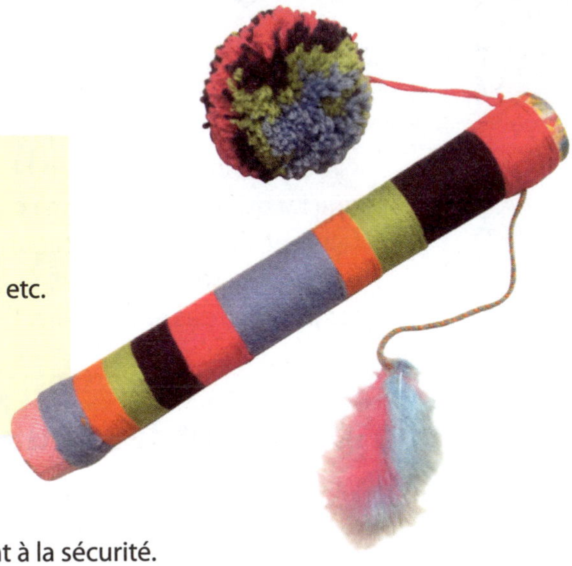

Organisation

- Préparer le matériel nécessaire en veillant à la sécurité.
- Le professionnel doit réaliser en amont le bâton de pluie :
  – sur une extrémité du rouleau, mettre un premier clou ;
  – tourner le tube (environ ¼) et planter le deuxième clou à environ 3-4 cm du premier ;
  – refaire cette action tout le long du rouleau en respectant le même espacement entre les clous.
- Laver les mains des enfants avant l'activité.

Réalisation

1. Présenter un modèle de bâton de pluie aux enfants et donner les consignes.
2. Donner un bâton de pluie préalablement préparé à chaque enfant.
3. Prendre le tube et boucher une extrémité avec le ruban adhésif.
4. Le remplir avec les graines, le riz, les perles, etc.
5. Fermer l'autre extrémité définitivement avec du ruban adhésif.
6. Décorer le tube et le personnaliser.
7. Pour sécuriser le bâton de pluie et éviter que les enfants ne se blessent avec les clous, il est possible de recouvrir le tube avec du papier emballage ou du ruban adhésif décoratif.
8. Nettoyer les espaces de travail et ranger le matériel (avec les enfants éventuellement).

Évaluation et transmission

- Évaluer la satisfaction des enfants pendant et après l'activité.
- Observer au quotidien leur goût pour l'univers musical.
- Réutiliser l'instrument sur des moments clés (rituels) ou lors d'activités.
- Transmettre à l'équipe et/ou aux parents les observations, les difficultés rencontrées par les enfants.

FICHE

22

TECHNIQUE

Les comptines, les jeux de doigts et les chansons

OBJECTIF

• Préparer et animer des activités d'éveil.

Une bonne raison d'apprendre

Ces activités procurent du plaisir, développent l'éveil sensoriel et corporel, l'attention auditive et favorisent l'expression gestuelle, corporelle ainsi que l'acquisition du schéma corporel.

L'enfant développe sa capacité de concentration, de mémorisation, d'imagination et d'écoute. Cela lui permet de communiquer et favorise l'expression des émotions et l'acquisition du langage.

1 Les comptines et les jeux de doigts

Le professionnel, au travers des comptines et des jeux de doigts (mouvements effectués par les mains ou les doigts pour accompagner la comptine), manifeste de l'attention, et procure de l'amusement et du réconfort à l'enfant.

Ces activités permettent de stimuler l'enfant en lui faisant découvrir son corps, les nombres, les couleurs, les cris des animaux, de nouveaux mots, etc.

Exemples : *La petite puce qui monte, qui monte, qui monte…* ; *Petit escargot porte sur son dos* ; *Toc, toc, toc, Monsieur Pouce*, etc.

2 Les chansons

Les chansons sont classées selon les âges et les activités :

- les berceuses ou les chansons douces : *Dodo l'enfant do* ;
- les chansons accompagnées par des gestes : *Que fait ma main ?* ;
- les chansons qui s'écoutent : *J'aime la galette* ;
- les chansons à danser et qui accompagnent des activités, comme les rondes : *le Rock'n roll des gallinacés* ;
- les chansons à accumulation : *Promenons-nous dans les bois*.

Il est possible d'utiliser les chansons, les comptines, les jeux de doigts comme des rituels à des moments-clés de la journée tels que les soins de base, lors du lever, du coucher, du change, du lavage des mains, etc.

Conseils pratiques

- Proposer, en plus des comptines, des jeux de doigts et des chansons, des objets ou des matériaux que les enfants peuvent toucher.
- Observer les enfants pour être guidé sur l'intérêt qu'ils manifestent.
- Adapter aux moments de la journée les chansons, les comptines, etc.

DOCUMENT

Liste de comptines et jeux de doigts

→ lienmini.fr/4687-20

Exemple d'activité

Animer un atelier chant

Durée : 5-10 minutes
Nombre d'enfants : individuel ou collectif
Âge des enfants : 2 ans – 3 ans

Matériels et produits nécessaires

- Lecteur CD, lecteur MP3
- CD ou MP3 avec la chanson
- Un objet rituel
- Des coussins, poufs, etc.

Organisation

- Sélectionner une chanson, se l'approprier pour savoir la chanter.
- Demander aux enfants de s'installer confortablement : à même le sol, sur des poufs, coussins, etc. et dans un lieu calme.
- Se mettre face aux enfants, au sol ou légèrement surélevé par rapport à eux pour être vu de tous.

Réalisation

1. Le professionnel demande le silence avant de commencer la séance : cela peut se faire sous forme de rituel (ex : avec une marionnette, un objet, etc.).
2. Il présente l'activité avec une introduction et donne les consignes.
3. L'adulte chante la chanson avec celle-ci en fond sonore, les enfants l'écoutent. Lorsque la chanson est terminée, laisser les enfants s'exprimer librement.
4. L'adulte reprend phrase par phrase pour les faire mémoriser aux enfants. Lorsque quelques phrases mélodiques sont acquises, proposer aux enfants de les chanter. Si les enfants sont agités, ne pas hésiter à arrêter l'activité et à la reprendre lors d'un temps plus calme.
5. Laisser les enfants réagir, laisser les interactions se faire.
6. Les solliciter pour connaître leur ressenti de l'activité.
7. Ranger le matériel avec les enfants.

Évaluation et transmission

- Évaluer la satisfaction des enfants pendant et après la chanson.
- Le professionnel peut observer si les enfants fredonnent la chanson.
- Mettre les paroles de la chanson dans le cahier de transmissions ou le cahier de vie, pour que les enfants la reprennent avec leurs parents.

FICHE 23

TECHNIQUE

Les livres et les contes

OBJECTIF

• Préparer et animer des activités d'éveil.

Une bonne raison d'apprendre

La lecture favorise les apprentissages, l'acquisition du langage, la communication, l'écoute et l'attention.
La relation entre le lecteur et l'enfant est renforcée, la curiosité, l'imaginaire et l'expression des émotions se développent.

1 Les différents livres

La lecture permet de répondre aux besoins de l'enfant : entendre, apprendre, communiquer. Les livres sont classés selon différents types.

- **L'imagier** : c'est le premier livre de l'enfant. Il regroupe des photographies ou des dessins qui représentent des animaux, des formes, des objets et le mot qui correspond. L'enfant montre, l'adulte nomme les mots et l'enfant tente de les répéter.
- **Le livre animé** : il permet aux enfants de manipuler, de toucher. On retrouve divers mécanismes et procédés pour rendre le livre vivant : pousser, soulever, tirer des languettes. C'est le jeu du « coucou », mais aussi l'utilisation de la forme interrogative, qui interpelle l'enfant.
- **Les albums** : il s'agit d'un déroulement d'actions, ils donnent une représentation de la vie quotidienne aux enfants.
- **Les contes** : ces histoires aident les enfants à comprendre et à résoudre les difficultés grâce aux conflits racontés dans celles-ci. La dimension symbolique est importante.

2 Le choix d'une histoire

L'histoire doit être adaptée à l'âge de l'enfant mais il faut également tenir compte du moment dans la journée.

- Pour les plus jeunes, les histoires sont simples et courtes.
- Pour les plus grands, la durée de la lecture est plus importante et l'histoire plus riche : texte, images, personnages…

Conseils pratiques

- Se rendre dans des médiathèques et proposer aux enfants de choisir eux-mêmes les livres.
- Varier le plus possible les différents supports des livres (en plastique, en feutrine, en papier, etc.).

DOCUMENT
Quiet book pour assistants maternels
→ lienmini.fr/4687-21

Exemple d'activité

Lire un livre en EAJE

Durée : 5-10 minutes
Nombre d'enfants : individuel ou collectif
Âge des enfants : à partir de 1 an

Matériels et produits nécessaires

- Livre
- Des coussins, poufs, etc.
- Un objet rituel

EP1

Organisation

- Sélectionner une histoire, se l'approprier pour savoir la raconter.
- Demander aux enfants de s'installer confortablement : à même le sol, sur des poufs, coussins, etc. et dans un lieu calme.
- Se mettre face aux enfants, au sol ou légèrement surélevé par rapport à eux pour être vu de tous.

Réalisation

1. Demander le silence avant de commencer la séance : cela peut se faire sous forme de rituel, par exemple avec une marionnette, une comptine, etc.
2. Présenter l'activité aux enfants en montrant la couverture du livre et en inventant une petite introduction pour débuter cette histoire.
3. Raconter l'histoire en expliquant si besoin les mots difficiles (ne pas modifier les mots de l'histoire).
4. Tenir le livre face aux enfants et bien laisser le temps de regarder les illustrations avant de tourner la page suivante.
5. Veiller à changer d'intonation et de voix en fonction des personnages, des émotions, mais aussi à utiliser le langage non-verbal : gestes, mimiques, etc.
6. Interpeler les enfants, en leur posant des questions pour s'assurer qu'ils comprennent l'histoire, et observer leurs mimiques, leurs regards.
7. Laisser les enfants réagir, laisser les interactions se faire.
8. Terminer l'histoire avec une petite formule (une phrase rituelle).
9. Ranger le matériel avec les enfants.

Évaluation et transmission

- Évaluer la satisfaction des enfants après la lecture de l'histoire.
- Laisser le livre à disposition des enfants.
- Voir fiche 24 Demander aux enfants de raconter l'histoire avec leurs mots, dessiner un moment de l'histoire qui a plu, faire jouer le livre avec des marottes par exemple.
- Transmettre à l'équipe et/ou aux parents les observations, les difficultés rencontrées.

FICHE 24

TECHNIQUE

Les marionnettes

OBJECTIF

• Préparer et animer des activités d'éveil.

Une bonne raison d'apprendre

Les marionnettes développent l'expression verbale (enrichissement du vocabulaire), la créativité, l'imaginaire et apprennent à coordonner les gestes en manipulant la marionnette.
Ces activités favorisent l'expression des émotions, la prise de confiance en soi, l'estime de soi.

1 Les différentes marionnettes

Les marionnettes sont souvent créées sur un thème précis ou faisant référence à une histoire (*Pierre et le Loup*, *Le Petit Chaperon rouge*, *Les trois petits cochons*, etc.). Il en existe de diverses formes et tailles, par exemple :

- les marionnettes à doigt ;
- les marottes (marionnettes à tige) : un support (bâton, tige) et une boule qui représente la tête ;
- les marionnettes à gaine : la main est enfilée dans la gaine et les doigts sont placés dans les trous prévus à cet effet ;
- les marionnettes à chaussettes : les doigts permettent d'articuler la bouche de la marionnette.

2 Le spectacle

Il permet aux enfants d'oser prendre la parole, « cachés » derrière un support. Cette activité favorise l'esprit d'équipe et l'entraide entre les enfants.

Il est possible de créer un castelet : il en existe de différents types, mais il est souvent constitué dans du carton, avec des planches de médium ou plus simplement avec un rideau tendu entre deux pieds. Sa hauteur varie selon le public. Les manipulateurs sont assis ou debout sous le niveau de la scène.

Conseils pratiques

- Utiliser de la récupération pour élaborer des marionnettes et un castelet : carton, chaussettes, tissus, etc.
- Les marionnettes peuvent être utilisées comme un support pour accompagner une histoire, un outil de communication et un élément de rituel (lors de l'accueil par exemple).

DOCUMENT
Réalisation de la marionnette poisson
→ lienmini.fr/4687-22

Exemple d'activité

La marionnette-poisson

Durée : 30 minutes
Nombre d'enfants : individuel ou collectif
Âge des enfants : à partir de 3 ans

Matériels et produits nécessaires

- Bâtonnets de bois
- Feuilles de papier épais ou carton
- Gommettes
- Colle
- Peintures
- Pinceaux
- Crayons à papier
- Ciseaux
- Papier crépon

Organisation

- Vérifier les éventuelles allergies cutanées tout au long de l'activité.

Réalisation

1. Montrer un modèle aux enfants et donner les consignes.
2. Faire dessiner aux enfants leur empreinte de main sur le papier ou le carton : l'enfant effectue l'empreinte de sa main en la positionnant sur la feuille. Grâce à l'autre main et à l'aide d'un crayon à papier il trace le pourtour de sa main. L'adulte peut l'aider si besoin.
3. Couper le pourtour de la main (action réalisée par l'enfant ou l'adulte).
4. Personnaliser le corps de la main qui deviendra un poisson : gommettes, peinture, papier crépon chiffonné et collé, etc.
5. Coller le bâtonnet de bois derrière le poisson personnalisé.
6. Laisser les enfants jouer avec les marionnettes-poissons : les faire nager dans l'air, chanter avec eux (« Les petits poissons dans l'eau », etc.).

Voir fiche 22

Évaluation et transmission

- Évaluer la satisfaction des enfants pendant et après l'activité.
- Évaluer la satisfaction lors de la mise en scène des marionnettes.
- Transmettre à l'équipe et/ou aux parents les observations, les difficultés rencontrées.

FICHE 25

TECHNIQUE

L'expression corporelle

OBJECTIF

• Préparer et animer des activités d'éveil.

Une bonne raison d'apprendre

L'enfant expérimente l'action du corps et prend conscience de son corps : il met en place son schéma corporel, ce qui influence sa motricité.
Avec ces activités, il développe ses repères spatio-temporels, son équilibre, sa patience, sa ténacité et sa curiosité.
Il s'exprime, apprend les notions d'autonomie, de concentration, et de confiance en soi et en l'autre.

Voir fiche 5

1 Les activités avant la marche

L'enfant découvre le monde grâce au développement psychomoteur. La première année, il est dépendant de l'adulte, c'est pour cela qu'il est important de proposer diverses activités pour le stimuler. Le chant ou les jeux de doigts participent à l'éveil corporel car l'enfant prend conscience de son propre corps.

Le massage de détente du corps est une activité très appréciée de l'enfant. Les premiers mois, et ce jusqu'à l'acquisition de la position assise, il est intéressant de laisser librement agir l'enfant allongé au sol sur un plan sécurisé : il bouge ses bras, regarde ses mains, attrape ses pieds et s'exerce à des mouvements qu'il retrouve par la suite pour saisir les objets. Il faut lui proposer des hochets, des tissus de différentes matières et couleurs, mais aussi un miroir pour lui permettre d'appréhender son propre corps.

2 Les activités après la marche

Lors de l'acquisition de la marche, l'enfant est plus autonome et les activités plus nombreuses : jeu de mimes, jeu de la statue, improvisation théâtrale, parcours psychomoteur, jeu à tirer, jeu de ballon, danse, rondes, etc.

Conseils pratiques

- Proposer du matériel et des outils sécurisés favorisant l'autonomie de l'enfant et la libre expression.
- Mettre un cadre sécurisant pour que l'enfant découvre spontanément, l'encourager et le valoriser.

DOCUMENT

Réalisation du parcours sensori-moteur
→ lienmini.fr/4687-23

Exemple d'activité

Le parcours sensori-moteur

Durée : 30 minutes
Nombre d'enfants : collectif et individuel
Âge des enfants : à partir de 2 ans et ½

Matériels et produits nécessaires

- Matériel et produits divers : cerceaux, bancs, plots, tunnels, sable, eau, tissus variés, etc.
- Un balai et une pelle
- Verres en plastique et de l'eau

EP1

Organisation

- Préparer le matériel nécessaire, organiser le parcours (voir le modèle proposé en téléchargement) et le sécuriser.
- Demander aux enfants de se mettre pieds nus.

Réalisation

1. Présenter l'activité aux enfants en montrant les divers obstacles installés et donner les consignes, en insistant sur les règles de sécurité (un enfant à la fois sur le parcours).
2. Faire une démonstration des franchissements des obstacles (par l'adulte ou un enfant volontaire) et demander aux enfants s'ils ont compris ou s'ils souhaitent que le parcours soit expliqué de nouveau.
3. Demander aux enfants de se mettre en file indienne.
4. Commencer le parcours par le premier enfant et ainsi de suite.
5. Appréhender les obstacles un à un, s'adapter au rythme des enfants.
   – Laisser l'enfant appréhender le parcours comme il le souhaite. Suivant l'objectif de la séance, il est possible de demander aux enfants d'enchaîner les obstacles suivant un ordre déterminé.
   – L'adulte propose une aide si besoin et accompagne l'enfant.
   – Opter pour des variantes si nécessaire : franchir un obstacle dans le sens inverse, rajouter des obstacles, en enlever, etc.
6. Clôturer la séance avec un rituel.
7. Servir un verre d'eau aux enfants pour se désaltérer.
8. Ranger le matériel avec les enfants, aérer et nettoyer si besoin la pièce.

Évaluation et transmission

- Évaluer la satisfaction des enfants pendant et après l'activité.
- Transmettre les réajustements : obstacles trop difficiles, pas assez d'obstacles, etc.

FICHE

26

TECHNIQUE

Les jeux et les jouets

OBJECTIF

• Préparer et animer des activités d'éveil.

Une bonne raison d'apprendre

Les jeux et les jouets développent les capacités motrices, stimulent les sens et participent à l'acquisation du schéma corporel. L'enfant est amené à réfléchir, résoudre des problèmes, découvrir, explorer, inventer, observer et s'ouvrir à l'univers qui l'entoure. Les jeux et jouets développent l'imaginaire, la patience, la curiosité, la concentration, le plaisir et l'autonomie, et favorise sa socialisation.

1 Jeux et jouets avant la marche

Lors du premier âge, les jeux sensori-moteurs sont privilégiés, le nouveau-né apprécie de manipuler des tissus, d'écouter de la musique douce.

Vers 2-3 mois, le bébé commence à saisir des objets (hochet, anneaux, etc.), à les porter à sa bouche. Les activités à proposer sont le mobile, un tapis d'éveil, des objets faisant du bruit.

Les jeux de logique dont les encastrements apparaissent vers 8 mois avec des assemblages simples : manipuler et construire, démolir par exemple des blocs, du sable. Ces actions et gestes sont répétés par l'enfant.

2 Jeux et jouets après la marche

Vers 2 ans, l'enfant découvre d'autres formes de jeux.

- **Les jeux symboliques** (ou d'imitation) sont dans un premier temps des jeux individuels (une poupée) et deviennent collectifs vers 5 ans : jouer à papa maman, jouer à la maîtresse, à la vendeuse, etc.
- **Les jeux de construction** sont toujours présents avec différents degrés de difficulté : Kapla, etc.
- **Les jeux avec des règles** dont les jeux de société et les jeux collectifs : les règles sont simples, puis au fil du temps, des variantes seront ajoutées pour rendre le jeu plus complexe : chat perché, le facteur n'est pas passé…

Conseils pratiques

- Proposer des jeux dirigés et des jeux libres à l'enfant.
- Adapter la durée et le jeu à l'âge et aux capacités de l'enfant.

Exemple d'activité

Le loto des senteurs

DOCUMENT

Réalisation et règles du loto des senteurs

→ lienmini.fr/4687-24

Durée : 30 min – 45 minutes
Nombre d'enfants : individuel ou collectif
Âge des enfants : à partir de 4 ans

Matériels et produits nécessaires

- Ordinateur, imprimante et plastifieuse
- Pâte à fixe
- Coton (pour en imbiber les liquides)
- Ciseaux
- Papier impression
- 20 petites boîtes en plastique opaques
- Clou
- Compas, règle
- 20 éléments odorants : clous de girofle, lavande, menthe, poivre, vanille, café, curry, cannelle, chocolat, moutarde, rose, aiguilles de pin, pâte à modeler, ail, thym, persil, vinaigre, huile, orange, sel

Organisation

- Préparer le matériel nécessaire.
- Percer les 20 boîtes de petits trous sur le haut (perception olfactive) à l'aide d'un clou.
- Préparer un modèle de boîte avec des petits trous et une odeur à l'intérieur.
- Vérifier les éventuelles allergies cutanées.

Réalisation

1. Rechercher avec les enfants les images correspondant aux éléments odorants choisis.
2. Créer 5 planches avec 4 cases sur ordinateur et insérer les images correspondant aux odeurs à l'intérieur des cases (une image par case).
3. Imprimer ces planches en couleur ou les faire colorier par les enfants. Les plastifier pour une meilleure tenue dans le temps.
4. Placer les différents éléments odorants à l'intérieur des boîtes percées. Proposer aux enfants de participer.
5. Se laver les mains après la réalisation.
6. Couper 20 petits ronds de même diamètre (environ 2 cm) qui serviront de jetons : possibilité de faire faire cette action par les enfants.

Évaluation et transmission

- Vérifier que le jeu soit adapté aux capacités des enfants.
- Évaluer les difficultés rencontrées pour ajuster lors d'un prochain projet.

QCM

S'évaluer en ligne

→ lienmini.fr/4687-25

FICHE 27

TECHNIQUE

Les risques du secteur professionnel et la prévention

OBJECTIFS

- Identifier le cadre de son intervention pour se situer en tant que professionnel.
- Prendre en compte la dimension santé et sécurité au travail.

Une bonne raison d'apprendre

La prévention des risques professionnels est une nécessité : l'amélioration des conditions de travail des salariés est un facteur d'amélioration de la qualité de l'accueil des enfants.

Les métiers de la petite enfance sont confrontés à plusieurs risques, auxquels on peut apporter une réponse par des mesures de prévention.

1 Les principaux risques du secteur d'activité

Les risques professionnels dans le secteur de la petite enfance sont de plusieurs ordres :

- **Des risques physiques**

Porter des enfants de 6 à 20 kg, manipuler fréquemment du matériel en fonction des activités, ranger des objets souvent ramassés au sol… entraînent des efforts physiques et des postures contraignantes (se pencher, s'accroupir, se mettre régulièrement à la hauteur des enfants, utiliser du matériel et mobilier conçus à la taille des enfants). Les agents de la petite enfance sont ainsi exposés à des troubles musculosquelettiques (TMS). En outre, la position debout avec piétinement expose à des troubles circulatoires. Les troubles vocaux (extinction de voix et douleur) sont fréquents : les bruits permanents et prolongés des enfants demandent une utilisation et une élévation de la voix. Enfin, les risques de chutes de plain-pied sur des sols souvent glissants dans les sanitaires, ou encombrés par des jouets, sont la source de lésions (entorse, plaie, fracture…).

- **Des risques psycho-sociaux**

Ils proviennent de trois sources :

– l'organisation du travail (horaires variables, isolement des assistantes maternelles) ;
– les nuisances dues au bruit et à l'agitation des enfants ;
– la qualité des relations (avec les parents, enfants, collègues…).

Ces facteurs stressants entraînent l'apparition de troubles psychosomatiques : troubles du sommeil, crises d'angoisse, troubles gastro-intestinaux (ulcères)… Ils peuvent aller jusqu'à l'épuisement nerveux et la dépression.

- **Des risques biologiques**

Les activités de la petite enfance exposent au risque de contracter des affections de la sphère oto-rhino-laryngologique et des gastro-entérites, des maladies comme la rubéole, la toxoplasmose, la varicelle, l'impétigo…

2 Les mesures de protections collectives

Les mesures de prévention sont :

– une organisation saine, des aménagements ergonomiques et acoustiques des équipements et des espaces de travail ;

Voir fiches 28-29

– le respect des règles d'hygiène (lavage des mains…), avec des équipements de protection individuelle adaptés (tenue professionnelle, gants à usage unique…) et la vaccination ;

– l'information et la formation du personnel, notamment sur les gestes et postures (PRAP : prévention des risques liés à l'activité physique petite enfance).

3 Les acteurs de la prévention et leurs rôles

Le dialogue sur les risques et les contraintes de la profession permet de travailler sur l'amélioration des conditions de travail.

- **Les interlocuteurs internes**

Pour trouver des solutions, en cas de difficultés ou de questionnement sur l'activité, il faut échanger avec les collègues et la hiérarchie.

- **Les interlocuteurs extérieurs**

La structure peut faire appel à une aide extérieure.

– **L'intervenant en prévention des risques professionnels (IPRP)** : il assure des missions de diagnostic, de conseil, d'accompagnement et d'appui, et communique les résultats de ses études au médecin du travail.

– **Le service de santé au travail interentreprises (SSTI)** : la mission du médecin du travail consiste à suivre l'état de santé des salariés et d'évaluer les risques.

– **L'agence nationale pour l'amélioration des conditions de travail (ANACT)** : elle effectue des recherches en matière d'amélioration des conditions de travail.

– **L'inspection du travail** : l'inspecteur du travail contrôle l'application de la législation du travail, conseille les employeurs et les salariés, et tente une conciliation en cas de conflits collectifs.

– **La caisse d'assurance retraite et de la santé au travail (CARSAT)** : ses ingénieurs conseillent les entreprises en modulant les taux des cotisations selon les efforts de préventions.

Voir fiche 41

Conseils pratiques

- **La gestion des relations** : rappeler aux parents les règles d'accueil, participer à l'analyse des pratiques, dialoguer avec les collègues et la hiérarchie.
- **L'environnement de travail** : chercher des solutions pour diminuer le bruit, pour améliorer votre espace de travail, participer aux réflexions sur l'achat de matériel et la conception de futurs locaux.
- **L'organisation** : planifier et anticiper les activités, participer aux réflexions sur l'organisation du travail, réfléchir à sa gestion du temps et des urgences.
- **Le suivi médical** : demander une visite médicale dès les premiers symptômes.

FICHE 28

TECHNIQUE

La tenue professionnelle lors des soins au quotidien

OBJECTIF

- Prendre en compte la dimension santé et sécurité au travail.

Une bonne raison d'apprendre

Le terme « tenue professionnelle » regroupe l'équipement (tenue et accessoires) ainsi que l'hygiène professionnelle. La tenue professionnelle est indispensable pour limiter les risques infectieux, lutter contre les infections associées aux soins et assurer la sécurité du professionnel et des usagers.

1 L'hygiène professionnelle

- La tenue professionnelle commence par une hygiène corporelle irréprochable. Pour éviter les réservoirs de germes et diminuer le risque d'accidents, le professionnel doit avoir :
  - des cheveux propres et attachés ;
  - un maquillage discret ;
  - des ongles courts, propres et sans vernis ;
  - pas de bijoux.

Voir fiche 9

- L'hygiène professionnelle passe également par la vaccination du professionnel. Certaines vaccinations sont obligatoires pour pouvoir travailler auprès des enfants.

Voir fiche 29

- Enfin, la plus importante des règles d'hygiène professionnelle est le lavage des mains.

2 La tenue professionnelle

- La tenue professionnelle est adaptable selon le milieu professionnel. Elle doit répondre aux critères d'hygiène, d'ergonomie, de confort et de sécurité des usagers et du professionnel. En effet, elle permet une aisance des mouvements ; elle permet également de limiter les risques infectieux et reflète la qualité et le sérieux du professionnel.

- En école maternelle, l'ATSEM peut porter une tenue confortable et des chaussures plates, maintenant la cheville. Suivant l'activité réalisée, certaines ATSEM portent des tabliers ou des blouses.

- En EAJE, la tenue professionnelle recommandée est constituée :
  - d'une tunique ou un T-shirt à manches courtes, de couleurs claires de préférence et facile d'entretien (mélange coton/polyester) ;
  - d'un pantalon confortable ;
  - de chaussures réservées au travail, non bruyantes, souples, antidérapantes et facilement lavables. Il est important de privilégier des chaussures qui maintiennent le pied pour prévenir les chutes, et fermées sur l'avant pour prévenir les risques d'accident et de traumatisme.

EP1

- Au domicile, les assistantes maternelles ou assistants parentaux ne portent pas de tenue particulière mais plutôt une tenue confortable et pratique, composée d'un pantalon, d'un t-shirt, de chaussures plates et éventuellement d'un tablier.

3 Les gants

- Les gants font partie des EPI du professionnel. Il en existe différentes sortes.
  - Les gants à Usage Unique (UU), en vinyle ou en latex, sont utilisés lorsqu'il y a un risque de contact avec des liquides biologiques (sang, selles...) pour éviter, par exemple, le risque de contamination par le VIH ou de transmission de la gastro entérite entre les enfants.
  - Les gants en caoutchouc pour protéger la peau contre les produits irritants ou corrosifs lors de l'entretien.

VIDÉO
Mettre des gants UU
→ lienmini.fr/4687-26

Conseils pratiques

- Pour respecter les règles d'hygiène, de sécurité et de confort, il est possible dans certains cas de compléter la tenue professionnelle par une charlotte, un masque, un tablier...
- Il est nécessaire de changer de gants entre deux usagers et entre deux types d'activités. De plus il faut bien se laver les mains avant et après le port des gants.

FICHE 29

TECHNIQUE

Le lavage des mains

OBJECTIF

• Prendre en compte la dimension santé et sécurité au travail.

Une bonne raison d'apprendre

Se laver les mains est la meilleure façon de prévenir la propagation des infections. En effet, un lavage des mains correctement réalisé permet d'éliminer les salissures et la flore transitoire, et de réduire la flore résidente.

1 Les flores cutanées

La peau est recouverte de deux types de flores cutanées.

- La **flore cutanée résidente** est présente en permanence sur la peau et forme une barrière protectrice contre les germes pathogènes. Cette flore bactérienne varie d'un individu à un autre et se renouvelle régulièrement.
- La **flore cutanée transitoire** résulte d'une contamination par des germes pathogènes provenant de l'environnement extérieur. Elle varie au cours de la journée, selon les activités. Cette flore se transmet facilement d'un individu à un autre par contact direct ou indirect.

2 Les différents types de lavage des mains

Il existe différents types de lavage des mains.

- Le **lavage simple ou hygiénique** des mains permet d'éliminer les salissures et de réduire la flore transitoire. Il se fait à un poste de lavage avec un savon doux hypoallergénique. Il est à réaliser au début et à la fin du service, avant tout acte propre (soins…) et après tout acte sale.
- Le **lavage antiseptique** réduit la flore résidente et élimine la flore transitoire. Il se fait avec un savon antiseptique à un poste de lavage lorsqu'un enfant a des selles anormales.
- La **friction hydro-alcoolique (FHA) des mains** est réalisée avec une solution hydro-alcoolique (SHA) lors des soins et des gestes de la vie courante. Ce lavage permet de réduire la flore résidente et d'éliminer la flore transitoire. Attention, il ne faut pas réaliser de FHA sur des mains souillées, poudrées ou lésées. De plus, toutes les trois ou quatre FHA, il est important de réaliser un lavage simple des mains.

Conseils pratiques

- Avant de se laver les mains, il faut retirer tous les bijoux, avoir les ongles courts et sans vernis et avoir un haut à manches courtes.
- La technique de lavage des mains est à choisir en fonction de l'aménagement des lieux, de l'usager, du professionnel et de la situation.

VIDÉO
Lavage simple des mains et FHA
→ lienmini.fr/4687-27

Protocole

Le lavage des mains

Matériels et produits nécessaires

Lavage simple
- Poste de lavage (eau + essuie-main à usage unique + poubelle à pédale)
- Savon doux liquide

Lavage antiseptique
- Poste de lavage
- Savon antiseptique

Friction hydro-alcoolique
- Solution hydro-alcoolique

EP1

Réalisation

- **Pour le lavage simple et le lavage antiseptique**

1. Mouiller les mains et les poignets sous un filet d'eau.
2. Appliquer le savon doux dans la paume de la main.
3. Savonner les mains en frottant :
   - les paumes entre elles ①,
   - le dessus des mains ②,
   - les espaces interdigitaux ③,
   - le dessus des doigts et la pulpe des doigts ④,
   - les ongles ⑤,
   - les pouces ⑥,
   - les poignets.

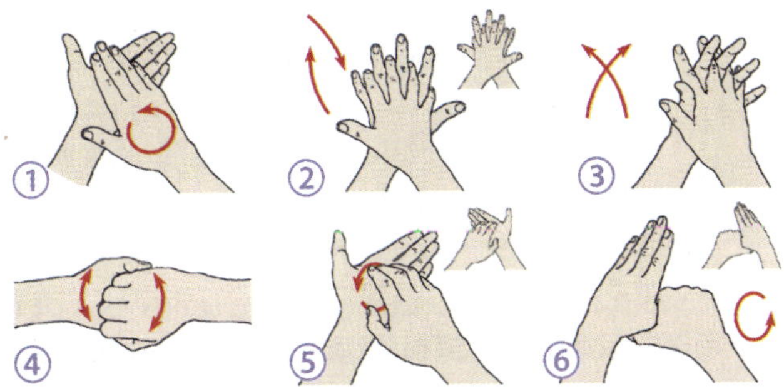

4. Rincer soigneusement à l'eau courante pour éliminer toute trace de savon. Ne pas secouer les mains et éviter que l'eau des avant-bras ne coule sur les mains, en gardant les mains au-dessus des coudes.
5. Sécher par tamponnement avec une serviette à usage unique.
6. Fermer le robinet à l'aide de la serviette en papier et la jeter sans toucher la poubelle.

Remarque : lors du lavage antiseptique, le savonnage doit être plus long (environ 1 minute contre 30 secondes pour le lavage simple) et monter jusqu'au milieu des avant-bras.

- **Pour la friction hydro-alcoolique**

1. Vérifier que les mains sont visuellement propres et non lésées.
2. Mettre de la solution hydro-alcoolique dans le creux de la main.
3. Frictionner les mains en réalisant les mêmes gestes que le lavage simple jusqu'à ce que les mains soient complétement sèches (environ 30 secondes).

Évaluation et transmission

- Évaluer son travail en tenant compte des critères d'hygiène, d'économie et d'ergonomie.

FICHE 30

TECHNIQUE

Les protocoles de début et fin de soins

OBJECTIF

• Repérer des signes d'altération de la santé et du comportement.

Une bonne raison d'apprendre

En début et en fin de soins, l'une des étapes importantes consiste à consulter et à réaliser des transmissions : cela permet d'assurer la continuité des soins et la qualité de la prise en charge de l'enfant.

1 Les transmissions

• Les transmissions consistent à transmettre certaines informations à l'équipe et à la famille. Cela permet d'inscrire son travail au sein d'une équipe pluridisciplinaire. Il existe deux types de transmissions :

– La **transmission écrite** se fait généralement sur un carnet de liaison ou grâce à un logiciel informatique. Elle permet de relever des faits ou des observations qui sont importants à transmettre. Les transmissions étant une obligation légale, elles doivent être horodatées et signées.

– La **transmission orale** permet l'échange, la vérification de la compréhension du destinataire et le réajustement du contenu écrit (explication, justification…). Pour les professionnels, la transmission orale doit être complétée par une transmission écrite et vice-versa.

• Les transmissions peuvent être utilisées à des fins légales par la justice. L'information, qu'elle soit écrite ou orale, doit donc être claire, précise (langage commun et professionnel), objective (sans jugement de valeur) et synthétique.

2 Le temps de transmission

• Les transmissions sont le témoin de la « prise de relais » effectuée par le professionnel ou les parents et permettent :

Matin	◗ **aux parents :** de donner des informations sur la nuit, le réveil ou le petit-déjeuner de l'enfant. ◗ **aux professionnels :** d'accompagner le moment de la séparation.
Soir	◗ **aux professionnels :** de donner des informations aux parents sur la journée et les activités du jour de l'enfant.

Conseil pratique

Le professionnel a un devoir de discrétion : si plusieurs parents sont présents en même temps, il est préférable de s'éloigner un peu des autres pour réaliser les transmissions afin de respecter une sphère privée.

Protocole

Les démarches communes aux soins

Matériels et produits nécessaires

- Poste de soin
- Cahier ou logiciel de transmissions
- Matériels et produits adaptés au soin
- Solution hydro-alcoolique (SHA)
- Poste de lavage des mains + savon doux
- Lavette + détergent-désinfectant

EP1

Réalisation

Voir fiches 28-29

- **Protocole de début de soins**

1. Avoir une tenue professionnelle adaptée.
2. Faire un lavage simple des mains.
3. S'informer en consultant les transmissions, et en demandant le soin à réaliser et les consignes spécifiques (besoins, habitudes et degré d'autonomie de l'enfant, contre-indications…).
4. Prévenir l'enfant.
5. Vérifier la température de la pièce (environ 20 °C), fermer les fenêtres et les portes pour éviter les courants d'air.
6. Préparer son matériel et organiser le poste de soin.
7. Se laver les mains avec une solution hydro-alcoolique.
8. Aller chercher l'enfant et l'installer confortablement sur le plan de change.

Voir fiches 29-31

- **Protocole de fin de soins**

1. Installer l'enfant en sécurité (transat, lit, tapis d'éveil…).
2. Évacuer le linge sale et les déchets. Ranger les produits et le matériel utilisés.
3. Effectuer le bionettoyage du poste de soins et du tapis de change avec du détergent-désinfectant (dD). Voir fiche 48
4. Faire un lavage simple des mains.
5. Transmettre le soin à l'oral et/ou à l'écrit (cahier de liaison) en indiquant :
   - le nom et le prénom de l'enfant ;
   - la date et l'heure ;
   - le soin réalisé ;
   - les signes cliniques (présence, quantité et aspect des selles et/ou des urines) et les anomalies (érythème fessier, mucosités…) ;
   - le comportement de l'enfant.

   S'identifier et signer (n'est pas obligatoire au domicile).

Évaluation et transmission

- Évaluer son travail en tenant compte des critères d'hygiène, de confort, d'ergonomie et de sécurité.

FICHE 31

TECHNIQUE

La mobilisation et l'installation de l'enfant

OBJECTIF

• Dispenser des soins liés à l'hygiène corporelle et au confort de l'enfant.

Une bonne raison d'apprendre

L'installation et la mobilisation de l'enfant se font selon ses besoins et ses capacités. Elles lui permettent d'entrer en contact avec les autres, de découvrir le monde et doivent se faire en respectant les critères de sécurité, de confort et d'ergonomie.

Les techniques de mobilisation d'un enfant

Le choix de la technique de portage se fait en fonction des capacités motrices de l'enfant et de la situation :

- **Porter contre soi** (face à soi) permet à l'enfant de roter s'il vient de manger.

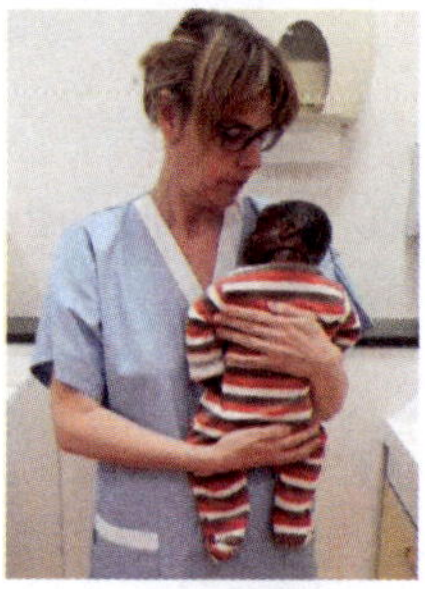

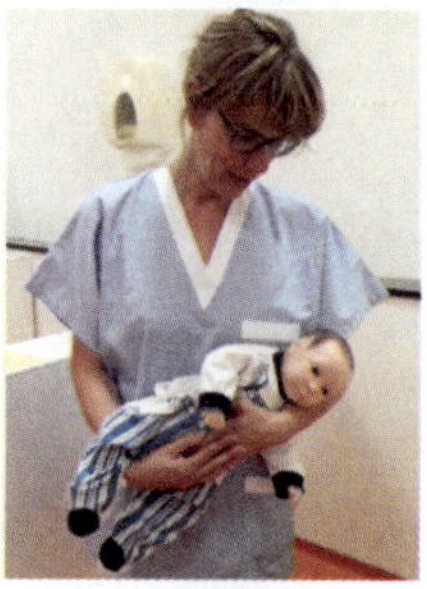

- **La position ventrale** est utile pour calmer les maux de ventre des premières semaines et aider le nourrisson à bien digérer.

- **Porter en berceau** permet de bercer l'enfant, de lui donner le biberon…

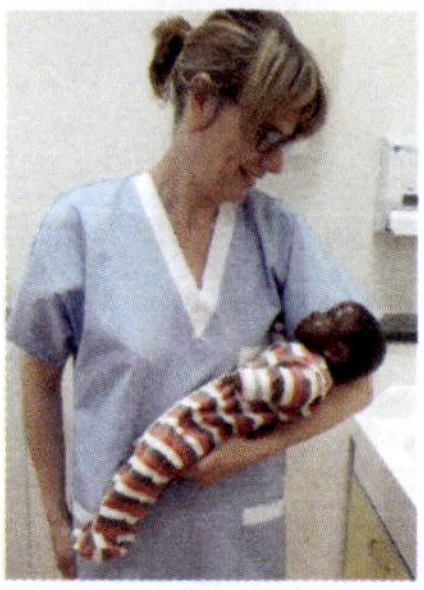

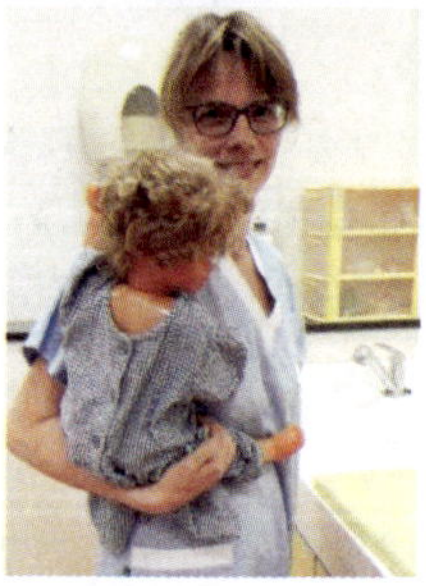

- **Le porter hanché** permet de porter l'enfant en position de sécurité face à soi pour un grand enfant.

Conseils pratiques

- Il est important de faire attention aux règles d'ergonomie : garder le dos droit, fléchir les jambes, rapprocher au maximum l'enfant de soi…
- Jusqu'à ses 3-4 mois, il faut maintenir la tête de l'enfant car il n'est pas capable de le faire seul.
- **Attention :** ne jamais prendre brusquement ou secouer un enfant car il y a un risque de syndrome du bébé secoué. Si l'enfant ne meurt pas, suite aux lésions neurologiques, il peut conserver des séquelles. Le secouement d'un bébé est puni d'une peine de prison allant de 3 ans à 30 ans.

VIDÉO

Techniques d'installation de l'enfant

→ lienmini.fr/4687-28

Protocole

L'installation de l'enfant

Réalisation

Voir fiche 30

Protocole de début de soins

Matériels et produits nécessaires

- Matériel d'installation (transat, chaise haute, parc…)

EP1

Sur le plan de change

- **Déposer l'enfant**

1. Informer l'enfant, tenu en porter hanché dos contre soi.
2. Avancer la jambe opposée au côté du porté de l'enfant contre le poste et réaliser une fente avant pour déposer l'enfant.
3. Faire pivoter l'enfant (dos au poste de change) et l'allonger en posant ses avant-bras sur le poste de change pour garder le dos droit.

- **Prendre l'enfant**

1. Informer l'enfant et se mettre en fente avant pour se rapprocher du poste.
2. Pour un petit enfant : placer une main au niveau de l'entre-jambe et l'autre derrière la nuque puis le faire pivoter sur ses fesses (placer dos contre soi).
   Pour un grand enfant : poser ses avant-bras sur le poste, tendre les mains vers l'enfant pour qu'il les attrape puis le faire tirer sur ses bras pour s'assoir.
3. Passer en fente arrière pour s'éloigner du plan de change. Choisir la technique de porter en fonction de la situation et des capacités de l'enfant.

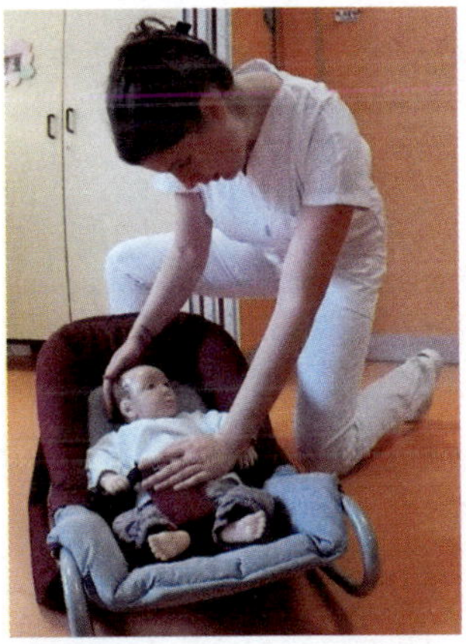

Dans un transat

- **Déposer l'enfant**

1. Prévenir l'enfant (en porter hanché dos contre soi).
2. Se placer derrière le transat, en position « chevalier servant ».
3. Déposer l'enfant en le faisant glisser le long de l'assise.
4. L'installer confortablement et attacher les sangles de sécurité.
5. Écarter le transat et se relever en prenant appui sur le genou.

- **Prendre l'enfant**

1. Prévenir l'enfant en se plaçant devant lui.
2. Se mettre en position « chevalier servant » derrière le transat.
3. Détacher les sangles. Saisir l'enfant avec une main en cuillère au niveau de l'entre-jambe et une main maintenant la nuque de l'enfant.
4. Faire glisser l'enfant le long de l'assise et le plaquer dos contre soi.
5. Éloigner le transat, prendre appui sur son genou et se relever.

Voir fiche 30

Protocole de fin de soins

Évaluation et transmission

- Évaluer son travail en tenant compte des critères d'hygiène, de confort, d'ergonomie et de sécurité.

FICHE 32

TECHNIQUE

L'habillage et le déshabillage de l'enfant

OBJECTIF

• Dispenser des soins liés à l'hygiène corporelle et au confort de l'enfant.

Une bonne raison d'apprendre

Effectuer les soins d'habillage et de déshabillage du jeune enfant est primordial pour l'aider à maintenir sa température corporelle dans les limites de la normale et assurer son confort tout en préservant sa pudeur. C'est également un véritable moment d'échange avec l'enfant.

1 Les vêtements

Les jeunes enfants ont des difficultés à réguler leur température corporelle, il est donc primordial de choisir les vêtements en fonction de la saison et de la température ambiante :

- **en été** : des vêtements laissant respirer la peau auxquels s'ajoutent un chapeau lorsque l'enfant est au soleil et des lunettes de soleil en cas de forte luminosité.
- **en hiver** : lors des sorties, une combinaison de ski est très pratique, à laquelle s'ajoutent un bonnet ou une cagoule pour protéger la tête, les oreilles et le cou, et des moufles pour protéger les mains.
- **durant les intersaisons (automne et printemps)** : il faut couvrir l'enfant en fonction de la température. Lors des sorties des plus grands, il faudra ajouter un manteau imperméable, un chapeau et des bottes.

2 Les chaussures

Pour choisir des chaussures, il faut prendre en compte plusieurs critères.

- Elles doivent être adaptées à la taille du pied (ni trop grandes ni trop petites) et avoir les bouts arrondis et larges pour éviter le chevauchement des orteils et les frictions sur les ongles.
- La semelle doit être souple et antidérapante.
- Le contrefort doit être assez haut pour maintenir la cheville mais souple pour permettre le mouvement du pied.

Conseils pratiques

- Les vêtements doivent être en fibres naturelles, confortables, amples et ne contenir aucun bouton, crochet ou ruban.
- Les chaussures ne sont pas obligatoires pour l'enfant qui ne marche pas : il peut rester en chaussettes ou en petits chaussons. Lorsque l'enfant rampe ou fait ses premiers pas, il peut porter des chaussures premiers pas.

Protocole

L'habillage et le déshabillage de l'enfant

VIDÉO
L'habillage et le déshabillage de l'enfant
→ lienmini.fr/4687-29

EP1

Matériels et produits nécessaires

- Vêtements propres
- Bassine/sac de linge sale

Réalisation

Voir fiche 30

Protocole de début de soins

- **Le déshabillage**

1. Tourner légèrement l'enfant sur le côté afin de déboutonner le pyjama.
2. Dégager doucement les jambes en faisant attention aux pieds et à ne pas tirer sur la jambe pour éviter les douleurs et les luxations des hanches.
3. Retirer ensuite le haut du pyjama en dégageant délicatement un bras après l'autre et en faisant attention aux mains et aux doigts de l'enfant.
4. Mettre le pyjama dans la panière à linge sale en gardant une main sur le ventre de l'enfant.
5. Déboutonner le body à l'entrejambe et retirer les bras de l'enfant.
6. Élargir l'encolure pour protéger le visage de l'enfant et dégager la tête de l'enfant en la soulevant doucement.
7. Mettre le body dans la panière à linge sale.

- **L'habillage**

1. Élargir l'encolure du body et faire passer la tête de l'enfant.
2. Enfiler la manche coulissée en passant trois doigts dans la manche pour l'agrandir puis saisir le poing fermé du nourrisson afin de protéger ses doigts et dérouler la manche sur son bras. Effectuer la même manœuvre pour le second bras.
3. Mettre l'enfant sur le côté pour descendre le body puis le remettre sur le dos
4. Recouvrir l'abdomen et fermer l'entrejambe. Vérifier l'absence de pli.
5. Enfiler le pull sur le même principe.
6. Replier un pan du pantalon en accordéon, attraper le pied de l'enfant et tirer sur le pantalon en faisant attention à ne pas tirer sur la jambe pour éviter les douleurs et les luxations des hanches. Faire de même avec l'autre jambe.
7. Tourner légèrement l'enfant sur le côté afin de tirer le haut du pantalon.

Voir fiche 30

Protocole de fin de soins

Évaluation et transmission

- Évaluer son travail en tenant compte des critères d'hygiène, de confort, d'ergonomie et de sécurité.

TECHNIQUE

FICHE 33

Le change de l'enfant

OBJECTIF

- Dispenser des soins liés à l'élimination.

Une bonne raison d'apprendre

Effectuer des soins liés à l'élimination du jeune enfant est indispensable pour lui assurer une bonne hygiène, un confort et prévenir l'apparition des érythèmes fessiers. Ce moment est également favorable pour établir une véritable relation avec l'enfant.

Voir fiche 34

La peau de l'enfant est particulièrement fragile. Il est fréquent pour un enfant d'avoir un érythème fessier.

1 L'érythème fessier

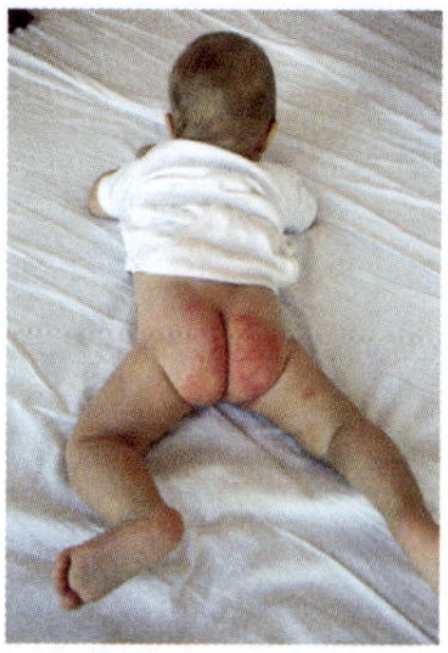

- L'érythème fessier est une irritation cutanée touchant les fesses et/ou les plis de l'aine du nourrisson. Il se caractérise par des rougeurs avec des plaques luisantes, parfois des petits boutons, voire des plaies.
- Il peut être dû à :
  - une mauvaise hygiène (changes peu fréquents de la couche) ;
  - un séchage insuffisant ;
  - l'utilisation de produits de toilette trop agressifs ou allergisants ;
  - une poussée dentaire ou des troubles digestifs qui entraînent des diarrhées aiguës.

2 La prévention de l'érythème fessier

- Pour prévenir l'érythème fessier, l'enfant doit toujours avoir les fesses au sec. Il est donc nécessaire de :
  - utiliser une couche adaptée au poids de l'enfant et des vêtements amples ;
  - changer la couche régulièrement et veiller à ne pas trop la serrer ;
  - nettoyer à chaque change les fesses avec de l'eau et du savon ;
  - rincer et sécher minutieusement par tamponnement en insistant au niveau des plis.
- L'application d'une crème permet de prévenir l'érythème mais il faut une prescription médicale et l'autorisation des parents.

Conseils pratiques

- Le change se fera en général avant la prise du biberon pour assurer à l'enfant un meilleur confort et éviter les régurgitations.
- Au moment de l'acquisition de la propreté, il est souhaitable de changer l'enfant en position debout et de lui proposer d'aller au pot.
- Ne jamais laisser l'enfant seul sur le plan de change. Il faut toujours garder une main sur l'enfant durant le soin.

VIDÉO
Le change de l'enfant
→ lienmini.fr/4687-30

Protocole

Le change de l'enfant

Matériels et produits nécessaires

- Coussin de change + serviette de confort
- Serviette + 2 gants
- Poubelle
- Bassine/sac de linge sale
- Vêtements propres si besoin
- Solution hydro-alcoolique (SHA)
- Gants à usage unique (UU) si présence de selles
- Couche adaptée au poids de l'enfant
- Savon doux adapté à l'enfant
- Papier toilette
- Crème anti-érythème si besoin

EP1

Réalisation

Voir fiche 30

Protocole de début de soins

1. Aller chercher l'enfant et communiquer avec lui.
2. Déshabiller le bas du corps de l'enfant pour éviter les refroidissements.
3. Ouvrir la couche, examiner les selles et les urines et l'état de la peau. Si présence de selles : mettre des gants UU, essuyer le surplus de selles avec la couche et utiliser du papier toilette si nécessaire.
4. Jeter la couche sale bien fermée et les gants UU à la poubelle.
5. Savonner du plus propre au plus sale, dans l'ordre suivant :
   - le bas du ventre, les plis de l'aine (plis inguinaux) ;
   - les parties génitales :
     - pour une fille : les grandes lèvres, les petites lèvres puis le méat urinaire en allant vers l'anus sans revenir en arrière, afin d'éviter les infections urinaires ;
     - pour un garçon : les bourses puis la verge ;
   - les fesses : mettre l'enfant sur le côté (attraper son épaule et la tourner vers le côté pour faire pivoter le reste du corps), savonner les fesses puis le sillon inter-fessier en allant de l'anus vers le bas du dos et en faisant une virgule.
6. Rincer en suivant le même ordre.
7. Sécher par tamponnement avec la serviette afin d'éviter d'irriter la peau.
8. Mettre la couche propre sous le siège de l'enfant. Appliquer si nécessaire la crème anti-érythème prescrite et fixer les adhésifs.
9. Rhabiller l'enfant et le réinstaller confortablement en toute sécurité.

Voir fiche 30

Protocole de fin de soins

Évaluation et transmission

- Évaluer son travail en tenant compte des critères d'hygiène (les fesses sont propres et bien sèches), de confort, d'ergonomie et de sécurité. Veiller également à assurer une bonne communication avec l'enfant tout au long du soin.

TECHNIQUE

FICHE 34

Le bain de l'enfant

OBJECTIF

• Dispenser des soins liés à l'hygiène.

Une bonne raison d'apprendre

Effectuer des soins liés à l'hygiène du jeune enfant contribue à son bien-être et au maintien de son hygiène corporelle. Le temps du bain est également un moment privilégié pour l'observation, la stimulation sensorielle, le jeu et la communication entre l'enfant et le professionnel.

Lors du bain, la peau de l'enfant est en contact avec des produits qui doivent être adaptés à ses caractéristiques.

1 La structure de la peau

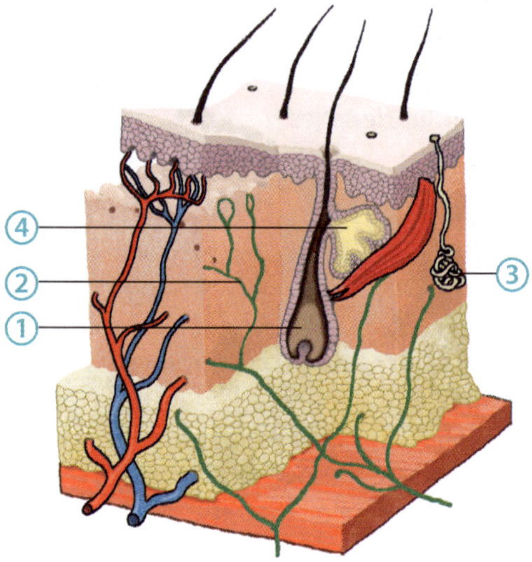

La peau est un tissu épithélial constitué de plusieurs couches de cellules et de divers éléments :

- **l'épiderme** (couche externe de la peau) est un tissu qui forme une barrière protectrice et permet la synthèse de la vitamine D ;
- **le derme** (couche située sous l'épiderme) comprend des bulbes pileux (1), des fibres nerveuses (2), des glandes sudoripares (3) qui fabriquent la sueur et des glandes sébacées (4) qui sécrètent le sébum ;
- **l'hypoderme** (couche la plus profonde de la peau) est constitué de cellules graisseuses jouant le rôle de réserve énergétique, de protection et d'isolant thermique.

2 Les caractéristiques de la peau du jeune enfant

La peau du jeune enfant est immature : son épiderme est très fin et perméable, ce qui rend la peau fragile, sèche, facilement irritable et hypersensible au rayonnement solaire.

Conseils pratiques

Voir fiche 13

- Il est important de vérifier l'état cutané de l'enfant en observant l'aspect (présence d'éruption, de lésion…), la température et la couleur de la peau.
- Les produits utilisés doivent être adaptés à la peau de l'enfant.
- Le professionnel ne doit jamais laisser l'enfant seul dans le bain et doit communiquer avec lui tout au long du soin.

Protocole

Le bain

Matériels et produits nécessaires

- Baignoire + thermomètre de bain
- Coussin de change
- Sortie de bain + 1 ou 2 gants
- Vêtements propres
- Produits et matériel de soin du visage (fusette…) et du change (couche, crème anti-érythème)
- Savon doux adapté à l'enfant
- Jouet pour le bain
- Solution hydro-alcoolique (SHA)
- Gants à usage unique (UU)
- Poubelle
- Bassine/sac de linge sale

EP1

Réalisation

Voir fiche 30

Protocole de début de soins

1. Remplir la baignoire avec de l'eau à 38 °C (vérifier avec le thermomètre).

Voir fiches 32-33

2. Déshabiller l'enfant (sur le coussin de change) de bas en haut. Enlever la couche et laver le siège si nécessaire.
3. Prendre un gant de toilette et savonner le corps de l'enfant du plus propre au plus sale :
   - les cheveux (le visage sera fait après) ;
   - la nuque et le dos ;
   - le cou, le thorax et l'abdomen ;
   - une main et un bras, puis l'autre en insistant sous les aisselles ;
   - un pied et une jambe, puis l'autre ;
   - les organes génitaux et les fesses.
4. Vérifier que l'eau est à 37 °C, attraper l'enfant (une main le maintient au niveau de l'aisselle, avec sa tête reposant sur l'avant-bras de l'adulte ; l'autre est glissée à l'entre-jambe) et l'immerger progressivement dans l'eau en commençant par les pieds.
5. Laisser l'enfant se détendre avec un jouet pendant 5 minutes maximum en le tenant au niveau de l'aisselle. L'autre main lâche l'entre-jambe et permet de rincer l'enfant en insistant au niveau des plis.
6. Sortir l'enfant de l'eau et le déposer sur la sortie de bain.
7. L'envelopper et le sécher délicatement en insistant au niveau des plis.
8. Mettre une couche à l'enfant puis l'habiller en commençant par le haut.

Voir fiche 35

9. Effectuer les soins annexes.

Voir fiche 30

Protocole de fin de soins

Évaluation et transmission

- Évaluer son travail en tenant compte des critères d'hygiène, de confort, d'ergonomie et de sécurité.

TECHNIQUE

FICHE 35

OBJECTIF

• Dispenser des soins liés à l'hygiène.

La toilette du visage

Une bonne raison d'apprendre

Effectuer la toilette du visage du jeune enfant est indispensable pour lui assurer une bonne hygiène, un confort et éviter la dissémination des germes. La toilette du visage peut être réalisée après le bain ou lorsque la situation l'exige. Ce moment favorise une véritable relation avec l'enfant.

Lors de la toilette du visage, il est important d'apporter une attention particulière au nettoyage des yeux et du nez.

1 La conjonctivite

• Le blanc de l'œil et le dessous de la paupière sont recouverts d'une membrane appelée la conjonctive. Une conjonctivite est l'inflammation de cette membrane.

• Cette pathologie peut avoir différentes causes : des bactéries, des virus, une allergie ou une irritation (frottement, produit…).

• Une conjonctivite se manifeste par une rougeur de l'un ou des deux yeux, associée à des démangeaisons, un écoulement clair ou purulent, des picotements et éventuellement un gonflement des paupières.

2 L'encombrement du nez

• Un nez bouché est le symptôme d'une infection virale ou d'une allergie. Cela commence par une congestion nasale, puis des sécrétions claires et liquides apparaissent et peuvent s'épaissir par la suite. Plus l'infection progresse, plus les sécrétions peuvent devenir jaunâtres ou verdâtres.

• Comme le nourrisson de moins de 3 mois respire seulement par le nez, il est important de s'assurer que son nez soit toujours bien dégagé. De plus, s'il a le nez bouché, le bébé peut avoir des difficultés à dormir ou à téter…

• Si le nettoyage du nez ne suffit pas, il faut le désobstruer avec un lavage de nez (ou une désobstruction rhinopharyngée DRP) qui consiste à instiller du sérum physiologique dans les narines pour évacuer les sécrétions nasales.

Conseil pratique

La toilette du visage se fait toujours du plus propre au plus sale. Selon la situation, il faudra donc commencer (yeux sains) ou terminer par les yeux (si présence d'une conjonctivite).

VIDÉO
La toilette du visage
→ lienmini.fr/4687-31

Protocole

La toilette du visage

Matériels et produits nécessaires

- Coussin de change + 1 serviette de confort
- 1 serviette + 1 gant
- 1 plateau
- Coton pour faire les fusettes
- Compresses stériles
- Sérum physiologique en unidose
- Poubelle
- Bassine/sac de linge sale

EP1

Réalisation

Voir fiche 30

Protocole de début de soins

1. Aller chercher l'enfant et communiquer avec lui.

- **Soin des yeux (si nécessaire)**

2. Plier une compresse en « parachute » et l'imbiber de sérum physiologique.
3. Nettoyer un œil après l'autre en allant de l'angle externe vers l'angle interne, en un seul geste. Changer la compresse à chaque œil et autant de fois que nécessaire pour éviter de disséminer des germes.

- **Soin des oreilles (si nécessaire)**

4. Nettoyer le pavillon, l'arrière de l'oreille (souvent le siège d'irritations ou de dépôts) puis le conduit auditif externe en utilisant des fusettes de coton sèches.
5. Changer de fusette aussi souvent que nécessaire et entre chaque oreille.

- **Soin du nez (si nécessaire)**

6. Nettoyer chaque narine avec une fine fusette imbibée de sérum physiologique.
7. Tourner délicatement les fusettes dans la narine, en faisant attention de ne pas enfoncer trop profondément pour ne pas abimer les micro-vaisseaux.

- **Soin du visage**

8. Nettoyer le visage en passant un gant imbibé d'eau sur l'ensemble du visage, du plus propre au plus sale : le front, les tempes, les joues, le menton, la bouche et le nez.
9. Sécher par tamponnement avec la serviette en faisant attention de ne pas recouvrir le visage de l'enfant pour éviter un sentiment d'insécurité.
10. Coiffer le nourrisson si nécessaire.

Voir fiche 30

Protocole de fin de soins

Évaluation et transmission

- Évaluer son travail en tenant compte des critères d'hygiène, de confort, d'ergonomie et de sécurité. Veiller surtout à assurer une bonne communication avec l'enfant tout au long du soin.

TECHNIQUE

FICHE 36

La prise de température et l'administration d'un médicament

OBJECTIFS

- Dispenser des soins liés à l'hygiène et au confort de l'enfant.
- Repérer les signes d'altération de la santé.
- Participer à l'application des protocoles d'urgence.

Une bonne raison d'apprendre

Repérer les signes d'hyperthermie et prendre la température permet de répondre au besoin de maintenir la température dans les limites. Ce geste permet également de vérifier l'efficacité d'un traitement donné.

1 L'administration des médicaments

- Quel que soit le milieu professionnel, l'administration d'un traitement se fait toujours sur prescription médicale et donc après vérification de l'ordonnance. Aucun médicament ne doit être donné de la propre initiative du professionnel car seul un médecin peut prescrire un traitement.
  - En EAJE, seule l'infirmière-puéricultrice est habilitée à administrer un médicament.
  - À l'école maternelle, seule l'infirmière scolaire peut administrer un traitement à un enfant, sauf cas de PAI.
  - Au domicile de l'AMA l'article L. 313-26 du code de l'action sociale et des familles (CASF) stipule que l'aide à la prise d'un traitement peut être réalisée par l'assistant maternel si ce dernier a, en plus de l'ordonnance, l'accord écrit des parents.

Voir fiche 10

- Il est impératif de noter l'heure d'administration du médicament, la posologie, les signes cliniques et les symptômes sur un cahier de transmissions ou dans un logiciel.

2 L'ordonnance

- Une ordonnance médicale est un document permettant de prescrire un acte médical ou des médicaments. Certains éléments doivent obligatoirement y figurer :
  - la date ;
  - le nom, le prénom, l'âge et le poids de l'enfant concerné ;
  - le nom des médicaments et la posologie prescrite ;
  - la durée du traitement, le nombre de renouvellement si nécessaire ;
  - la signature du médecin.

Conseils pratiques

- Avant d'administrer un médicament, il faut vérifier que c'est le bon produit, la posologie, la date de péremption et l'écart entre deux prises.
- L'ordonnance doit être nominative et datée de moins de 6 mois.

Protocole

La prise de la température axillaire et l'administration de l'antipyrétique en sirop

Matériels et produits nécessaires

- Thermomètre
- Antipyrétique (paracétamol en sirop)
- Compresses + désinfectant et savon

EP1

Réalisation

Voir fiche 30

Protocole de début de soins

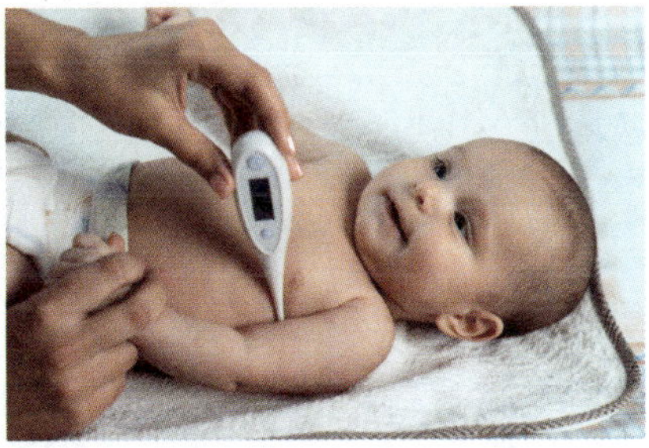

- **Prendre la température axillaire**

1. Installer confortablement l'enfant sur le plan de change ou contre soi.
2. Déshabiller partiellement le haut du corps de l'enfant pour avoir accès à l'aisselle.
3. Vérifier que l'aisselle soit bien sèche ; essuyer la sueur si besoin.
4. Placer l'extrémité du thermomètre au centre de l'aisselle de l'enfant, coller le bras le long du corps, puis allumer le thermomètre.
5. Attendre que le thermomètre sonne pour le retirer et ajouter 0,5 °C à la valeur indiquée (38,5 °C affichés donnent 39 °C de température réelle).
6. Éteindre le thermomètre et agir en fonction de la température de l'enfant (rhabiller ou laisser en body…).
7. Après s'être occupé de l'enfant et l'avoir installé en sécurité, nettoyer le thermomètre à l'eau et au savon puis le désinfecter.

Voir fiche 9

En cas d'hyperthermie, plusieurs actions sont à mettre en œuvre et notamment l'administration d'un antipyrétique sous forme de sirop.

- **Administrer un antipyrétique sous forme de sirop (Doliprane®)**

1. Vérifier l'ordonnance et la date de péremption du produit.
2. Plonger la pipette graduée dans le flacon de sirop et tirer le piston. Vérifier la quantité à prélever en fonction du poids de l'enfant au niveau de la graduation.
3. Administrer la pipette à l'enfant en position semi-assise : mettre la pipette dans la bouche de l'enfant et pousser lentement sur le piston. S'arrêter de temps en temps pour vérifier que l'enfant avale bien (pas de fausse route).
4. Laver la pipette au savon et la rincer soigneusement ; fermer le flacon.

Voir fiche 30

Protocole de fin de soins

Évaluation et transmission

- Évaluer son travail en tenant compte des critères d'hygiène, de confort et de sécurité.

FICHE 37

TECHNIQUE

Le couchage de l'enfant

OBJECTIF

• Dispenser des soins liés au sommeil.

Une bonne raison d'apprendre

Effectuer des soins liés au sommeil du jeune enfant est indispensable pour favoriser un repos et/ou un sommeil de qualité. Ces soins permettent d'assurer l'hygiène, le confort et la sécurité de l'enfant.

1 Les conditions favorables à l'endormissement

- Quelques signes sont à relever (bâillement, picotement des yeux…) pour déceler la période propice à l'endormissement de l'enfant.
- Pour favoriser cet endormissement, il est possible de proposer un bain ou des jeux calmes, de raconter une histoire, de mettre de la musique douce, de laisser une veilleuse… Toutes ces actions doivent se faire dans une pièce aérée, apaisante (température entre 18 et 20 °C), sécurisante et accueillante.
- En collectivité, il faut également prévoir un coin où un enfant malade pourra être isolé et où un enfant agité évitera de perturber le sommeil des autres.

2 La mort inattendue du nourrisson (MIN)

- La mort inattendue du nourrisson (MIN) est une mort survenant brutalement chez un nourrisson alors que rien, dans ses antécédents connus, ne pouvait le laisser prévoir. Elle se manifeste le plus souvent durant le sommeil, chez des nourrissons réputés en bonne santé, âgés de moins de 1 an (le plus souvent entre 2 et 4 mois).
- L'âge, le sexe (touche plus les garçons), la prématurité sont autant de facteurs de risques contre lesquels il est difficile de lutter.
- L'environnement de sommeil, au contraire, est un levier d'action essentiel. Pour diminuer le risque de MIN, quelques précautions sont donc à prendre en compte :
  - ne mettre ni oreiller, ni couverture, ni contour de lit dans le lit à barreaux et préférer une turbulette adaptée à sa taille s'il fait froid ;
  - la température de la chambre où dort l'enfant doit être comprise entre 18 °C et 20 °C ;
  - le bébé est couché à plat sur le dos et le matelas doit être ferme et aux dimensions exactes du lit à barreaux ;
  - si un lit parapluie est utilisé, ce doit être de manière occasionnelle. Pour un couchage sécurisé, il faut respecter le mode d'emploi et ne jamais rajouter de matelas.

Protégez-moi !

Conseils pratiques

- Mettre en place un rituel d'endormissement pour faciliter le couchage de l'enfant.
- Un enfant peut être réveillé en douceur lorsque des signes de sommeil intermédiaire (temps de latences) sont observés : réaction au toucher ou aux bruits.

VIDÉO
L'association Naître et vivre
→ lienmini.fr/4687-32

Protocole

La réfection de lit inoccupé et le coucher de l'enfant

Matériels et produits nécessaires

- Couchage
- Alèse ou drap
- Bassine/sac de linge sale
- Gant à usage unique (UU)

EP1

Réalisation

Voir fiche 30

Protocole de début de soins

- **Réfection du lit inoccupé**

1. Défaire le lit, en retirant l'alèse et/ou le drap (sans les secouer ou les mettre en boule) et les déposer dans le bac à linge sale.

Voir fiche 48

2. Mettre des gants et bionettoyer le lit : les armatures et/ou barreaux puis le matelas (recto et verso).

Voir fiches 28-29

3. Retirer les gants et se laver les mains.
4. Réfection du lit :
   – soit placer l'alèse en coton sur le matelas en fixant les angles avec les élastiques ;
   – soit placer l'alaise ou le drap en bordant la tête et le pied du lit puis les côtés en faisant les coins au carré.
5. Vérifier l'absence de plis.

- **Couchage dans un lit à barreaux**

Voir fiche 32

1. Habiller l'enfant avec un body, puis un pyjama et une gigoteuse suivant la saison.
2. Respecter le rituel d'endormissement (sucette, peluche, histoire…).
3. Coucher l'enfant sur le dos, le visage bien dégagé pour diminuer le risque de MIN.
4. Vérifier les dispositifs de verrouillage de la barrière de sécurité.

Voir fiche 30

Protocole de fin de soins

Évaluation et transmission

- Évaluer son travail en tenant compte des critères d'hygiène, de confort, d'ergonomie et de sécurité.

FICHE 38

TECHNIQUE

La préparation et la prise du biberon

OBJECTIF

• Dispenser des soins liés à l'alimentation.

Une bonne raison d'apprendre

Dispenser des soins liés à l'alimentation en préparant et donnant le biberon à l'enfant est indispensable pour répondre à son besoin de s'alimenter. Ce moment est également favorable pour établir une relation avec l'enfant.

1 Les différents types de biberon

- Un biberon est constitué de différentes pièces : biberon, bague de serrage, tétine et capuchon.
- Tous les biberons sont désormais sans bisphénol A : certains sont en verre (naturel et supporte bien la stérilisation) et d'autres en plastique (incassable et léger pour une meilleure maniabilité lorsque l'enfant prend des initiatives). Ils peuvent être de formes différentes (triangulaire, ergonomique…) et leur contenance dépend de l'âge de l'enfant (de 30 mL à plus de 350 mL).
- La tétine peut être soit en caoutchouc (de couleur marron, plus souple, elle convient bien aux enfants qui ont des difficultés à téter), soit en silicone (résiste bien au lavage et sa transparence permet de contrôler la propreté et le flux de lait). Les tétines doivent être estampillées 90/128/CEE, une norme européenne qui garantit la qualité du produit.

2 La stérilisation du biberon

- Pour éviter les risques de contamination, il est important de désinfecter puis de stériliser correctement toutes les pièces du biberon.
- Le professionnel démonte et rince la totalité du biberon à l'eau froide. Ensuite, à l'aide d'un écouvillon, il le nettoie avec un détergent-vaisselle et de l'eau chaude. Enfin chaque pièce est rincée et mise à égoutter.
- Suite au nettoyage, il faut stériliser le biberon :
  - soit **au lave-vaisselle** : toutes les pièces sont placées dans le lave-vaisselle et un cycle à 90 °C est lancé. Ensuite, les différentes pièces du biberon sont sorties puis remontées et le tout est placé dans le réfrigérateur ;
  - soit **dans un stérilisateur**, surtout en cas d'épidémie : suivre le protocole de l'appareil utilisé. Ensuite, les pièces sont sorties avec une pince et mises à égoutter puis le biberon est remonté et placé au réfrigérateur.

Conseil pratique

Transmettre l'heure de l'alimentation, la quantité bue, la présence ou non de régurgitations, le comportement de l'enfant.

Protocole

La préparation et la prise du biberon

Matériels et produits nécessaires

- Biberon, tétine et capuchon stériles
- Une assiette et un couteau
- Chauffe-biberon ou micro-ondes
- Lait infantile adapté à l'enfant
- Eau minérale en bouteille convenant aux nourrissons
- Bavoir

Réalisation

Voir fiche 30

Protocole de début de soins

- **La préparation du biberon**

1. Vérifier les dates de péremption et d'ouverture du lait en poudre.
2. Sur un plan de travail propre, tenir la tétine par la bague, la recouvrir de son capuchon protecteur et la poser latéralement sur l'assiette.

3. Verser la quantité d'eau dans le biberon en évitant de toucher le goulot.

4. Verser délicatement les mesurettes de lait en poudre, arasées au couteau, dans le biberon (1 mesurette de lait pour 30 mL d'eau) en évitant de toucher le bord du biberon.

5. Visser la tétine et le capuchon sur le biberon sans toucher l'intérieur.
6. Faire rouler le biberon entre les mains pour bien mélanger le lait et éviter les grumeaux.

7. Mettre le biberon dans le chauffe–biberon ou au four à micro-ondes (enlever la tétine avant de le mettre dans le micro-ondes).

8. Vérifier la température en versant une goutte de lait sur l'intérieur du poignet ou le dessus de la main pour éviter toute brûlure.

- **La prise du biberon**

1. S'installer confortablement dans un endroit calme et positionner l'enfant en position semi-assise sur un bras.
2. Placer la tétine sur la langue de l'enfant et incliner suffisamment le biberon pour que la tétine soit pleine de lait afin d'éviter que l'enfant n'avale trop d'air (si de petites bulles remontent à la surface, le lait coule correctement ; sinon, il faut desserrer la bague du biberon).
3. Faire de petites pauses de temps en temps et communiquer régulièrement avec l'enfant.
4. Essuyer la bouche de l'enfant avec le bavoir.
5. Constater la quantité de lait bu.
6. Redresser l'enfant pour lui faire faire son rot et tapoter doucement son dos pour l'aider.

Voir fiche 30

Protocole de fin de soins

Évaluation et transmission

- Évaluer son travail en tenant compte des critères d'hygiène, de confort, d'ergonomie et de sécurité.

FICHE

39

TECHNIQUE

L'accompagnement de l'enfant dans ses apprentissages

OBJECTIF

• Dispenser des soins liés à l'hygiène corporelle et au confort, à l'alimentation, à l'élimination et au sommeil.

DOCUMENT

Exemples d'activités d'apprentissage
→ lienmini.fr/4687-33

Une bonne raison d'apprendre

L'apprentissage par l'enfant des gestes liés à l'hygiène, à l'élimination et à l'alimentation est indispensable pour répondre aux besoins d'être propre, soigner et protéger sa peau, d'éliminer, de boire et manger. Cet apprentissage se fait après que le professionnel ait créé un cadre sécurisant.

1 La pédagogie active

- L'enfant apprend en jouant, en répétant une action et en imitant. Le professionnel doit donc aider l'enfant dans ses apprentissages en se basant sur la pédagogie active et sur des méthodes axées sur l'expérimentation sensorielle et la découverte pour apprendre par soi-même. L'éducation de l'enfant va donc se faire tout au long de la journée, lors des actes de la vie quotidienne. Ces moments lui permettent d'apprendre des règles pour vivre en société (laisser un lieu propre, vérifier avant de traverser ou attendre son tour lors d'une activité) et de développer de nouvelles connaissances (le brossage des dents ou l'habillage…).
- Le professionnel est un modèle pour l'enfant : il doit donc être exemplaire en étant attentif à ses paroles et à ses actions. Le professionnel doit inviter l'enfant à participer, en fonction de ses capacités, à toutes les tâches quotidiennes. Il peut guider l'enfant, l'encourager et lui donner des explications pour qu'il comprenne ce que l'adulte attend de lui. Il peut également lui expliquer que son aide est précieuse et ainsi le valoriser et stimuler son estime de soi.
- Le professionnel pose un cadre pour sécuriser l'enfant et doit lui expliquer les règles pour qu'il les comprenne. Il est important que le professionnel fasse respecter les règles fixées et applique une sanction si nécessaire. Cette dernière doit être constructive, proportionnelle à la gravité de la faute et en rapport avec celle-ci : par exemple, l'enfant nettoie ce qu'il a sali. Faire respecter les règles et imposer des interdits à un enfant n'est pas facile mais l'enfant grandit en se confrontant au cadre et découvre que tout n'est pas autorisé dans la vie.

Attention : les menaces physiques ou psychologiques et les humiliations sont à proscrire ! De plus, la loi « égalité et citoyenneté » interdit tout recours aux violences corporelles et notamment à la fessée.

2 L'apprentissage des gestes d'hygiène

Lorsque le professionnel réalise les soins d'hygiène de l'enfant (toilette du visage, habillage, bain…), il peut lui expliquer ce qu'il fait, nommer les vêtements, les couleurs et les parties du corps lavées en précisant les côtés (droite / gauche).

2 1 Se laver les mains

Il est important pour l'enfant d'apprendre les étapes d'un lavage des mains efficace, mais également de savoir quand se laver les mains (avant et après manger, après être allé aux toilettes, après s'être mouché…).

Pour que ces gestes deviennent une habitude, il est possible de proposer une chanson à l'enfant, de faire des jeux. Mais avant tout, l'enfant apprend en observant et en imitant les adultes : il faut donc lui montrer l'exemple à chaque instant.

EP1

2 2 Se brosser les dents

Cet apprentissage contribue à l'hygiène bucco-dentaire et prévient l'apparition de caries. L'enfant doit apprendre à réaliser des mouvements adaptés (des va-et-vient sur ses dents) durant la durée nécessaire. Pour cet apprentissage, il est possible de donner un nombre de mouvements (10 par exemple) à l'enfant pour lui permettre de se repérer plus efficacement que dans la durée. Le professionnel peut également donner envie à l'enfant en se brossant les dents devant lui, mettre en place des petits jeux ou selon l'âge de l'enfant, utiliser des applications pour aider à respecter le temps et la fréquence du brossage des dents.

2 3 Se laver le visage

L'apprentissage de la toilette du visage peut commencer lorsque l'enfant tient debout. Il est possible, après le repas, de proposer un gant à l'enfant et le laisser se nettoyer le visage puis le sécher.

3 L'apprentissage de la maîtrise des sphincters

Voir fiche 5

- Pour apprendre à un enfant à maîtriser ses sphincters, il faut tout d'abord respecter son rythme et connaître les signes qui montrent qu'il est prêt.
- Ensuite, il est important d'expliquer à l'enfant que l'apprentissage de la propreté est le fonctionnement normal de son corps.
- Puis il faut créer une habitude, par exemple :
  - en plaçant le pot toujours au même endroit, où l'enfant se sent à l'aise (la salle de bains ou les toilettes) ;
  - en proposant régulièrement le pot à l'enfant, à des moments précis de la journée (avant et après la sieste…) et lorsqu'il en ressent l'envie ;
  - en ne vidant pas le pot immédiatement pour lui montrer que c'est naturel ;
  - en proposant à l'enfant de lire des histoires traitant du sujet ;
  - en habillant l'enfant avec des vêtements faciles à enlever (éviter les salopettes par exemple) et en proposant un change qui se baisse comme une culotte.

- Enfin, lorsque l'enfant se sent prêt, le professionnel peut lui proposer de passer du pot aux toilettes des « grands » en lui installant un réducteur adapté au siège ou un petit escabeau.

4 L'apprentissage de l'autonomie au quotidien

4 1 S'habiller et se déshabiller seul

- Il est important de connaître les capacités de l'enfant pour l'accompagner dans ses apprentissages.
  - Vers l'âge de 2 ans, l'enfant peut retirer ses vêtements seul s'il n'y a pas de fermeture éclair ou de boutons.
  - Vers 3 ans, il est capable de se déshabiller seul et peut mettre des chaussures sans lacets.
  - Vers 4 ans, il peut s'habiller à l'aide de repères dans les vêtements, déboutonner et boutonner ses vêtements et enfiler ses chaussettes.
  - Enfin à 5 ans, il peut s'habiller, ranger ses affaires et lacer ses chaussures tout seul.

- Pour favoriser l'acquisition de l'autonomie, le professionnel peut :
  - placer les vêtements dans l'ordre ;
  - proposer des vêtements larges, élastiques, sans boutons… ;
  - donner des techniques à l'enfant, par exemple celle du papillon pour enfiler un blouson : l'enfant positionne le blouson au sol, avec la capuche ou col au niveau des pieds, puis il enfile les mains dans les manches, enfin il lève les bras et le blouson se positionne ;
  - donner des repères à l'enfant (étiquettes, motif qui va sur le ventre…).

4 2 Manger en autonomie

EP1

- Les capacités de l'enfant sont à prendre en compte pour l'accompagner dans ses apprentissages.
  - Il peut commencer à manger seul vers 12-18 mois en prenant de petits morceaux d'aliments avec ses doigts.
  - Vers 2 ans, il apprend à manger avec une cuillère, puis avec une fourchette adaptée vers 3 ans.
  - Enfin, vers 4 ans, l'enfant est presque autonome et peut commencer à utiliser un couteau à bout rond sous la surveillance d'un adulte.

- Au moment de la prise des repas et des boissons, le professionnel doit adapter les couverts, les assiettes, les verres (avec un bec verseur ou des anses) et le mobilier (tables et petites chaises, chaise haute ou avec rehausseur) aux capacités de l'enfant.
- Ensuite, il est possible :
  - d'inviter l'enfant à participer à dresser la table et à la ranger à la fin du repas en le laissant faire seul et en restant proche de lui pour le guider ;
  - d'aider l'enfant à s'installer correctement à table et à mettre sa serviette ;
  - de laisser manger l'enfant seul, à son rythme, à l'aide d'une fourchette ou d'une cuillère. Le professionnel peut aider l'enfant durant le repas en coupant la viande (ne pas proposer de couteau avant 4 ans) ;
  - de nommer les plats et leur composition à l'enfant, l'aider ou l'autoriser à se servir : il doit goûter de tout pour l'apprentissage du goût.

Conseils pratiques

- Il est important de stimuler, d'encourager et d'accompagner l'enfant pour qu'il se sente valorisé et en confiance. Il faut éviter de le gronder et de le brusquer.
- L'observation et l'imitation sont les meilleurs moyens pour l'enfant d'apprendre les gestes d'hygiène ; il est donc recommandé de montrer les gestes puis de les lui faire exécuter sur lui-même.

QCM
S'évaluer en ligne
→ lienmini.fr/4687-34

EP2

Exercer son activité en accueil collectif

COMPÉTENCES

Établir une relation privilégiée et sécurisante avec l'enfant

OBJECTIFS

- Communiquer avec l'enfant de manière appropriée.
- Participer à l'acquisiion du langage.

EP2

Coopérer avec l'ensemble des acteurs dans un but de cohérence, d'adaptation et de continuité de l'accompagnement

OBJECTIFS

- Adapter sa communication avec la famille en fonction du projet du lieu d'accueil.
- Inscrire son travail au sein d'une équipe pluridisciplinaire.

Assurer une assistance pédagogique au personnel enseignant

OBJECTIFS

- Installer et remettre en état un espace destiné à une activité pédagogique.
- Participer à la réalisation d'une activié pédagogique.
- Participer à la sécurisation des récréations et des sorties pédagogiques.

Assurer des activités de remise en état des matériels et locaux en école maternelle

OBJECTIFS

- Mettre en œuvre les techniques de dépoussiérage, lavage, séchage et de décontamination des locaux collectifs et des équipements.
- Participer à l'entretien des locaux pendant les vacances scolaires.

Préparation à l'EP2

Exercer son activité en milieu collectif

Coefficient 4

En tant que candidat individuel, vous passez cette épreuve en **épreuve ponctuelle.** C'est une épreuve **écrite** de 1 h 30. Une PFMP ou une expérience professionnelle est obligatoire pour présenter cette épreuve.

1 Présentation de l'épreuve

1 1 Les activités et compétences évaluées lors de cette épreuve

Activités	Compétences
Inscrire son action dans le réseau enfants-parents-professionnels Exercer son activité en école maternelle, en EAJE et en ACM	▸ Coopérer avec l'ensemble des acteurs concernés dans un but de cohérence, d'adaptation et de continuité de l'accompagnement. ▸ Établir une relation privilégiée et sécurisante avec l'enfant. ▸ Assurer une assistance pédagogique au personnel enseignant. ▸ Assurer des activités de remise en état des matériels et des locaux en école maternelle.

1 2 Les modalités d'évaluation

- L'épreuve écrite dure 1 h 30. Elle se compose de questions qui évaluent tout ou partie des compétences et des savoirs du bloc de compétences « Exercer son activité en accueil collectif ».

- Une **PFMP d'au moins quatre semaines** ou une **expérience professionnelle d'au moins 12 semaines** en école maternelle ou en EAJE ou en ACM (moins de 6 ans) est exigée pour présenter l'épreuve EP2.

Attention !

En l'absence d'attestation de PFMP conforme aux exigences de l'épreuve et fournie à la date fixée par le Recteur, le candidat ne sera pas autorisé à se présenter à l'épreuve et le diplôme ne pourra lui être délivré.

2 Conseils pour préparer cette épreuve écrite

Dès le début de votre formation vous devez vous organiser afin de vous préparer à cette épreuve et fournir un travail régulier.

2 1 Avant l'épreuve

EP2

- Prenez conscience du déroulement de l'épreuve.
- Établissez un planning de révisions et respectez-le afin d'avoir le temps de tout réviser pour le jour de l'épreuve.
- Faites-vous des fiches de révision.

2 2 Le jour de l'épreuve

Respectez le temps maximum de 1 h 30.

En début d'épreuve :

- Vérifiez que vous avez la totalité du sujet.
- Lisez attentivement l'intégralité du sujet.

Pendant l'épreuve :

- Lisez bien attentivement la situation professionnelle et recueillez les données.
- Identifiez les consignes à l'aide des verbes d'action conjugués à l'infinitif.
- Surlignez dans les questions les mots-clés afin de les mettre en valeur.
- Rappelez-vous de la fiche correspondant aux questions.
- Rédigez si besoin une réponse sur un brouillon mais attention à garder du temps pour la rédaction finale.
- Rédigez au propre en étant vigilant à la présentation et au respect de la langue.

À la fin de l'épreuve :

- Vérifiez que vous avez traité toutes les questions et répondu à toutes les consignes.
- Relisez-vous.

3 Proposition d'un sujet d'épreuve

Contexte professionnel

L'école maternelle « Les crayons » est implantée depuis plus d'un siècle dans le centre de la ville de A.
Elle accueille 80 enfants répartis de la manière suivante : 26 enfants en petite section, 29 enfants en moyenne section, 25 enfants en grande section.
En dehors des horaires d'accueil de l'école (8 h 30 – 11 h 30 et 13 h 30 – 15 h 30), il existe trois modes d'accueil qui dépendent de la municipalité :
- la garderie du matin à partir de 7 h 30 jusqu'à 8 h 30 et le soir de 16 h 30 à 18 h 30 ;
- le restaurant scolaire de 11 h 30 à 13 h 30 ;
- les temps d'accueil périscolaire de 15 h 30 à 16 h 30 selon les jours.

Vous intervenez en tant qu'ATSEM depuis 6 ans au sein de cette école dans la classe de moyenne section, auprès de Mme Dumondin, professeure des écoles. Vous participez également à la surveillance du temps cantine, vous assurez la garderie périscolaire du matin et le nettoyage de la salle de classe et des sanitaires en fin de journée.

Partie 1 Établir une relation privilégiée et sécurisante avec l'enfant

Situation professionnelle : Vous vous occupez de Mathéo, 4 ans. Il refuse d'aller à la sieste, il montre son mécontentement en pleurant et en tapant des pieds. Mathéo a un léger retard du langage et a du mal à s'exprimer.

1. **Énoncer trois mécanismes de la communication non verbale chez un enfant.**
2. **Énoncer les étapes du développement du langage.**
3. **Citer deux obstacles à la communication verbale d'un enfant.**
4. **Nommer trois activités possibles pouvant stimuler le langage chez Mathéo.**

Partie 2 Coopérer avec l'ensemble des acteurs concernés dans un but de cohérence, d'adaptation et de continuité de l'accompagnement

Situation professionnelle : Ce matin, lors de la garderie, vous accueillez le père de Juliette. Il est furieux car la veille sa fille est revenue avec sa robe tachée de peinture et personne ne le lui a signalé. Vous lui expliquez calmement ce qui s'est passé.

5 **Identifier la forme de communication utilisée dans cette situation.**

6 **Analyser la situation présente et compléter le schéma de la communication**

7 **Proposer trois attitudes adaptées face à une situation de communication orale difficile.**

Partie 3 Assurer une assistance éducative au personnel enseignant

Situation professionnelle : Mme Dumondin, professeure de la classe de moyenne section, organise une sortie en forêt afin de ramasser des fleurs et des feuilles pour la réalisation d'un atelier « herbier ». Vous participez à cette sortie et vous animez un des ateliers.

8 **Indiquer la réglementation concernant cette sortie scolaire.**

9 **Illustrer par des exemples trois activités relevant du temps scolaire et trois autres relevant du temps périscolaire.**

10 **Expliquer la notion de double hiérarchie pour les ATSEM.**

11 **Citer le document qui organise les activités périscolaires.**

Situation professionnelle : Dans la classe vous accueillez Louan, qui présente des troubles autistiques, elle bénéficie d'un PPS.

12 **Définir le sigle PPS.**

13 **Citer les éléments obligatoires présents dans le PPS.**

14 **Expliquer le rôle d'un ATSEM lors de l'accueil d'un enfant en situation de handicap.**

Partie 4 Assurer des activités de remise en état des matériels et des locaux en école maternelle

Situation professionnelle : La classe de moyenne section est composée de 6 tables basses et de 30 petites chaises en mélaminé. Vous réalisez le bionettoyage par pulvérisation des tables et chaises avant de nettoyer le sol. Une épidémie de gastro-entérite vous oblige à réaliser une désinfection des sanitaires (lavabo).

15 Expliquer le terme bionettoyage.

16 Compléter le tableau suivant concernant l'entretien des tables et chaises, du sol et des sanitaires.

	Produits utilisés	Matériels
Bionettoyage des tables et chaises		
Entretien – des WC – des lavabos		
Lavage du sol		

17 Donner la définition de désinfection.

18 Préciser le type de salissures spécifiquement présentes dans les WC.

19 Citer l'intérêt de la mise en place de protocole ou plan de nettoyage au sein d'une structure.

20 Justifier chacune des étapes suivantes des modes opératoires :

Étapes	Justifications
A. Mettre des gants.	
B. Vérifier l'absence d'usager avant de réaliser l'entretien.	
C. Rassembler le matériel et les produits.	
D. Compléter les fiches de traçabilité.	
E. Lire l'étiquette du produit avant utilisation.	

21 Préciser l'intérêt de l'autocontrôle en fin de réalisation.

Corrigés de l'épreuve

Voir fiche 40

Partie 1

1 Le regard, le sourire, gestes et postures, les pleurs, les cris, les mimiques…

2 Langage oral : • 0-2 mois : vagissement • 3 mois : vocalise • 6 mois : babillage • 9-12 mois : syllabes doublées • 12-18 mois : mot-phrase • 18 mois-2 ans : association de 2 ou 3 mots • 2 ans : phrase courte • 3-4 ans : utilise le « je » • 4-5 ans : utilise phrase négative, interrogative, futur et passé.

3 Le manque de stimulation, un trouble de l'audition, une paralysie des organes phonatoires, une déficience intellectuelle, des troubles envahissants du développement.

4 Un atelier langage, un atelier lecture, une activité « marionnettes », verbaliser au maximum …

Voir fiche 41

Partie 2

5 Communication verbale orale.

6 Émetteur : père de Juliette ; récepteur : ATSEM ; message : mécontent car la robe de sa fille est abîmée ; canal : oral ; rétroaction : vous lui expliquez calmement la situation.

7 Garder son calme, maîtriser ses propres émotions, trouver un compromis (recherche de solutions), avoir recours à un médiateur si besoin, lâcher prise.

Voir fiche 42

Partie 3

8 Il doit y avoir au moins deux adultes dont l'enseignant quel que soit l'effectif de la classe. Au-delà de 16 élèves, il faut compter un adulte supplémentaire pour 8 élèves.

9 **Temps scolaire :** accueil, assistance aux activités, accompagne les enfants lors de la sieste, de la récréation, lors des soins d'hygiène et de confort, réalise l'entretien et la remise en état des locaux ou du matériel après les activités, participe aux sorties scolaires.

Temps périscolaire : cantine, TAP, garderie.

10 Ils sont placés sous l'autorité hiérarchique du maire de la commune pendant le temps périscolaire et sous l'autorité fonctionnelle du directeur de l'école pendant le temps scolaire.

11 Le PEDT : projet éducatif territorial.

12 Projet Personnalisé de Scolarisation.

13 Il comprend la mention du ou des établissements où l'élève est effectivement scolarisé ; les objectifs pédagogiques définis, les décisions de la CDAPH, les préconisations utiles à la mise en œuvre de ce projet

14 Il n'est pas un spécialiste pour l'accueil d'un enfant en situation de handicap au sein d'une école, mais il participe à l'inclusion de cet enfant. Il peut éduquer les autres élèves au respect de la différence et de l'entraide. Il doit suivre les préconisations du PPS.

Voir fiches 43-44

Partie 4

15 Il combine un nettoyage et une désinfection.

16 Bionettoyage des tables et chaises : Détergent-désinfectant + Pulvérisateurs, lavette

Entretien des WC : Détartrant + Brosse, lavette de couleur spécifique

Entretien des lavabos : Détergent et désinfectant + Lavette

Lavage du sol : Détergent ou détergent-désinfectant + Chariot de lavage

17 Elle permet d'éliminer de façon momentanée les micro-organismes présents sur un sol ou une surface.

18 Le tartre.

19 Ils permettent à chaque opérateur d'appliquer les mêmes techniques pour assurer l'efficacité du nettoyage, pour préserver le mobilier, les surfaces et l'environnement mais aussi pour éviter les biocontaminations et leurs transmissions.

20 A : se protéger les mains des dangers des produits chimiques. B : ne pas mettre en danger les usagers. C : gestion du temps et de l'ergonomie. D : suivi des opérations, par l'ensemble du personnel. E : meilleure utilisation et se protéger contre les dangers.

21 Il permet de vérifier si le résultat obtenu correspond à l'objectif initial.

RESSOURCES

FICHE 40

La communication de l'enfant

OBJECTIFS

- Communiquer avec l'enfant de manière appropriée.
- Participer à l'acquisition du langage.

Une bonne raison d'apprendre

La maîtrise du langage est primordiale pour l'enfant. Elle permettra le développement de sa personnalité, sa réussite scolaire, son intégration sociale et professionnelle à venir.
Durant les trois premières années de leur vie, les enfants acquièrent rapidement et sans effort apparent la ou les langues de leur environnement.
Pour apprendre le langage, les interactions sociales sont fondamentales.
Lorsqu'un enfant n'évolue pas dans le langage, cela doit vous alerter.
Une parfaite connaissance du développement du langage vous est donc nécessaire.

1 Le processus de séparation et de socialisation

L'accueil des jeunes enfants met en jeu deux processus : la séparation et la socialisation.

- La souffrance inhérente à **la séparation** avec la famille est indispensable au développement psychique et à l'insertion sociale de l'enfant. Il faut bien quitter sa famille : partir pour grandir, pour construire son identité sociale.
Le processus de séparation est la condition préalable à toute socialisation.

- **La socialisation** représente le processus par lequel un enfant **apprend et intériorise les normes et les valeurs de la vie en société.** L'acquisition d'une langue fait partie intégrante de la socialisation de l'enfant au sein de sa communauté. L'enfant est capable très tôt d'interagir avec les personnes de son entourage, et découvre au fur et à mesure les règles à respecter en communauté.

2 Les mécanismes de la communication non verbale chez l'enfant

Avant d'acquérir le langage, l'enfant communique par le corps et par la manifestation de ses émotions. Cette communication non verbale persiste avec l'acquisition du langage et vient renforcer la communication verbale.

- **Le regard** : Le nouveau-né porte une grande attention aux visages humains qu'il fixe du regard. Mais pour qu'il y ait échange, la personne doit apporter une réponse.

EP2

- **Le sourire** : Le nouveau-né a des sourires réflexes qui ne sont destinés à personne (« sourire aux anges »). À partir du troisième mois, apparaît le sourire « social » : l'enfant sourit à ses parents. Le sourire s'adresse à quelqu'un (il est discriminatif).

- **Les pleurs et les cris :** Chez le nouveau-né, les pleurs sont l'expression d'un inconfort, d'un besoin ou d'un agacement. Les cris n'ont pas de sens pour le bébé, mais son entourage va leur en donner un. Le bébé va établir un lien entre ses cris et la vue des adultes. Répondre aux pleurs de l'enfant le sécurise, et lui permet d'évoluer vers des signaux plus précis.

- **Les expressions faciales :** Le nouveau-né est capable de mimiques. Ces expressions du visage (yeux, bouche…) sont observées dans la communication avec l'adulte, qui les provoque et les renforce.

- **Les gestes, les postures, le tonus :** Avant l'apparition du langage, les enfants utilisent certaines expressions corporelles pour nous signifier leurs désirs et leurs états d'âme.
Pour signifier un refus, un état de mal-être : le bébé se crispe (hypertonie d'appel), l'enfant peut détourner la tête, le corps, fermer la bouche, pleurer, se rouler par terre ou dire non de la tête…
Pour signifier une acceptation, un état de bien-être : le bébé se détend (hypotonie de détente), l'enfant peut sourire, tendre les bras, ouvrir la bouche ou faire « oui » avec la tête…

3 Les mécanismes de la communication verbale chez l'enfant

3 1 Les étapes de l'acquisition du langage

Repères	Construction du langage oral
Vers 0-2 mois	L'enfant vagit : il émet des petits sons rauques sortant de la gorge.
Vers 3 mois	L'enfant vocalise : les sons, riches en voyelles, viennent du nez autant que de la gorge, ils sont plus mélodieux. Ils traduisent un état de satisfaction (exemples : e, eu, a…)
Vers 6 mois	L'enfant babille : les sons s'enrichissent en consonnes. Il fait varier la durée et la tonalité des syllabes (lallation/babillage).
Entre 9-12 mois	Les syllabes sont doublées comme pour vouloir former un mot (papa, mama, titi, dodo…). Les parents y donnent un sens.
Entre 12-18 mois	L'enfant utilise le mot phrase (dodo, bibi…) : un mot résume toute une phrase. Le sens du mot varie selon la situation. Il répète les mots en essayant de reproduire les sons entendus (écholalie).
Entre 18 mois et 2 ans	L'enfant associe 2-3 mots. Il utilise le « non ».
Entre 2-3 ans	C'est l'explosion du vocabulaire. L'enfant parle beaucoup. Il imite des expressions verbales. Les phrases courtes apparaissent.
Entre 3-4 ans	L'enfant sait se faire comprendre : c'est le début des phrases correctes. Le « je » est utilisé. Il peut raconter des moments vécus et donner son sentiment (« c'est bien, j'aime pas, j'ai peur »).
Entre 4-5 ans	L'enfant construit des phrases négatives et interrogatives. Il utilise le futur ou le passé. Il articule correctement la plupart des termes de base.

3 2 Les obstacles à l'acquisition du langage

- Les retards du langage peuvent avoir des origines multiples :
  - le manque de stimulation ;
  - une paralysie des organes phonatoires ;
  - une déficience intellectuelle ;
  - des troubles envahissants du développement (autisme) ;
  - un trouble de l'audition (perte auditive permanente ou liée à des otites) ;

- Les enfants allophones (qui ont des parents qui ne parlent pas ou très peu le français) construisent leurs compétences linguistiques plus lentement que les enfants monolingues.

4 Les stimulations de la communication

- Le développement du langage est capital pour l'avenir de l'enfant. L'environnement a un impact précoce et durable sur son développement. À 3 ans, les inégalités sociales face au développement du langage sont déjà importantes.

- Pour tendre vers une meilleure égalité des chances, les professionnels de la petite enfance se doivent de stimuler le développement du langage.
  - Jouer avec l'intonation, les mimiques et les gestes : accompagner le langage d'un geste approprié afin que l'enfant fasse l'association entre le mot et la situation (par exemple geste avec l'index pour le non).

  - Parler à haute voix devant lui, expliquer ce que vous faites.
  - Faire des pauses pour que le bébé puisse répondre et ait le temps de comprendre ce que vous dites.
  - Éviter de lui parler « bébé ».
  - Oublier le « on » ! Utiliser « je » et « tu » pour un échange personnalisé.
  - Mettre en place des jeux pour créer le besoin de communication.
  - Enrichir son vocabulaire : nommer les objets de son environnement, les différentes parties de son corps, mettre en place des séances de lecture régulières interactives en tête-à-tête, chanter des comptines…
  - Mettre des mots sur les tentatives de communication de l'enfant.
  - Se mettre à la hauteur de l'enfant lorsque vous vous adressez à lui.
  - Présenter un bon modèle : faites des phrases complètes, et utiliser un vocabulaire varié.

- Les filles s'expriment mieux que les garçons. Les adultes ont tendance à parler plus avec les filles, et à faire plus de jeux moteurs avec les garçons, jeux qui demandent moins d'échange de parole. Certains types de jouets que l'on offre davantage aux filles, comme les poupées, incitent plus à parler que certains jouets plus souvent proposés aux garçons, comme les voitures. Il faut veiller à permettre aux garçons de s'exprimer à travers les jeux.

- Pour les enfants allophones, il ne faut pas reprendre systématiquement toutes leurs erreurs, ne pas les empêcher de s'exprimer dans leur langue, accueillir avec bienveillance tous leurs essais de communication, reconnaître la langue maternelle : inciter à l'échange, voire à la comparaison de certains mots usuels.

Retenez l'essentiel !

PROCESSUS DE SÉPARATION ET DE SOCIALISATION

SÉPARATION AVEC LA FAMILLE

Condition préalable à toute socialisation, nécessaire au développement psychique et à l'insertion sociale de l'enfant.

SOCIALISATION

Processus par lequel un enfant apprend et intériorise les normes et les valeurs de la vie en société.

LES MÉCANISMES DE LA COMMUNICATION CHEZ L'ENFANT

COMMUNICATION VERBALE

- **0-2 mois :** vagissement
- **3 mois :** vocalise
- **6 mois :** babillage
- **9-12 mois :** syllabes doublées
- **12-18 mois :** mot phrase
- **18 mois-2 ans :** association de 2 ou 3 mots
- **2 ans :** phrase courte
- **3-4 ans :** utilisation du « je »
- **4-5 ans :** utilisation des phrases négatives, interrogatives, du futur et du passé

COMMUNICATION NON VERBALE

- Regard
- Sourire
- Pleurs et cris
- Gestes et postures
- Mimiques
- Évolution du graphisme

Les obstacles à la communication

- Manque de stimulations
- Surdité
- Autisme
- Déficience intellectuelle

Les stimulations de la communication

- Se mettre à la hauteur de l'enfant
- Être un bon modèle
- Animer des ateliers langage
- Nommer les objets, les actes (verbaliser)
- Jouer avec l'intonation, les mimiques, les gestes…

QCM
S'évaluer en ligne
→ lienmini.fr/4687-35

Vérifiez vos acquis !

EP2

1 Reliez l'âge à la caractéristique du langage correspondante.

A. 3-4 ans ○ | ○ 1. Mot-phrase
B. 12-18 mois ○ | ○ 2. Phrase courte
C. 9-12 mois ○ | ○ 3. Utilisation du « je »
D. 2 ans ○ | ○ 4. Syllabes doublées

2 Soulignez les propositions exactes concernant l'apprentissage du langage.

A. Il faut parler « bébé » pour se mettre au niveau de l'enfant.
B. Chanter des comptines favorise le développement du langage.
C. Quand un enfant prononce mal un mot, il faut le lui faire répéter.
D. Pour développer le langage, il faut d'abord développer la communication.
E. Le bébé apprend les bases de la communication grâce aux gens qui l'entourent.
F. L'emploi du pronom « on » ou « nous » aide l'enfant à construire son identité.

3 Indiquez si les affirmations suivantes concernant le langage sont vraies ou fausses.

A. L'enfant comprend les mots même s'il ne les utilise pas.
☐ Vrai ☐ Faux

B. L'enfant dit ses premiers mots aux alentours de 12 mois.
☐ Vrai ☐ Faux

C. Les défauts d'élocution sont souvent liés à un problème d'audition.
☐ Vrai ☐ Faux

D. Les filles réussissent mieux que les garçons dans le domaine verbal.
☐ Vrai ☐ Faux

E. Les nouveau-nés différencient les consonnes avant les voyelles.
☐ Vrai ☐ Faux

F. L'enfant entre 9 et 12 mois émet des syllabes doublées : mama, papa… Elles sont non significatives.
☐ Vrai ☐ Faux

G. L'enfant prononce son premier « areu » aux alentours de 5 mois.
☐ Vrai ☐ Faux

H. L'enfant sait prononcer « papa » avant 1 an.
☐ Vrai ☐ Faux

I. L'enfant dit plus de mots qu'il n'en comprend.
☐ Vrai ☐ Faux

Corrigés : voir p. 318

RESSOURCES

FICHE 41

La communication professionnelle

OBJECTIFS

- Inscrire son travail au sein d'une équipe pluri professionnelle.
- Adapter sa communication avec la famille en fonction du projet du lieu d'accueil.

Une bonne raison d'apprendre

La mise en place d'un travail d'équipe nécessite de mettre en commun des informations. On peut élargir l'équipe aux parents. En effet, ces derniers sont de véritables partenaires. Ce rapport permet de construire une éducation complémentaire et continue. Savoir communiquer est une double compétence : il faut être capable de faire passer un message, mais également d'écouter, de comprendre ce que les autres veulent dire.

1 Les principes de la communication

1.1 Les formes de communications

On distingue trois sortes de communication :

- **La communication verbale** : elle est basée sur des mots, qui peuvent être utilisés par le langage oral ou écrit.

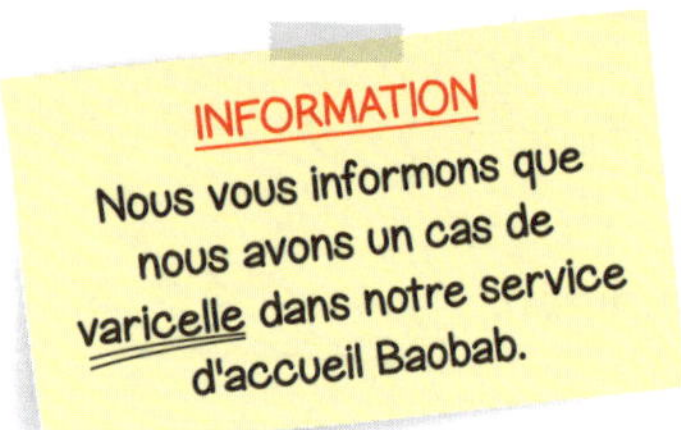

  – **Communication orale :** communication basée sur l'utilisation de la voix. Il existe trois niveaux de langages : le langage courant, le langage familier et le langage soutenu. Dans la vie professionnelle, le langage familier est à proscrire.
  – **Communication écrite :** communication basée sur l'écriture (note de service, lettre, courriel, fiche technique, compte-rendu, courrier électronique…).

- **La communication non verbale ou paralangage** : langage constitué d'un ensemble de signes qui ne sont pas des mots (postures, gestes, silence, regard, mimiques, apparence…). Elle complète le message auditif. Le professionnel peut recueillir des informations sur l'usager qui ne peut pas ou ne veut pas s'exprimer, en l'observant.

- **La communication visuelle** : l'information est transmise essentiellement à l'aide de procédés de visualisation dans lesquels les formes, la couleur, la mise en page sont plus importantes que le discours verbal (affiche, panneau d'exposition, planning, pictogramme…).

1 2 Analyser une situation de communication

- Pour analyser une situation de communication, on peut compléter le schéma de base de la communication.

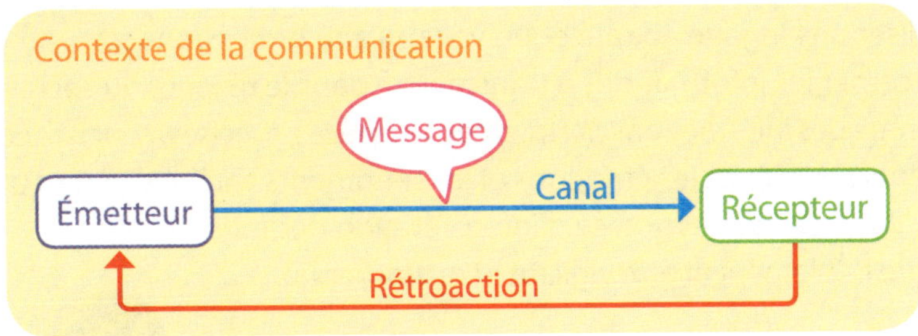

Les éléments de la situation de communication sont :
- l'**émetteur** : auteur du message ;
- le **récepteur** : destinataire du message ;
- le **message** : informations transmises ;
- le **contexte** : personnel ou professionnel ;
- le **canal** : voie de circulation du message (téléphone, courrier, contact direct…) ;
- la **rétroaction** : le récepteur peut faire connaître à l'émetteur ce qu'il a perçu et compris du message.

EP2

2 La communication entre professionnels

Dans une équipe, la communication peut être **ascendante** (de l'équipe vers le responsable), **descendante** (du responsable vers l'équipe) **ou latérale** (d'égal à égal). C'est une communication interne : les partenaires sont à l'intérieur d'une même structure.

2 1 Au sein des EAJE

Les outils de communication les plus fréquemment utilisés sont :

- **Les réunions**

C'est une communication de groupe. Les réunions ont pour but de transmettre des informations, d'exprimer des opinions, des questions, de prendre des décisions, d'aboutir à des solutions. Chaque participant doit s'efforcer d'adopter une attitude positive : ne pas couper la parole, parler en son nom (utiliser le « je »), ne pas monopoliser la parole, avoir la volonté d'aboutir, éviter la critique, et ne pas mettre en cause des personnes.

Lors de la prise de parole, le professionnel doit :
- regarder son auditoire ;
- utiliser des phrases simples et courtes ;
- parler avec un volume suffisant et varier le débit ;
- maîtriser son corps et sa gestuelle (éviter les gestes parasites).

Lors d'une réunion, le rapporteur rédige un compte-rendu de la séance.

Voir fiche 30

- **Les transmissions**

Lors des transmissions, le professionnel doit veiller à :
- utiliser un langage adapté et un vocabulaire professionnel ;
- discerner les informations à transmettre dans le respect du secret professionnel ;
- donner des informations pertinentes, factuelles, précises, concises et objectives. Les jugements de valeurs, les émotions et les sentiments sont exclus. Les transmissions portent sur l'observation et non sur l'interprétation des faits ;
- écrire lisiblement et être vigilant à l'orthographe.

- **Les entretiens avec son supérieur hiérarchique**

Le responsable donne les directives. La reconnaissance des fonctions et des capacités du chef sont nécessaires pour le bon fonctionnement d'une équipe de travail. Le professionnel doit signaler les problèmes rencontrés dans le cadre de son travail. Il ne faut pas hésiter à poser des questions, afin de s'assurer de la bonne compréhension des consignes données.

2 2 Au sein des écoles maternelles

Les temps de concertation sont indispensables pour organiser le travail. Il s'agit pour l'enseignant et l'ATSEM de travailler en binôme.

L'enseignant doit expliquer à l'ATSEM son projet, ses objectifs, les moyens mis en œuvre et ses attentes au niveau de l'assistance technique à apporter.

À la fin d'une activité, l'ATSEM doit informer l'enseignant de ce qui s'est passé, nommer les enfants qui ont eu besoin d'aide, préciser les éventuelles difficultés rencontrées. L'ATSEM informe très régulièrement l'enseignant à propos des difficultés observées chez l'enfant dans sa relation aux autres ou aux adultes, ou des difficultés d'apprentissage.

3 La communication entre les familles et les professionnels

3 1 Pourquoi communiquer avec la famille ?

- La communication avec la famille est une **communication externe** (les messages sont échangés entre l'institution et l'extérieur) et **interpersonnelle** (met en présence deux personnes).

- Elle a plusieurs fonctions :
  - accompagner les parents dans leur parentalité ;
  - permettre aux parents de continuer à exercer leurs responsabilités éducatives ;
  - favoriser la participation des parents à la vie de l'établissement ;

- construire une éducation commune et continue ;
- rassurer les parents sur l'accueil qui est fait à l'enfant ;
- recueillir des informations complémentaires sur l'enfant ;
- répondre aux attentes des parents ;
- assurer une prise en charge individualisée de l'enfant ;
- favoriser la relation entre les parents, et donc le lien social.

3 2 Les freins à la communication

Des freins peuvent altérer la qualité des échanges entre les professionnels et les familles. Les repérer permet de les réduire.

- Ces freins peuvent être liés aux **conditions** dans lesquelles a lieu la communication (moment mal choisi ou durée de la communication mal adaptée, lieu inadapté : bruit, dérangement, mauvaise disposition… matériel de communication défectueux), mais aussi aux **personnes**.

- Toute personne a une **perception différente**. Nous voyons les choses selon notre formation, notre expérience, nos besoins, nos intérêts, notre éducation, notre culture…
Cette perception différente amène la distorsion, c'est-à-dire la sélection d'éléments composant le message, et son interprétation, de façon à le faire correspondre à notre vision du monde. Elle s'opère souvent inconsciemment : des phrases dites n'ont pas été entendues, des mots sont interprétés dans un sens différent, des a priori font sélectionner ce qui plaît et déplaît (exemple : si le parent me répond qu'il n'a pas le temps, j'interprète qu'il ne veut rien savoir).
Il faut aussi faire attention aux préjugés favorables qui empêchent de voir la situation telle qu'elle est. Le professionnel de la petite enfance a des images parentales et infantiles issues de son histoire familiale et culturelle. Son image du « parent idéal » ne correspond pas toujours au parent réel. Le professionnel agit en partant du postulat que le parent partage ses valeurs humaines, éducatives et pédagogiques (on ne force pas un enfant à manger, à être propre…). Mais les parents ne partagent pas forcément ces valeurs.

- **Les peurs** liées à un manque de confiance représentent un autre obstacle à la communication :

Les craintes des professionnels	Les craintes des parents
▸ Peur de la réaction des parents ▸ Peur d'être jugé, critiqué ▸ Peur de violences verbales et physiques ▸ Peur de paraître incompétent et de perdre en crédibilité ▸ Peur de s'immiscer dans la vie privée des parents ▸ Peur de s'imposer	▸ Peur de ne pas être compris ▸ Peur de paraître incompétent en tant que parents ▸ Peur de la réalité ▸ Peur de l'échec ▸ Peur que le professionnel n'aime pas son enfant ▸ Peur de perdre l'amour de son enfant au profit du professionnel ▸ Peur d'étaler sa vie privée

- Certaines **attitudes du professionnel ou du parent** peuvent entraîner une mauvaise communication : vouloir convaincre à tout prix, message non verbal négatif (soupirer, regarder sa montre…), menacer, traiter à la légère, donner des ordres, enquêter, moraliser, critiquer, poser un diagnostic médical, interpréter…

3 3 Les facteurs favorisant une bonne communication

Les professionnels de la petite enfance doivent veiller à adopter les comportements suivants :

- **Écouter et observer :** l'écoute active est une technique qui consiste à écouter, en posant des questions et en manifestant des signes d'écoute (acquiescements verbaux, hochement de tête…).

- **Reformuler :** en reformulant à la personne ses propos, la personne va se sentir écoutée et comprise. Différents types de reformulation peuvent être utilisés :
  - La **reformulation écho** consiste à répéter les mots que la personne vient de prononcer.
  - Avec la **reformulation miroir**, vous reformulez les propos avec vos propres mots.
  - La **reformulation résumée** consiste à faire une synthèse de ce qui a été dit.
  - Avec la **reformulation clarification**, il s'agit de reformuler les propos de façon à faire préciser le propos.

- **Être disponible** : il faut suspendre l'activité en cours, pour se concentrer sur la communication. Manifester des paroles de bienvenue chaleureuses, des expressions corporelles adaptées (sourire, regard, poignée de mains…).

- **Être authentique** : il faut être capable de parler de soi-même, de communiquer aux parents ce que l'on ressent.

- **Comprendre et respecter** : l'empathie est la capacité à ressentir les choses que ressent l'autre (neutralité, acceptation de l'autre).

- **Faire passer un message** :
  - choisir un lieu calme ;
  - s'exprimer clairement : faire des phrases complètes et correctes ;
  - éviter toute familiarité ;
  - être concis, parler d'une chose à la fois, ne pas se laisser emporter par son propre discours ;
  - articuler, parler suffisamment fort, avec un débit modéré, respirer à chaque étape ;
  - éviter l'utilisation répétée d'onomatopées (hum, euh…), essayer de les remplacer par des silences, cela donnera un discours plus réfléchi ;
  - regarder l'autre pour le mettre en confiance.

3 4 Situation de communication difficile, que faire ?

- Il est important pour le professionnel de se focaliser, dans un premier temps, sur sa propre colère, son impatience. Prendre conscience d'une émotion permet d'en atténuer la force. **Maîtriser sa propre émotion** permet de ne pas devenir un facteur d'agressivité supplémentaire, qui mènera à un conflit certain. Puis dans un second temps, se concentrer sur l'autre et ses besoins.

- Il faut être conscient que les parents sont les acteurs principaux dans les choix éducatifs de leur enfant. Il faut donc apprendre aussi à **lâcher prise**, et à respecter la différence de valeurs. Les valeurs différentes ne sont pas nécessairement moins bonnes que les nôtres.

- Il faut partir d'un **postulat de cohérence** : « On admet que chacun a des bonnes raisons, des raisons logiques de dire ce qu'il dit, de penser ce qu'il pense, de faire ce qu'il fait et surtout de ressentir ce qu'il ressent. » (Daniel Favre)

- Il faut partir d'un **postulat d'éducabilité** : toute personne est capable de changer à n'importe quel moment de sa vie.

- Il est souvent meilleur pour les parties de rechercher un **compromis** avec l'autre (relation gagnant/gagnant) plutôt que de chercher à gagner sur l'autre (relation dominant/dominé).

- La **communication non violente** (CNV) est une méthode mise en place par Marschall B. Rosenberg, qui peut être utilisée par les professionnels. Cette méthode consiste à suivre quatre étapes :

1. **Observations** : observer et décrire une situation de manière objective, exprimer des faits concrets sans évaluer ni juger.

   Il est 18 h 30, vous deviez venir chercher Dominique à 18 h 00, c'est la troisième fois cette semaine.

2. **Sentiments :** exprimer comment on se sent face à une situation. On parle en mode « je » et on identifie nos sentiments (ennuyé, affligé, démuni, anxieux…).

   Je me sens agacé.

3. **Besoins :** exprimer le besoin qui est à l'origine du sentiment (autonomie, appartenance, liberté, sécurité…).

   J'ai besoin de respect.

4. **Demandes** (différent de « exigences ») : formuler sa demande, de manière active et positive, consciente et explicite, simple, claire et précise, concrète et réalisable.

   Pourriez-vous, s'il vous plaît, me prévenir lorsque vous avez du retard ?

- En cas de rupture de dialogue, le recours à un **médiateur** peut permettre de renouer le contact (directrice, RAM…).

Retenez l'essentiel !

LES PRINCIPES DE LA COMMUNICATION

- **La communication peut prendre plusieurs formes :** verbale (orale ou écrite), non verbale ou visuelle
- Pour **analyser une situation de communication**, on peut utiliser le schéma de base de la communication :

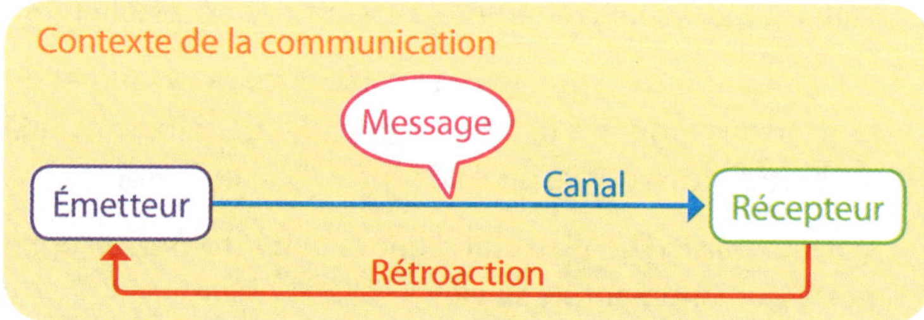

LES SITUATIONS DE COMMUNICATION

La communication entre professionnels

Fonctions

Transmettre et mettre en commun des informations

Outils

- Réunions
- Transmissions
- Entretien

La communication avec la famille

Fonctions

- Rassurer
- Recueillir les informations complémentaires sur l'enfant
- Construire une éducation commune et continue

Freins

- Liés aux conditions dans lesquelles se déroulent la communication
- Liés aux personnes : perceptions, craintes, attitudes négatives

Facteurs favorisants

- Être disponible
- Reformuler
- Observer et écouter
- Comprendre et respecter
- Être authentique
- Faire passer le message

Attitudes à adopter lors d'une communication difficile

- Partir d'un postulat de cohérence et d'éducabilité
- Maîtriser ses propres émotions
- Trouver un compromis (recherche de solutions)
- Avoir recours à un médiateur si besoin
- Lâcher prise

Vérifiez vos acquis !

QCM
S'évaluer en ligne
→ lienmini.fr/4687-36

EP2

1 Reliez chaque élément à sa définition.

A. Émetteur ○	○ 1. Reçoit l'information
B. Récepteur ○	○ 2. Moyen physique et matériel qui permet la transmission du message
C. Message ○	○ 3. Transmet le message
D. Canal ○	○ 4. Contenu de ce que l'on transmet
E. Rétro-action ○	○ 5. Effet du message

2 Cochez la forme de communication représentée pour chaque situation.

	Communication			
	orale	écrite	non verbale	visuelle
A. Une assistante maternelle accueille Mme Orsoni au sujet de la garde de son enfant.				
B. L'enseignante colle une affiche : « Les poux sont dans la classe. Vérifiez la tête de vos enfants. »				
C. Tous les mois, l'équipe EAJE se réunit pour fixer les animations à venir.				
D. Maxence, 4 ans boude. Il tourne le dos à sa sœur, s'assoit et baisse la tête.				

3 Indiquez si les affirmations suivantes concernant l'attribution de l'autorité parentale sont vraies ou fausses.

A. La meilleure façon de communiquer avec une personne d'une autre culture, c'est de faire comme si on communiquait avec une personne de sa propre culture.
☐ Vrai ☐ Faux

B. Pour une communication efficace, il faut parler plus qu'écouter.
☐ Vrai ☐ Faux

C. Le professionnel doit imposer ses valeurs et sa façon de voir les choses aux parents.
☐ Vrai ☐ Faux

Corrigés : voir p. 318

RESSOURCES

FICHE 42

Le cadre d'intervention de l'ATSEM

OBJECTIFS

- Installer et remettre en état un espace destiné à une activité pédagogique.
- Participer à la réalisation d'une activité pédagogique.
- Participer à la sécurisation des récréations et des sorties pédagogiques.

Une bonne raison d'apprendre

Les ATSEM relèvent de la fonction publique territoriale, ils sont employés communaux et exercent leurs missions au sein d'une école maternelle. Ils sont chargés d'intervenir auprès des enfants dans le cadre scolaire et périscolaire.
Vous devez connaître le cadre d'intervention du travail de l'ATSEM afin de pouvoir vous positionner sur ces différents temps de travail et connaître les limites de vos compétences.

1 Les différents projets

Voir fiche 3

L'ATSEM exerce au sein de l'école dans le respect des différents projets votés par le conseil d'école et il doit suivre les préconisations des différents projets mis en place pour l'accueil des enfants à besoins particuliers, comme le PPS.

1.1 Les projets

L'ATSEM est un membre de la communauté éducative et à ce titre, il peut participer à l'élaboration, à la mise en œuvre et au respect de projets et documents réglementaires pour le fonctionnement de l'école.

- **Le projet d'école** : ce document fixe la ligne directive qui définit les modalités particulières de mise en œuvre des objectifs et des programmes nationaux et précise les activités scolaires et périscolaires qui y concourent. Il est élaboré lors du conseil des maîtres par l'ensemble de l'équipe sous la coordination du directeur pour une durée de 3 à 5 ans.
- **Le projet pédagogique du cycle** : il représente la partie opérationnelle du projet d'école adapté au cycle d'apprentissage.

1.2 Le projet personnalisé de scolarisation (PPS)

Voir fiche 7

- La loi du 11 février 2005 pose le principe de l'inscription de droit de tout enfant porteur de handicap dans l'école la plus proche de son domicile, qui constitue son établissement de référence.

- La scolarisation de l'enfant en situation de handicap est basée sur la mise en place d'un **projet personnalisé de scolarisation (PPS)** :
  1. La famille en fait une demande auprès de la MDPH.
  2. L'équipe pluridisciplinaire de la MDPH évalue les besoins de l'enfant en se basant sur les éléments fournis par un document national appelé GEVA-Sco complété par l'équipe enseignante entre autres et élabore le PPS.
  3. La CDAPH notifie alors l'**orientation**, l'**attribution d'une aide humaine individuelle ou mutualisée** (AESH), l'**attribution d'un matériel pédagogique adapté.** Le PPS est alors rédigé conformément au modèle défini, il comprend :
     - la mention du ou des établissements où l'élève est effectivement scolarisé ;
     - les objectifs pédagogiques définis ;
     - les décisions de la CDAPH ;
     - les préconisations utiles à la mise en œuvre de ce projet.
  4. L'établissement scolaire applique le PPS.
  5. Le PPS est évalué tous les ans, sauf si la situation de l'enfant évolue.

- Contrairement aux AESH, l'ATSEM n'est pas un spécialiste pour l'accueil d'un enfant en situation de handicap au sein d'une école, mais il participe à l'inclusion de cet enfant. Il peut éduquer les autres élèves au respect de la différence et de l'entraide. Il doit suivre les préconisations du PPS.

EP2

2 Le temps scolaire

- Le temps scolaire correspond au temps de la « classe » encadré par l'éducation nationale. Sur ce temps-là, l'ATSEM est placé sous **l'autorité du directeur de l'école, il n'a pas la responsabilité directe des enfants qui lui sont confiés** et doit se référer à l'enseignant de la classe ou au directeur.

- Les activités de l'ATSEM pendant le temps scolaire :
  - **L'accueil du matin :** l'ATSEM doit assurer un accueil de qualité des enfants et des parents et transmettre les informations à l'enseignant. Il ne peut pas être seul pour l'accueil des enfants.
  - **Les soins de confort et d'hygiène :** l'ATSEM accompagne l'enfant à devenir autonome lors de l'habillage et du déshabillage. Il peut amener les enfants aux toilettes, à la demande de l'enseignant : il peut s'agir d'un accompagnement individuel ou collectif (conjointement avec l'enseignant dans ce cas). Il aide à l'apprentissage des règles élémentaires de propreté (se laver les mains, se moucher…).

– **La récréation :** l'ATSEM n'a pas à assurer seule la surveillance des enfants en récréation, il doit le faire conjointement avec l'enseignant.

– **La sieste** : l'ATSEM peut se voir confier la surveillance de la sieste mais l'enseignant reste responsable de sa classe.

– **Les activités scolaires** : l'ATSEM peut participer à la préparation ou la fabrication du matériel pédagogique à destination des enseignants et des enfants, surveiller et accompagner un atelier pédagogique toujours sous la responsabilité et le contrôle permanent de l'enseignant.

– **L'entretien des locaux et du matériel servant directement aux enfants** : l'ATSEM participe au rangement et nettoyage après une activité, au rangement du matériel éducatif (livre, puzzle…), en respectant les normes d'hygiène et de sécurité.

– **Les sorties scolaires :** l'ATSEM peut accompagner les élèves placés sous la surveillance et la responsabilité de l'enseignant, dans le cadre des activités extérieures régulières qui s'effectuent au cours de la journée et durant le temps scolaire. Il doit y avoir **au moins deux adultes dont l'enseignant quel que soit l'effectif de la classe**. Au-delà de 16 élèves, il faut compter un adulte supplémentaire pour 8.

3 Le temps périscolaire

Le temps périscolaire est constitué des heures qui précèdent et suivent la classe durant lesquelles un encadrement est proposé aux enfants scolarisés. Sur ce temps-là, l'ATSEM est placé **sous l'autorité du maire et il est responsable des enfants qui lui sont confiés.**

3 1 Le projet éducatif territorial

Les activités périscolaires doivent être organisées dans le cadre d'un **projet éducatif territorial** (PEDT). C'est un outil de collaboration locale, à l'initiative de la collectivité territoriale, qui regroupe l'ensemble des acteurs intervenant dans le domaine de l'éducation. Il a pour but d'organiser des activités périscolaires prolongeant le service public d'éducation et en complémentarité avec lui.

EP2

3 2 Les activités de l'ATSEM pendant le temps périscolaire

Voir fiche 9

- **Le temps cantine** : le rôle de l'ATSEM est variable selon les communes, il peut juste surveiller et/ou être amené à participer au service. Il doit faire respecter le calme pendant le repas, veiller à la sécurité des enfants, inciter les enfants à goûter et surtout respecter le protocole pour les élèves ayant un PAI pour allergie alimentaire. Dans certaines communes les ATSEM ne participent pas à ce temps.

- **Les temps d'activités périscolaire** (TAP) : selon l'organisation de certaines mairies, les ATSEM peuvent se voir confier l'animation de ces temps. Ces animations doivent être à plus-value éducative et en lien avec le PEDT. L'ATSEM peut être amené à proposer et gérer seul une activité.

⚠ **Le gouvernement actuel a indiqué qu'il souhaitait redonner la liberté aux communes d'organiser les nouveaux rythmes scolaires et de supprimer, si elles le souhaitent, les TAP.**

4 La sécurité dans le cadre du travail

- L'ATSEM est garant de la sécurité des enfants, il a un devoir de surveillance mais également un devoir de prévention des accidents en veillant par exemple à ne pas utiliser en présence des enfants des produits toxiques ou potentiellement dangereux (peintures, solvants, produits d'entretien…) ainsi que certains matériels pédagogiques (cutters, etc.).
- Il doit respecter les consignes d'hygiène et de sécurité applicables dans les locaux scolaires conformément au règlement intérieur.
- Il doit connaître les mesures de sécurité concernant les alertes incendie et intrusion.
- Afin d'assurer leur propre sécurité et de préserver leur protection ainsi que celles des enfants, il est fortement recommandé que les ATSEM soient formés au secourisme ainsi qu'au PRAP (prévention des risques liés aux activités physiques).

Retenez l'essentiel !

L'ATSEM ET LES DIFFÉRENTS PROJETS

L'ATSEM participe et respecte différents projets mis en place par l'école et la mairie.

Projet d'école

Document qui définit les modalités particulières de mise en œuvre des objectifs et des programmes nationaux et précise les activités scolaires et périscolaires.

Projet pédagogique

Il représente la partie opérationnelle du projet d'école.

Projet personnalisé de scolarisation (PPS)

Il définit les modalités de déroulement de la scolarité et les actions pédagogiques, éducatives, sociales, médicales répondant aux besoins particuliers des élèves présentant un handicap.

Projet éducatif territorial (PEDT)

Il a pour but d'organiser des activités périscolaires prolongeant le temps scolaire. Il est mis en place par les collectivités territoriales.

LES ACTIVITÉS DE L'ATSEM

TEMPS SCOLAIRE

Sous l'autorité du directeur de l'école

Exemples d'activités : accueil, assistance aux activités, accompagnement des enfants lors de la sieste, de la récréation, des soins d'hygiène et de confort, entretien et remise en état des locaux ou du matériel après les activités, participe aux sorties scolaires…

TEMPS PÉRISCOLAIRE

Sous l'autorité du maire

Exemples d'activités : cantine, TAP, garderie.

L'ATSEM est garant de la sécurité en surveillant les enfants, en veillant à la prévention des accidents et en étant formé au secourisme et au PRAP. Il doit connaître les mesures de sécurité concernant les alertes incendie et intrusion.

QCM

S'évaluer en ligne

→ lienmini.fr/4687-37

EP2

Vérifiez vos acquis !

1 Reliez les différents projets à leur définition.

A. Projet d'école ○

B. Projet personnalisé de scolarisation (PPS) ○

C. Projet éducatif territorial (PEDT) ○

D. Projet pédagogique ○

○ 1. Outil de collaboration locale, il a pour but d'organiser des activités périscolaires prolongeant le service public d'éducation.

○ 2. Document qui fixe la ligne directive en définissant les modalités particulières de mise en œuvre des objectifs et des programmes nationaux et précise les activités scolaires et périscolaires qui y concourent.

○ 3. Document qui représente la partie opérationnelle du projet d'école.

○ 4. Document qui définit les modalités de déroulement de la scolarité et les actions pédagogiques, éducatives, sociales, médicales répondant aux besoins particuliers des élèves présentant un handicap.

2 Soulignez les affirmations correctes.

A. Les ATSEM sont des agents recrutés par l'Éducation nationale.

B. Les ATSEM sont placés sous la responsabilité des directeurs des écoles maternelles et du maire.

C. Les ATSEM sont des fonctionnaires de la fonction publique d'état.

D. Les ATSEM peuvent exercer leur métier dans toute l'école primaire.

E. Les ATSEM travaillent sur le temps scolaire et périscolaire.

3 Répondez par vrai ou faux aux affirmations suivantes.

	Vrai	Faux
A. L'ATSEM peut surveiller seule la recréation.		
B. L'ATSEM participe selon les mairies à l'encadrement du temps cantine.		
C. L'ATSEM a un devoir de surveillance et de prévention des accidents.		
D. L'ATSEM peut animer seul une activité pendant le temps scolaire.		

Corrigés : voir p. 318

RESSOURCES

FICHE 43

L'hygiène des locaux

OBJECTIFS
- Assurer des activités de remise en état des matériels et locaux en école maternelle.
- Mettre en œuvre des techniques d'entretien des locaux collectifs et équipements.
- Participer à l'entretien des locaux pendant les vacances.

Une bonne raison d'apprendre

Avant de réaliser l'entretien des équipements et locaux dans une école maternelle, il est nécessaire de se référer au plan de nettoyage de la structure. Il donne des indications indispensables au bon déroulement du travail. Selon les écoles, les plans sont différents, tout comme le matériel présent dans les structures.
Vous devez être capable de lire et de comprendre les protocoles, et d'utiliser correctement le matériel en fonction des matériaux que vous rencontrez.

1 La notion d'hygiène

- **L'hygiène des locaux**

C'est l'ensemble des pratiques qui permettent de maintenir un environnement propre pour respecter la santé des usagers. L'hygiène regroupe le nettoyage et la désinfection des locaux.

Voir fiches 13-14

- **Le nettoyage**

Il permet d'éliminer les salissures non adhérentes et les salissures adhérentes. Pour cela il est important de choisir le matériel et les produits en fonction des matériaux et du type de salissure.

Voir fiche 13

- **La désinfection**

Elle permet d'éliminer de façon momentanée les micro-organismes présents sur un sol ou une surface. Le produit employé est un désinfectant. La désinfection est toujours réalisée sur une surface préalablement nettoyée.

- **Le bionettoyage**

Il combine un nettoyage et une désinfection. Le bionettoyage peut être réalisé de deux façons différentes :
- **séparée ou 3 temps :** 1 nettoyage avec un détergent, 2 rinçage : évacuation des déchets et produit détergent, 3 désinfection à l'aide d'un désinfectant.
- **combinée ou 1 temps :** 1 nettoyage et désinfection se font en un seul temps grâce à l'utilisation d'un détergent-désinfectant (dD).

La méthode séparée réduit de façon plus conséquente la biocontamination des supports en éliminant le biofilm (substance sécrétée par les bactéries pour assurer leur adhésion sur le support). Le choix de la technique à utiliser dépend du protocole de la structure et du risque de transmission des biocontaminations des zones.
De plus en plus de structures collectives utilisent le bionettoyage à la vapeur qui a l'avantage d'être plus écologique, non allergisant mais dont l'action semble être inefficace sur les spores de certains micro-organismes.

2 Le protocole et ses attentes

2 1 Le protocole ou plan de nettoyage

- Pour l'entretien des locaux, le personnel se réfère à un plan de nettoyage validé par la structure. Celui-ci permet de définir la fréquence et le mode opératoire des opérations de nettoyage et/ou de désinfection des locaux. Il se présente le plus souvent sous forme d'un tableau pour faciliter sa lecture.

- Pour réaliser un plan de nettoyage, il faut suivre plusieurs étapes :
  - définir le champ d'application, c'est-à-dire l'endroit où doit avoir lieu la tâche à réaliser ;
  - nommer les tâches à réaliser ;
  - définir les acteurs (personnes intervenant) ;
  - préciser la fréquence (quand la tâche doit être effectuée) ;
  - lister le matériel et/ou les produits nécessaires ;
  - préciser le mode opératoire, c'est-à-dire les étapes de la réalisation du travail : soit les étapes sont décrites ou présentées sous forme de petits schémas, soit il y a renvoi vers une fiche technique d'entretien qui détaille les gestes à réaliser.

École Jules Ferry		PLAN DE NETTOYAGE : entretien de la salle de classe			
Champ d'application	**Tâches à réaliser**	**Acteurs**	**Fréquence**	**Matériel et/ou produits**	**Mode opératoire**
Classe	Entretien des tables	ATSEM	Quotidien	Lavette bleue et détergent-désinfectant	Voir fiche technique entretien 1
	Aspiration du sol		Quotidien	Aspirateur	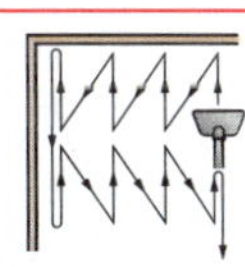
	Entretien des vitres	Agent de mairie	Mensuel	– Raclette – Mouilleur – Seau – Détergent – Chiffon – Serpillère (protection du sol)	– Réaliser le dépoussiérage. – Laver la totalité de la vitre (détourage et spirales). – Essuyer à la raclette. – Vérifier l'absence d'eau au sol.

Suivant les structures, il est possible de retrouver sur ces plans des conseils, la dilution des produits et d'autres précisions qui faciliteront au maximum le travail de l'opérateur.

2 2 Les objectifs des protocoles

Ces plans de nettoyage permettent que chaque opérateur applique les mêmes techniques pour assurer l'efficacité du nettoyage, pour préserver le mobilier, les surfaces et l'environnement mais aussi pour éviter les biocontaminations et leurs transmissions. En fin de travail, chaque opérateur doit évaluer son travail et compléter des fiches de traçabilité.

École Jules Ferry	Fiche de traçabilité							
Date	Tâches réalisées					Nom et prénom	Émargement	Observations
	poubelle	mobilier	sols	mur	vitre			
20/10/2016	✔	✔	✔			Pardy Agnès	AP	Un néon de la salle est cassé

3 Le matériel d'entretien des surfaces et sols

3 1 Le matériel d'entretien des surfaces

- Les lavettes microfibres sont utilisées pour le dépoussiérage humide des surfaces ou le nettoyage des surfaces (horizontales et verticales), pour le lavage de la vaisselle ou l'entretien des vitres (couplé à une raclette).
Une couleur est attribuée à un secteur : par exemple, les lavettes rouges pour l'entretien des sanitaires.

- Leur conception permet un séchage rapide évitant ainsi le développement des micro-organismes sur leur surface. La composition de leur tissu permet un lavage en machine à 90 °C, ce qui permet d'éliminer les salissures et les micro-organismes.

3 2 Le matériel d'entretien des sols

- **Le dépoussiérage manuel**
Le balayage humide consiste à fixer les poussières sur un milieu humide (eau ou agglutinant). On utilise un balai trapèze et une gaze (jetable ou non).
Le balai trapèze est composé :
  - d'un manche articulé permettant le mouvement multidirectionnel ;
  - d'un support rigide en forme de trapèze sur lequel est fixée une semelle souple. Sur cette dernière, se fixe une gaze imprégnée d'un agglutinant qui permet de retenir les poussières, évitant ainsi qu'elles ne se dispersent dans l'air.

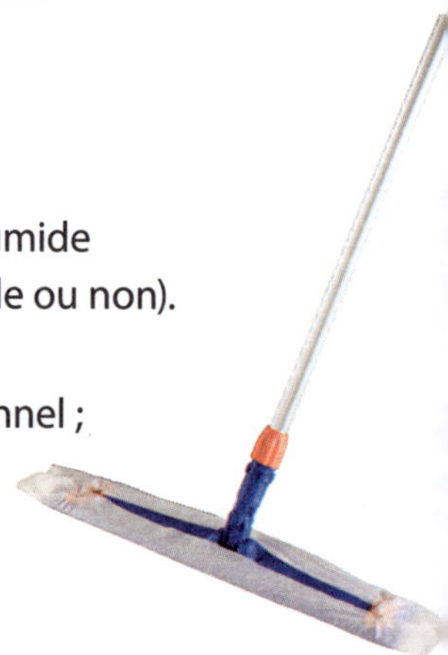

Remarque : Le balai classique est interdit en collectivité car il disperse dans l'air les fines particules, il est préférable d'utiliser un balai antistatique.

Le dépoussiérage mécanique

Dans un aspirateur sans sac, un moteur crée une dépression qui entraîne les poussières, aspirées par un suceur brosse, dans la cuve à l'intérieur de l'appareil. Le réglage du débit de l'air est possible grâce à un variateur.

L'aspirateur ne doit pas être utilisé en présence d'usagers car il disperse dans l'air de fines particules même si l'air expulsé est filtré.

Avant son utilisation, des vérifications sont nécessaires pour une utilisation correcte :

- le niveau de remplissage de la cuve ;
- l'état du câble électrique ;
- la propreté des filtres.

Le lavage manuel

Le balai rasant s'utilise pour le lavage des sols avec un chariot équipé de deux seaux et d'une essoreuse. Le seau bleu contient la solution de lavage (eau et détergent ou eau et détergent-désinfectant) et le seau rouge l'eau de rinçage.

Le balai rasant se compose :

- d'un manche articulé sur un plateau par une rotule permettant le mouvement multidirectionnel ;
- d'un plateau servant de support à la frange : il est articulé en son centre pour permettre la fixation de la frange ;
- d'une frange spéciale, souvent en coton, qui peut être lavée à 90 °C en machine.

Remarque : Il est possible de rencontrer dans des structures des balais fauberts (ou à frange) : leur utilisation est la même, la seule différence est la fixation sur le balai.

Le lavage mécanique

L'auto-laveuse contient un réservoir que l'on remplit d'une solution de lavage. La solution de lavage est déposée sur le sol. Le moteur permet l'action mécanique de la brosse interchangeable fixée sur l'appareil. La solution contenant les salissures est ensuite aspirée dans un réservoir.

Ce matériel est utilisé pour des grandes surfaces dégagées (couloir, préau, etc.).

En fin de travail, les réservoirs sont à vider et à nettoyer. Le matériel doit être vérifié, nettoyé et rangé afin d'éviter la multiplication des bactéries et de prolonger sa durée de vie.

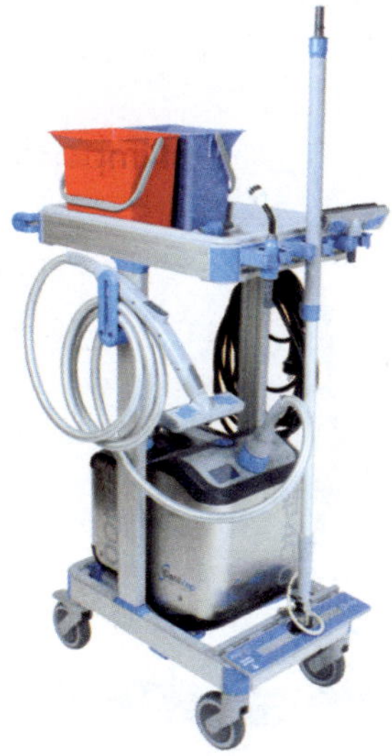

- **Le nettoyage à la vapeur**

Le nettoyeur vapeur contient une cuve, que l'on remplit d'eau, chauffée à haute température par une résistance. L'eau se transforme en vapeur qui est dirigée vers les éléments à nettoyer, via un flexible. Ce dernier peut être équipé de divers accessoires dont le choix dépend du travail à réaliser (balai brosse pour le nettoyage du sol, buse pour le nettoyage de petits éléments, etc.).
La vapeur élimine les salissures adhérentes et les micro-organismes. Cette technique évite l'utilisation de produits d'entretien et contribue au développement durable.

4 Les déchets et le recyclage

- Les déchets produits dans les écoles maternelles sont des déchets assimilés aux déchets ménagers. Les déchets ménagers sont les déchets produits par les ménages dans le cadre des activités de la vie quotidienne.

- La quantité de déchets ménagers produits par habitant ne cesse d'augmenter et l'objectif est de réduire peu à peu cette quantité et d'augmenter le taux de recyclage des déchets.
Le recyclage est défini comme une opération de valorisation des déchets, y compris organiques, afin de produire de nouveaux produits ou de nouveaux matériaux.
Des containers de différentes couleurs permettent de trier facilement les déchets produits comme le papier, le carton, le verre et les emballages plastiques.
D'ici 2020, le taux de valorisation des déchets ménagers doit atteindre 50 %.

- On trouve parmi les déchets ménagers des déchets ménagers spéciaux (DMS) qui représentent un danger potentiel pour la santé et l'environnement. Il faut donc les trier et ne pas les mettre dans le bac des ordures ménagères. On peut les porter en déchetterie ou dans un centre de collecte (grandes surfaces, associations). On trouve dans cette catégorie par exemple :

– des piles qui contiennent du mercure et du cadmium, produits très toxiques pour la nature et l'homme : aujourd'hui 8 piles sur 10 sont jetées à la poubelle ou dans la nature ;

– des cartouches d'encre très polluantes, qui contiennent des dérivés nocifs de pétrole et de métaux : sur 1,2 millions de cartouches vendues en France chaque année, seules 10 % d'entre elles sont recyclées.

● Il est important de sensibiliser les enfants dès le plus jeune âge au tri et au recyclage des déchets.

Qu'est-ce que je trie ?	Comment est-ce recyclé ?	En quoi est-ce transformé ?
Le verre 	Broyé et chauffé à 1 500 °C	Fabrication de nouvelles bouteilles : 1 tonne de verre recyclé permet de fabriquer 2 138 nouvelles bouteilles de 75 cL. Le verre se recycle à l'infini.
Le papier, le carton, les emballages recyclables 	Tri manuel et automatique, broyé dans l'eau pour donner une pâte utilisée ensuite pour de nouveaux cartons ou papiers	Fabrication de papier, carton : 1 tonne de carton recyclé évite de détruire 2,5 tonnes de bois.
Le métal 	Broyé et fondu puis remoulé	Fabrication de boîtes de conserve, chariots de supermarché, vélos…
Le plastique 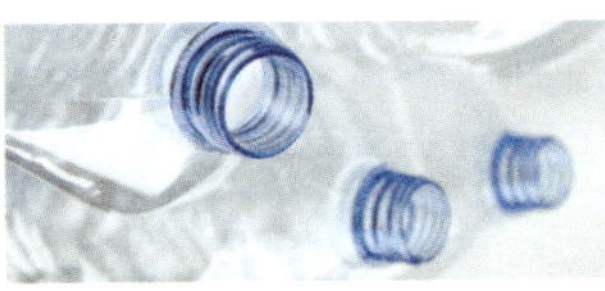	Trié et broyé en poudre	Tuyaux pour le bâtiment. Textile en polaire : 27 bouteilles en plastique permettent de fabriquer un pull.
Les biodéchets (dont déchets de jardin) 	Composteur personnel Usine de compostage	Fabrication d'engrais naturels pour les plantes (compost)

Retenez l'essentiel !

HYGIÈNE DES LOCAUX EN ÉCOLE MATERNELLE
= respect de la santé des enfants et du personnel

DÉFINITIONS

Nettoyage = éliminer les salissures adhérentes.

Désinfection = éliminer de façon momentanée les micro-organismes présents sur une surface.

Bionettoyage = nettoyage et désinfection : séparé ou en 3 temps pour éliminer le biofilm et éviter les contaminations.

RESPECT DU PLAN DE NETTOYAGE OU PROTOCOLE

- Définir le champ d'application
- Nommer les tâches à réaliser
- Définir les intervenants
- Préciser la fréquence
- Préciser le mode opératoire
- Lister les produits et le matériel

GESTION DES DÉCHETS

Déchets assimilés aux déchets ménagers.

➜ Privilégier au maximum le recyclage (valoriser les déchets) des déchets qui peuvent l'être : verre, papier, carton, métal, plastique, biodéchets.

Le matériel d'entretien de surfaces

- Lavette microfibre
- Gaze pour le dépoussiérage manuel

Le matériel d'entretien des sols

- **Dépoussiérage manuel :** balai trapèze
- **Dépoussiérages mécanique :** aspirateur
- **Lavage manuel :** balai rasant et chariot de lavage
- **Lavage mécanisé du sol :** auto-laveuse

QCM
S'évaluer en ligne
→ lienmini.fr/4687-38

Vérifiez vos acquis !

1 Reliez chaque terme à sa définition.

- A. Bionettoyage
- B. Nettoyage
- C. Hygiène des locaux
- D. Désinfection
- E. Plan de nettoyage
- F. Mode opératoire

- 1. Ensemble des pratiques permettant de maintenir un environnement propre.
- 2. Définit la fréquence, le mode opératoire des opérations d'entretien.
- 3. Enlève les salissures adhérentes et non adhérentes.
- 4. Élimine les salissures et les micro-organismes en une seule étape.
- 5. Décrit les étapes de la réalisation du travail.
- 6. Élimine les micro-organismes de façon momentanée.

2 Reliez chaque déchet à sa transformation après recyclage.

- A. Sauce tomate en bouteille
- B. Journal
- C. Bouteille en plastique
- D. Épluchures

- 1. Engrais
- 2. Bouteille de verre
- 3. Textile polaire
- 4. Carton

3 Reliez le matériel nécessaire à chaque opération d'entretien.

- A. Dépoussiérage manuel du sol
- B. Lavage manuel du sol
- C. Dépoussiérage mécanique du sol
- D. Lavage mécanique du sol
- E. Dépoussiérage humide des surfaces
- F. Entretien des vitres

- 1. Microfibres
- 2. Raclette
- 3. Balai trapèze
- 4. Balai classique (coco)
- 5. Aspirateur
- 6. Balai rasant
- 7. Autolaveuse
- 8. Chariot deux seaux et essoreuse
- 9. Gaze humide

Corrigés : voir p. 318

FICHE 44

TECHNIQUE

Les protocoles de début et fin d'entretien des locaux

OBJECTIFS

- Mettre en œuvre les techniques d'entretien des locaux collectifs et des équipements.
- Participer à l'entretien des locaux pendant les vacances scolaires.

Une bonne raison d'apprendre

En début et fin d'entretien, vous devez suivre certaines étapes : elles vous permettront de mieux organiser votre travail, de vous protéger, de respecter le matériel et votre environnement.

1 Protocole de début d'entretien

1 1 Étapes préalables

- Se mettre en tenue : blouse de protection, chaussures antidérapantes, masque et lunettes si nécessaire.
- S'attacher les cheveux ou mettre une charlotte.
- Se laver les mains. Voir fiche 29
- Mettre des gants.
- Consulter le planning de la structure afin d'identifier les tâches à réaliser.

S'il y a un doute sur la technique à appliquer, se référer aux fiches techniques qui détaillent le travail à réaliser et proposent des illustrations.

1 2 Préparer le matériel et les produits

- Rassembler le matériel et les produits nécessaires puis contrôler l'intégrité et la propreté visuelle du matériel.
- Réaliser les dilutions des produits d'entretien.

Conseils pratiques

- Bien lire l'étiquette des produits d'entretien : y repérer le pictogramme de danger et prendre les précautions d'utilisation qui s'imposent.
- Repérer la dilution à respecter et le temps de pause nécessaire à l'action du produit.
Par exemple : dilution à 1 % : c'est 1 mL de produit dans 100 mL d'eau ou 10 mL dans 1 000 mL (1 L). Si le seau fait 5 L, vous devrez y mettre 5 fois plus de produit soit 50 mL dans 5 L d'eau.

2 Réaliser

2.1 Respecter le plan de nettoyage ou protocole

Voir fiche 43

- L'entretien des locaux doit respecter deux règles essentielles.
  1. Commencer par les pièces les moins sales en allant vers les plus sales.
  2. Travailler du haut vers le bas.

Par exemple : commencer par l'entretien de la salle de repos, puis de la salle de classe puis des sanitaires. Pour la salle de classe : commencer par le tableau, puis les tables puis les chaises et enfin le sol.

2.2 Pour chaque espace

- S'assurer de l'absence d'enfant avant de commencer et avertir par un panneau que l'entretien va débuter et notamment que le sol va être glissant.
  1. Aérer la pièce lorsque cela est possible.
  2. Vider les poubelles.
  3. Nettoyer les éléments les plus hauts.
  4. Nettoyer les éléments les plus bas.
  5. Aspirer ou effectuer le balayage humide du sol.
  6. Laver le sol.

3 Protocole de fin de réalisation

3.1 Auto-évaluation

Observer si le travail a été correctement réalisé ; dans le cas contraire renouveler les opérations. Une évaluation par son supérieur est possible de façon inopinée.

3.2 Ranger le matériel et les produits

Nettoyer le matériel avant de le ranger permet d'allonger sa durée de vie.
Évacuer les déchets physiques et liquides selon les recommandations propres à chaque structure.

3.3 Traçabilité

Compléter la fiche de traçabilité : noter les tâches réalisées, le nom de l'agent, la date et les éventuelles observations puis la signer et la ranger dans le registre de réalisation. Cette étape est importante pour le suivi des opérations et le travail d'équipe.

Conseils pratiques

- Relever les dysfonctionnements et/ou les dangers observés et les signaler à son supérieur.
- Réaliser la gestion des stocks et signaler tout produit manquant.

FICHE

45

TECHNIQUE

Le balayage humide des sols

VIDÉO
Le balayage humide des sols
→ lienmini.fr/4687-39

OBJECTIFS

- Mettre en œuvre les techniques d'entretien des locaux collectifs et des équipements.
- Participer à l'entretien des locaux pendant les vacances scolaires.

Protocole

Matériels et produits nécessaires

- Balai trapèze
- Gaze pré-imprégnée d'agglutinant (jetable ou non)
- Gants
- Pelle et balayette
- Poubelle

Réalisation

Voir fiche 44

Protocole de début d'entretien

1. Plier les jambes, un genou au sol en gardant le dos droit afin de respecter les règles d'ergonomie.
2. Poser le balai trapèze sur la gaze au sol et le manche du balai contre l'épaule, et fixer la gaze.
   Le grand côté du trapèze est positionné dans le sens du déplacement du balai (capte mieux les poussières grâce au côté le plus large).
3. Commencer en effectuant le détourage le long des plinthes pour ramener les salissures non adhérentes à l'entrée de la pièce.
   Suivant l'encombrement de la pièce deux techniques sont préconisées (voir les schémas).
4. À la fin du travail, détacher la gaze du balai trapèze en la maintenant au sol.
5. Enfermer les salissures à l'intérieur en repliant la gaze puis l'évacuer en utilisant la pelle et la balayette pour ne pas remettre en suspension les salissures non adhérentes.

Voir fiche 44

Protocole de fin d'entretien

Technique au poussé pour les pièces dégagées ou couloirs :

Pousser le balai devant soi en commençant par les bords de la pièce et en terminant par la partie centrale, faire des bandes parallèles qui se chevauchent.

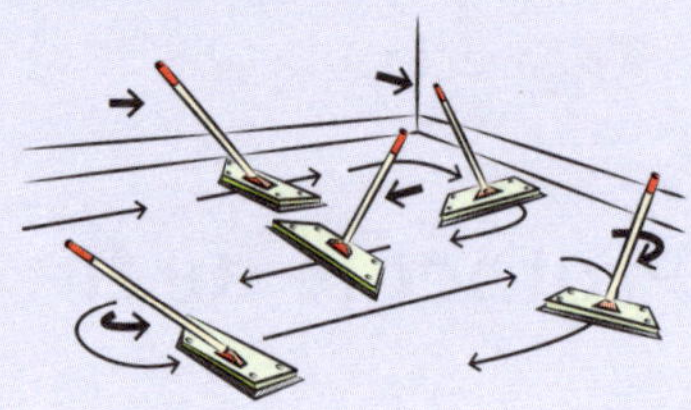

Technique à la godille pour les pièces encombrées :

Procéder en reculant et en dessinant des S, en chevauchant légèrement les bandes, pour ne pas oublier une surface.

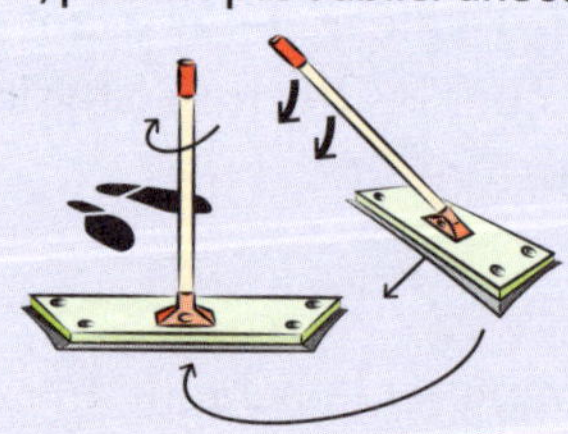

Évaluation

- Contrôler la propreté visuelle : absence de salissures non adhérentes et de traces au sol.

Conseils pratiques

- Une fois la gaze en place, ne jamais soulever le balai ni revenir en arrière pour éviter de remettre en suspension les poussières.
- Les gazes lavables sont nettoyées au lave-linge à 90 °C.

Le dépoussiérage mécanique des sols

OBJECTIFS
- Mettre en œuvre les techniques d'entretien des locaux collectifs et des équipements.
- Participer à l'entretien des locaux pendant les vacances scolaires.

Protocole

Matériels et produits nécessaires
- Aspirateur et ses accessoires : tuyau flexible, tuyau télescopique rigide, le ou les suceur(s)
- Sac-poubelle
- Pelle et balayette pour les gros déchets

Réalisation

Voir fiche 44

Protocole de début d'entretien

1. Régler le suceur en fonction de la nature du sol :

   – Sol lisse : brosse sortie 

   – Sol textile : brosse rentrée 

2. Régler la hauteur du tuyau télescopique de façon à garder le dos droit.
3. Ramasser ou balayer les déchets trop gros pour être aspirés.
4. Commencer l'aspiration au fond de la pièce.
5. Déplacer l'aspirateur en tenant le flexible d'une main, le tuyau rigide de l'autre.
6. Déplacer le suceur en bandes parallèles qui se chevauchent légèrement : la vitesse de déplacement doit être régulière et assez lente.

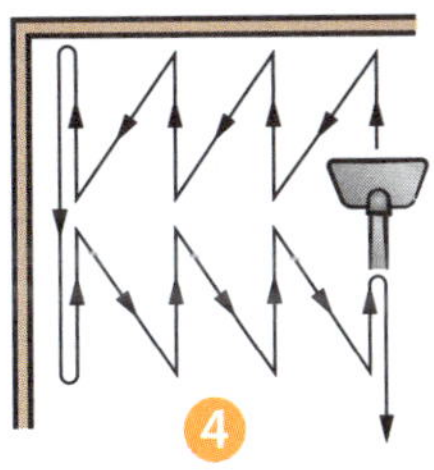
4

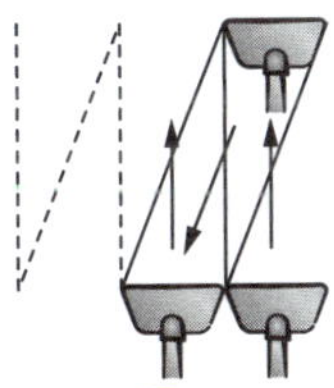
6

Voir fiche 44

Protocole de fin d'entretien

Évaluation

- Contrôler la propreté visuelle : absence de poussières au sol.

Conseils pratiques

- Être attentif pour n'oublier aucune zone.
- Pour les aspirateurs sans sac, vérifier le remplissage de la cuve de collecte des poussières avant de commencer le dépoussiérage.
- Contrôler régulièrement la propreté des filtres pour une meilleure aspiration.

FICHE 47

TECHNIQUE

Le lavage manuel des sols

VIDÉO
Le lavage manuel des sols
→ lienmini.fr/4687-40

OBJECTIFS
- Mettre en œuvre les techniques d'entretien des locaux collectifs et des équipements.
- Participer à l'entretien des locaux pendant les vacances scolaires.

Protocole

Matériels et produits nécessaires

- Gants
- Chariot de lavage équipé de deux seaux (seau bleu et seau rouge) et d'une presse
- Balai de lavage à plat ou balai rasant
- Panneau « Sol glissant »
- Détergent ou détergent-désinfectant

Réalisation

Voir fiche 44

Protocole de début d'entretien

1. Préparer la solution détergente dans le seau bleu en respectant le dosage du produit.
2. Remplir le seau rouge d'eau claire.
3. Fixer le bandeau de lavage sur le balai de lavage à plat.
4. Tremper le balai dans le seau bleu contenant la solution de lavage ① et l'essorer avec la presse au-dessus du seau rouge ②.
5. Commencer par un détourage de la pièce le long des plinthes.
6. Travailler en reculant, en effectuant des « S » (méthode à la godille) ③.
7. Lorsque le bandeau de lavage est sale, le rincer en le trempant dans le seau rouge ④ puis l'essorer ⑤.
8. Poursuivre le lavage en répétant les étapes précédentes.

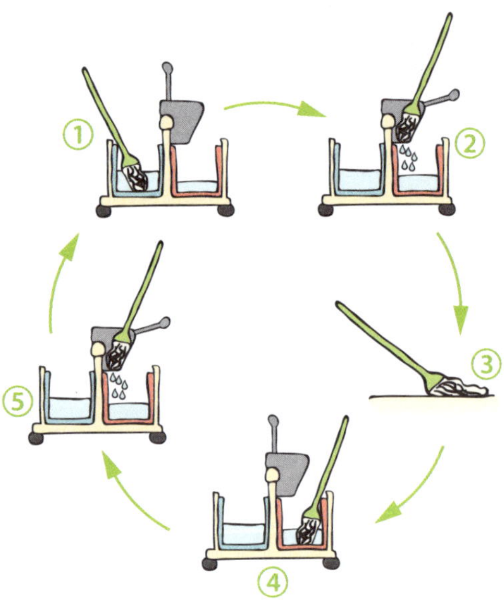

Voir fiche 44

Protocole de fin d'entretien

Évaluation

- Contrôler la propreté visuelle : absence de salissures adhérentes, de traces au sol.

Conseils pratiques

- Baliser la zone de lavage et travailler toujours le chariot de lavage derrière soi.
- Pour effectuer un bionettoyage du sol, utiliser un détergent-désinfectant.

FICHE

48

TECHNIQUE

Le bionettoyage par pulvérisation

VIDÉO

Le bionettoyage des surfaces par pulvérisation

→ lienmini.fr/4687-41

OBJECTIFS

- Mettre en œuvre les techniques d'entretien des locaux collectifs et des équipements.
- Participer à l'entretien des locaux pendant les vacances scolaires.

EP2

Protocole

Matériels et produits nécessaires

- Lavette couleur spécifique
- Gants
- Pulvérisateur
- Détergent-désinfectant ou détergent et désinfectant

Réalisation

Voir fiche 44

Protocole de début d'entretien

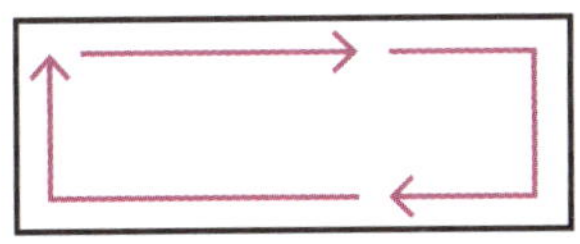

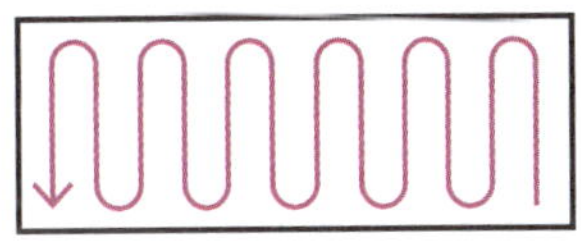

1. Enlever les salissures encombrantes du plan de travail.
2. Plier la lavette en 4.
3. Pulvériser le produit sur la lavette humidifiée.
4. Réaliser un détourage.
5. Changer la face de la lavette.
6. Réaliser la méthode à la godille.
7. Laisser agir le temps indiqué sur le mode d'emploi du produit.

Pour la méthode séparée (ou en 3 temps) :

Appliquer la technique décrite ci-dessus pour chacune des étapes suivantes :

1 le nettoyage (détergent), 2 le rinçage, 3 la désinfection (désinfectant).

La méthode à deux seaux est une alternative à la pulvérisation : utiliser un seau de solution détergente-désinfectante pour le lavage et un seau d'eau claire pour le rinçage dans le cas de l'utilisation d'un détergent-désinfectant alimentaire.

Voir fiche 44

Protocole de fin d'entretien

Évaluation

- Contrôler la propreté visuelle : absence de salissures adhérentes, de traces de produits.
- Contrôler l'hygiène par prélèvement microbiologique : selon le plan de nettoyage de la structure.

Conseil pratique

Pour les surfaces alimentaires il est nécessaire d'utiliser un détergent-désinfectant alimentaire et de rincer selon la même technique (étapes 4 à 6).

FICHE 49

TECHNIQUE

Le lavage des vitres

VIDÉO
Le lavage des vitres en accueil collectif
→ lienmini.fr/4687-42

OBJECTIFS
- Mettre en œuvre les techniques d'entretien des locaux collectifs et des équipements.
- Participer à l'entretien des locaux pendant les vacances scolaires.

Protocole

Matériels et produits nécessaires

- Mouilleur en coton et son support
- Raclette
- Grattoir (racloir) à vitre
- Perche télescopique ou escabeau
- Seau à vitre
- Chiffons ou lavettes microfibres
- Produit spécial vitres ou détergent vaisselle

Réalisation

Voir fiche 44

Protocole de début d'entretien

1. Dépoussiérer l'encadrement avec une lavette humide.
2. Détourer la vitre à l'aide du mouilleur en insistant au niveau des angles.
3. Frotter du bas vers le haut en décrivant des spirales et en utilisant, si nécessaire, le racloir pour les salissures adhérentes.
4. Tirer la raclette de haut en bas sur les ¾ supérieurs de la vitre en faisant chevaucher légèrement les bandes de passage.
5. Racler horizontalement le ¼ inférieur de la vitre et rassembler le reste de la solution de lavage dans un angle.
6. Finir le travail en passant une lavette propre et sèche ou un chiffon non pelucheux sur le pourtour de la vitre.

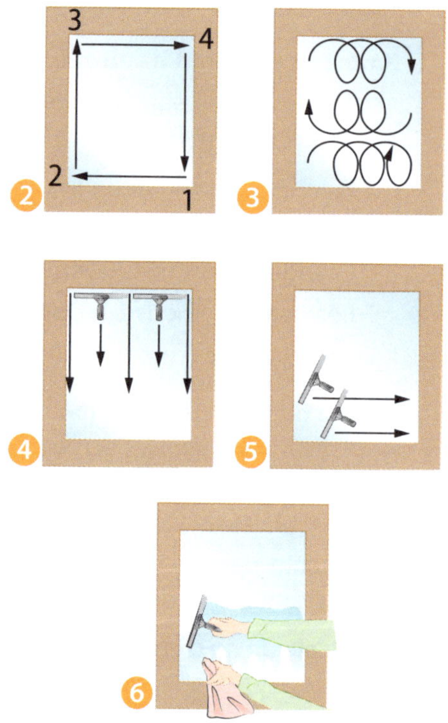

Voir fiche 44

Protocole de fin d'entretien

Évaluation

- Contrôler la propreté visuelle : absence de salissures, de taches, d'eau sur la vitre et au sol.

Conseils pratiques

- Essuyer la raclette entre chaque passage.
- Éviter de laisser sécher la solution de lavage sur la vitre.
- Utiliser la perche ou l'escabeau pour les vitres en hauteur.

L'entretien des sanitaires

VIDÉO
Nettoyer un sanitaire
→ lienmini.fr/4687-43

OBJECTIFS
- Mettre en œuvre les techniques d'entretien des locaux collectifs et des équipements.
- Participer à l'entretien des locaux pendant les vacances scolaires.

Protocole

Matériels et produits nécessaires
- Gants
- Lavette de couleur spécifique (souvent de couleur rose) pour les sanitaires
- Détergent et détartrant ou détergent, désinfectant et détartrant
- Détartrant sanitaire

Réalisation

Voir fiche 44
Protocole de début d'entretien
1. Tirer la chasse d'eau.
2. Déposer le gel détartrant dans la cuvette des sanitaires.
3. Laisser agir le produit le temps indiqué sur le mode d'emploi.
4. Frotter l'intérieur de la cuvette avec la brosse.
5. Tirer la chasse d'eau.
6. Plier la lavette en 4 et bionettoyer ou nettoyer suivant le produit utilisé le réservoir de la chasse d'eau, l'extérieur et le pied de la cuvette, l'abattant et finir par la lunette en changeant de face de lavette à chaque étape. Voir fiche 48
7. Rincer si précisé sur le mode d'emploi du produit et sécher avec du papier absorbant.

Voir fiche 44
Protocole de fin d'entretien

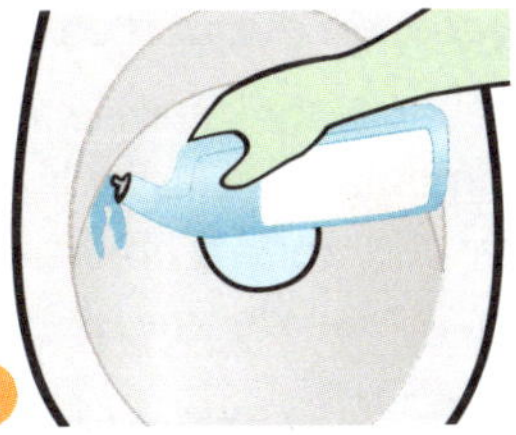
2

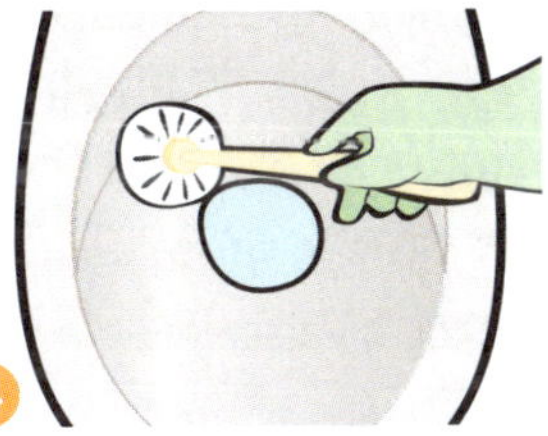
4

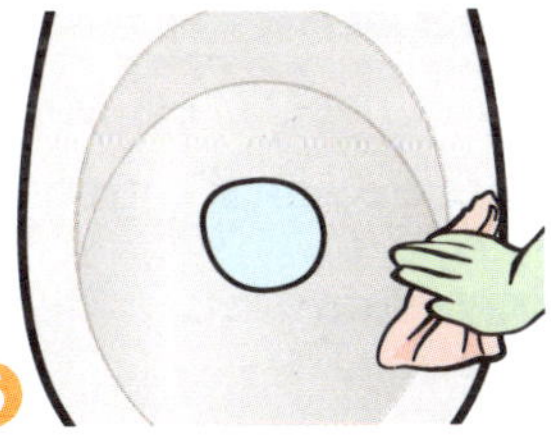
6

Évaluation

- Contrôler la propreté visuelle : absence de résidus, de salissures adhérentes, de traces de produits ; brillance impeccable ;
- Contrôler l'hygiène par prélèvement microbiologique : selon le plan de nettoyage de la structure.

Conseil pratique

Laisser la brosse dans la cuvette lorsque vous tirez la chasse, cela permet de la nettoyer.

FICHE 51

TECHNIQUE

Le lavage manuel de la vaisselle

OBJECTIFS

- Mettre en œuvre les techniques d'entretien des locaux collectifs et des équipements.
- Participer à l'entretien des locaux pendant les vacances scolaires.

Protocole

Matériels et produits nécessaires

- Évier 2 bacs et un égouttoir
- Lavette
- Tampon à récurer
- Torchon propre et sec
- Gants
- Détergent vaisselle

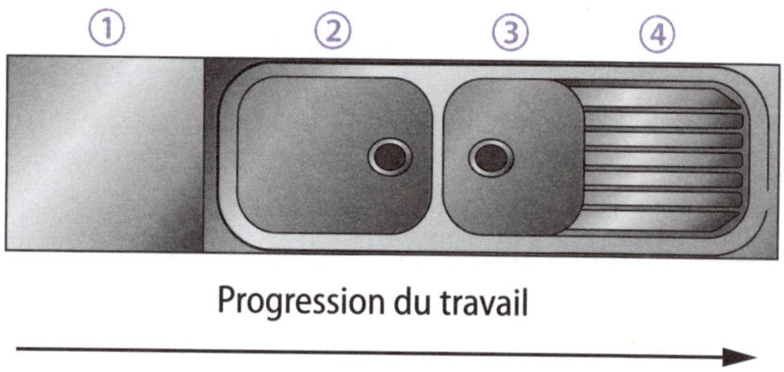

Réalisation

Voir fiche 44 **Protocole de début d'entretien**

1. Débarrasser la vaisselle des restes alimentaires, classer la vaisselle sale par catégorie d'objets et la disposer sur le plan de travail. ①
2. Remplir les deux bacs d'eau chaude et ajouter du détergent dans le bac de lavage. ②
3. Tremper les éléments dans le bac de lavage ② en respectant l'ordre du plus propre au plus sale, du plus petit au plus grand.
4. Frotter au moyen d'une lavette et si nécessaire avec un tampon à récurer.
5. Tremper la vaisselle dans le bac de rinçage. ③
6. Sortir la vaisselle et la poser sur l'égouttoir. ④
7. Essuyer avec un torchon propre et sec et ranger la vaisselle.
8. Vider les bacs, éliminer les déchets alimentaires présents dans l'évier.
9. Laver, rincer et essuyer l'évier et le plan de travail.

Voir fiche 44 **Protocole de fin d'entretien**

Évaluation

- Contrôler la propreté visuelle de la vaisselle : absence de résidus, de salissures, de traces de produits, d'humidité.
- Contrôler la propreté visuelle du plan de travail et du matériel après entretien.

Conseils pratiques

- Ajouter toujours le détergent après l'eau dans le bac de lavage pour éviter la présence trop importante de mousse.
- Pour un bionettoyage de la vaisselle, utiliser un détergent-désinfectant à contact alimentaire.

FICHE 52

TECHNIQUE

Le lavage mécanique de la vaisselle

OBJECTIFS

- Mettre en œuvre les techniques d'entretien des locaux collectifs et des équipements.
- Participer à l'entretien des locaux pendant les vacances scolaires.

EP2

Protocole

Matériels et produits nécessaires

- Lave-vaisselle électrique
- Détergent spécifique lave-vaisselle
- Produit de rinçage
- Sel régénérant

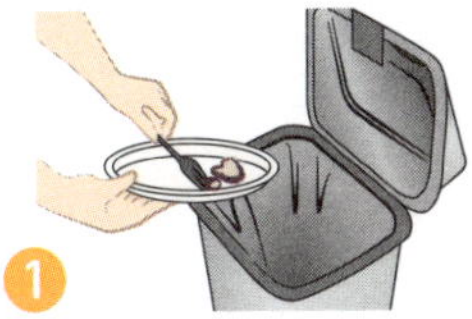
1

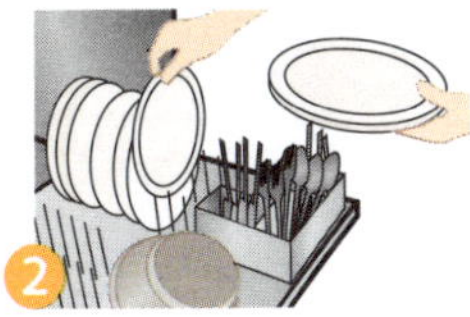
2

4

5

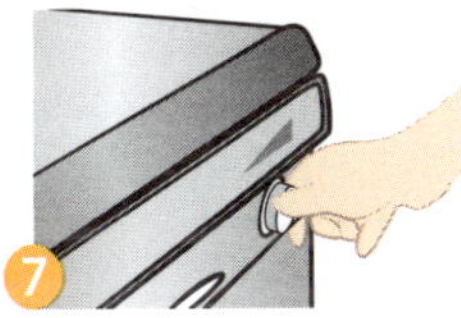
7

Réalisation

Voir fiche 44
Protocole de début d'entretien

1. Débarrasser la vaisselle des restes alimentaires grossiers.
2. Ranger dans le panier inférieur les assiettes et les plats.
3. Mettre les couverts dans le panier spécifique avec la pointe des couteaux dirigée en bas.
4. Ranger dans le panier supérieur les verres, les bols et les tasses.
5. Remplir le bac de distribution de produit de lavage.
6. S'assurer que rien n'empêche la rotation des deux bras asperseurs.
7. Fermer l'appareil et sélectionner le programme.
8. Appuyer sur la touche départ pour lancer le cycle de lavage
9. En fin de cycle de lavage et après refroidissement de la vaisselle, sortir la vaisselle en commençant par le panier inférieur et la ranger.

Voir fiche 44
Protocole de fin d'entretien

Évaluation

- Contrôler la propreté visuelle de la vaisselle : absence de résidus, de salissures, de traces de produits, d'humidité.
- Contrôler l'absence de dégradations (vaisselle ébréchée, cassée).

Conseils pratiques

- Ranger la vaisselle très sale (casserole) dans le panier inférieur, le jet est plus intense donc le résultat de nettoyage est meilleur.
- Pour éviter les blessures, déposer les pièces et couteaux longs et pointus sur la tablette à couteaux sur le panier supérieur.
- Vérifier que la vaisselle est adaptée pour un lavage au lave-vaisselle.
- Vérifier avant chaque lavage le niveau du liquide de rinçage et celui du sel régénérant.
- Vérifier régulièrement le filtre, le joint d'étanchéité et le pourtour de la porte.

FICHE 53

TECHNIQUE

L'entretien du matériel de collecte des déchets

OBJECTIFS

- Mettre en œuvre les techniques d'entretien des locaux collectifs et des équipements.
- Participer à l'entretien des locaux pendant les vacances scolaires.

Protocole

Matériels et produits nécessaires

- Lavettes de couleur spécifique à l'entretien du matériel de collecte des déchets
- Gants
- Détergent et désinfectant ou détergent-désinfectant combiné

Réalisation

Voir fiche 44

Protocole de début d'entretien

1. Vider la poubelle des déchets.
2. Nettoyer d'abord l'extérieur et le dessus du couvercle, puis l'intérieur de la poubelle et le dessous du couvercle en utilisant la lavette pliée en 4, en la retournant à chaque étape.
3. Rincer.
4. Désinfecter dans le même ordre que le nettoyage.
5. Laisser agir le produit désinfectant en respectant le protocole du fabricant.
6. Rincer si nécessaire.
7. Laisser sécher.

Remarque

Dans le cas de l'utilisation d'un détergent-désinfectant combiné, les étapes 4 et 6 sont inutiles.

Voir fiche 44

Protocole de fin d'entretien

Évaluation

- Contrôler la propreté visuelle : absence de résidus, de salissures, de traces de produits, d'humidité.

Conseil pratique

On peut utiliser un détergent-désinfectant désodorisant pour éviter la formation d'odeurs.

FICHE **54**

OBJECTIFS

- Mettre en œuvre les techniques d'entretien des locaux collectifs et des équipements.
- Participer à l'entretien des locaux pendant les vacances scolaires.

TECHNIQUE

Le lavage manuel d'un lainage

VIDÉO
Laver un pull en laine
→ lienmini.fr/4687-44

EP2

Protocole

Matériels et produits nécessaires

- 1 corbeille pour le linge propre
- 1 corbeille de linge sale
- 2 bassines ou un lavabo à 2 bacs
- 2 serviettes éponges
- 1 étendoir à linge
- Pinces à linge
- Lessive désinfectante pour lavage à la main spéciale laine
- Adoucissant hypoallergénique ou vinaigre blanc
- Détachant si nécessaire

Réalisation

Voir fiche 44

Protocole de début d'entretien

- **Protocole de prélavage**

1. Trier le linge en fonction du type de linge, des couleurs, des textiles et du degré de salissures.
2. Traiter les taches si nécessaires.

- **Protocole de lavage**

3. Dans une première bassine, préparer le bain lessiviel en versant de l'eau tiède sur la lessive (respecter la quantité conseillée par le fabricant). Agiter pour faciliter la dilution et pour faire mousser.
4. Laver sans frotter, en foulant dans la mousse et en insistant sur les taches.
5. Dans une seconde bassine, rincer à l'eau tiède : une première fois, puis à nouveau en foulant le linge plusieurs fois et jusqu'à que l'eau devienne claire.
Le foulage pour les lainages doit se faire doucement.
6. Essorer le linge entre les mains sans tordre puis étendre en le mettant en forme sur une serviette éponge. Rouler en serrant dans la serviette.
7. Étendre les grosses pièces à plat sur la seconde serviette éponge sèche, les petites pièces à l'étendage.

3

4

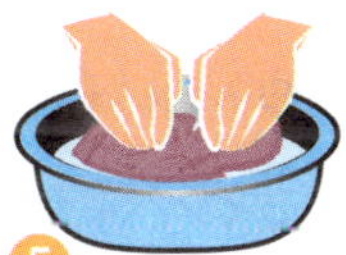
5

6

Voir fiche 44

Protocole de fin d'entretien

Évaluation

- Contrôler l'absence de taches et de lessive sur le linge.

Conseil pratique

Utiliser des lessives et des adoucissants hypoallergéniques.

FICHE 55

TECHNIQUE

Le lavage mécanique du linge

OBJECTIFS

- Mettre en œuvre les techniques d'entretien des locaux collectifs et des équipements.
- Participer à l'entretien des locaux pendant les vacances scolaires.

Protocole

Matériels et produits nécessaires

- 2 corbeilles : une pour le linge sale et une pour le linge propre
- Lave-linge
- Pinces à linge + filet de lavage
- Lessive désinfectante
- Adoucissant hypoallergénique ou vinaigre blanc
- Détachant si nécessaire
- Lingette de transfert de couleurs
- Pastille anticalcaire

Réalisation

Voir fiche 44

Protocole de début d'entretien

- **Protocole de prélavage**

1. Trier le linge en fonction du type, des couleurs, des textiles et du degré de salissures.
2. Vérifier le linge : vider les poches, boutonner les vêtements, fermer les fermetures éclair, nouer les liens, dérouler les manches et bas de pantalon, enlever les parties amovibles.
3. Mettre le linge à l'envers et le petit linge (chaussettes, sous-vêtements) dans un filet de lavage.
4. Traiter les taches si nécessaire.

- **Protocole de lavage**

5. Introduire dans la machine le linge trié sans le tasser, puis fermer en veillant à ce qu'aucun habit ne soit coincé. Utiliser au besoin une lingette de transfert de couleurs et une pastille anticalcaire.
6. Verser la lessive dans le(s) bac(s) à lessive selon l'état de saleté du linge :
   - pour un linge très sale : bacs I (prélavage) et II (lavage) ;
   - pour un linge peu ou moyennement sale : bac II (lavage) uniquement.

   Suivre les conseils du fabricant pour le dosage de la lessive en fonction de la charge et de la saleté du linge, ainsi que de la dureté de l'eau.
7. Verser l'adoucissant dans le compartiment ❀ (sauf contre-indication).
8. Choisir le programme adapté au type de linge (veiller à la température de lavage et choisir la plus basse indiquée sur les étiquettes de linge).
9. Mettre en marche le lave-linge et sortir le linge dès la fin du cycle de lavage.
10. Secouer et étirer le linge puis le mettre dans la corbeille de linge propre.
11. Étendre le linge en veillant notamment aux lainages (étendage horizontal uniquement).

Voir fiche 44

Protocole de fin d'entretien

Conseil pratique

Préférer faire une machine en pleine charge (économie d'énergie).

Évaluation

- Contrôler l'absence de taches sur le linge.

FICHE **56**

TECHNIQUE

Le repassage et le pliage du linge plat

VIDÉO
Repasser et plier un drap housse
→ lienmini.fr/4687-45

OBJECTIFS
- Mettre en œuvre les techniques d'entretien des locaux collectifs et des équipements.
- Participer à l'entretien des locaux pendant les vacances scolaires.

EP2

Protocole

Matériels et produits nécessaires

- Fer ou centrale vapeur
- Table à repasser adaptée
- Corbeille de linge propre
- Table de dépose ou corbeille de rangement du linge repassé
- Chaise ou table attenante pour les linges de grande taille
- Eau déminéralisée
- Vaporisateur d'eau
- Produit pour défroisser (facultatif)

Réalisation

Voir fiche 44
Protocole de début d'entretien

Le repassage du linge plat concerne entre autres les torchons, les serviettes de table, les taies d'oreiller, les draps-housses, les draps plats…

- **Règles générales de repassage pour tout type de linge plat :**

1. Poser le linge endroit contre la table et dans le sens de la longueur, le lisser avec les mains. Dès que le fer est à température :
   - **pour les draps** : rassembler et repasser les coins à l'exception de la fronce (évite d'abîmer l'élastique) ;
   - **pour les torchons, serviettes**, etc. : repasser les bords extérieurs.

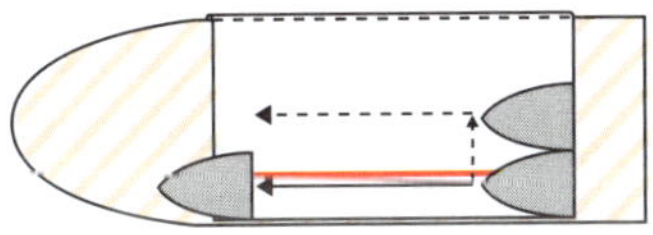

2. Déplacer le fer à repasser de droite à gauche en faisant des zigzags (sens inverse pour un gaucher).

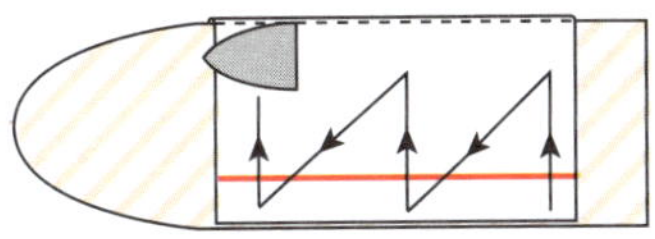

3. Tirer le linge vers soi pour parfaire le repassage.

Remarque : positionner les linges de grande taille en accordéon sur la table à repasser et déplacer cet accordéon au fur et à mesure vers la droite pour un droitier.

- **Règles générales de pliage pour tout linge plat :**
  Selon sa taille, un linge plat peut se plier selon :
  - **un pliage 2/2** (2 pliages successifs de la longueur) ;
  - **un pliage 3/3** (4 pliages, d'abord 2 pliages successifs au 1/3 de la largeur puis 2 pliages successifs au 1/3 de la longueur) ;
  - **un pliage 4/4** (4 pliages, d'abord 2 pliages successifs au 1/2 de la largeur puis 2 pliages successifs au 1/2 de la longueur).

Pliage 3/3 d'un torchon

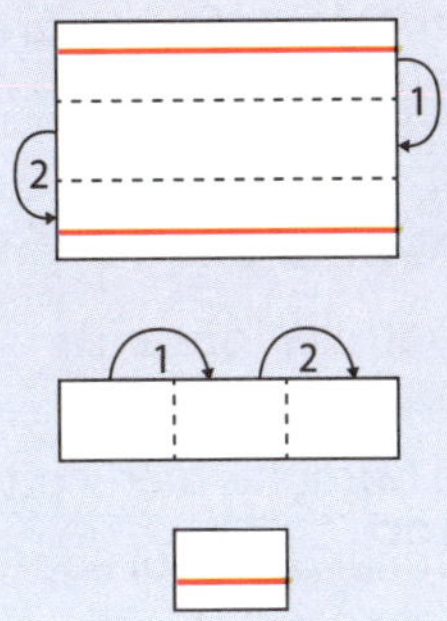

Voir fiche 44
Protocole de fin d'entretien

Évaluation

- Contrôler l'absence de faux plis et la présence de bordures bien nettes.
- Vérifier que le pliage soit net et le linge empilé uniformément.

FICHE 57

TECHNIQUE

Le repassage et pliage d'un linge en forme

VIDÉO
Repasser et plier une chemise
→ lienmini.fr/4687-46

OBJECTIFS
- Mettre en œuvre les techniques d'entretien des locaux collectifs et des équipements.
- Participer à l'entretien des locaux pendant les vacances scolaires.

Protocole

Matériels et produits nécessaires

- Fer à vapeur ou centrale vapeur
- Table à repasser adaptée
- Corbeille de linge propre
- Table de dépose ou corbeille de rangement de linges repassés
- Jeannette (facultatif)
- Eau déminéralisée
- Vaporisateur d'eau
- Produit pour défroisser type « Fabulon » (facultatif)

Réalisation

Voir fiche 44
Protocole de début d'entretien

Le linge en forme comprend entre autres les blouses, les tuniques, les pantalons, les pyjamas, les chemises…

- **Repassage d'un T-shirt**

1. Mettre le vêtement sur l'envers si celui-ci a un motif imprimé.
2. Repasser les manches puis le corps du vêtement en tendant le tissu.
3. Défroisser le col avec la vapeur et remettre le vêtement sur l'endroit.

Pour les pantalons, étendre les poches puis les repasser et continuer par le haut pour finir par le bas du pantalon.

- **Pliage d'un T-shirt**

4. Mettre le dos du vêtement face à soi.
5. Placer deux doigts sur le côté du col et ramener le côté droit du vêtement sur ses doigts et faire de même pour le côté gauche.
6. Replier l'ensemble en deux en marquant le pli avec sa main.
7. Retourner le T-shirt face avant visible.

Voir fiche 44
Protocole de fin d'entretien

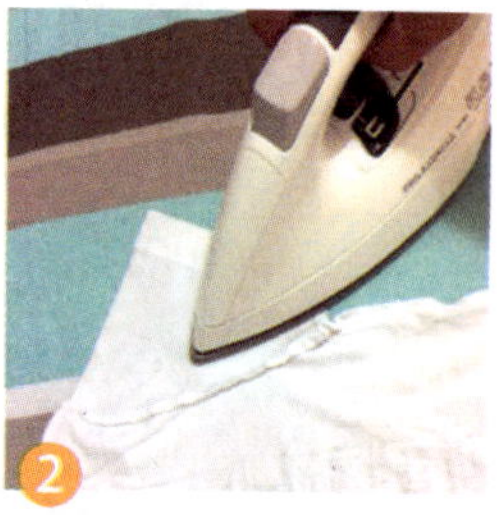
2

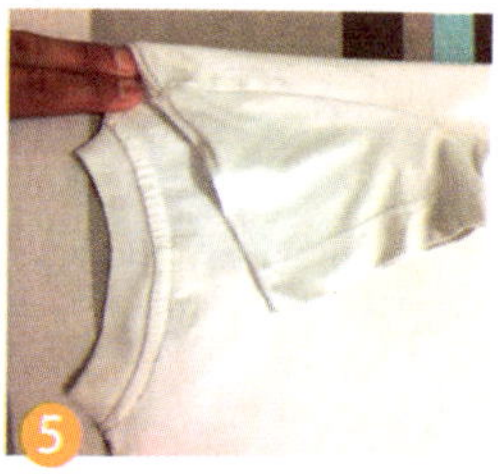
5

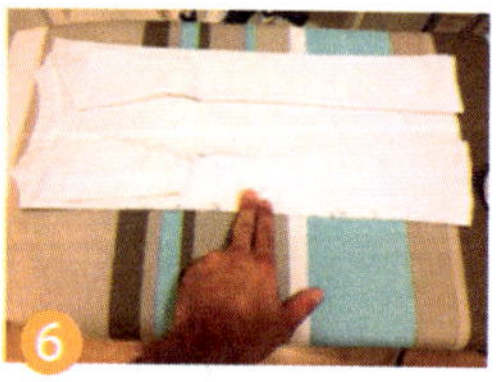
6

Évaluation

- Contrôler l'absence de faux pli et la présence de bordures bien nettes.
- Vérifier que le pliage soit net et le linge empilé uniformément.

Conseils pratiques

- Utiliser une jeannette pour les manches de chemises.
- Pour éviter tout faux pli, enfiler le T-shirt par l'ouverture de la taille sur la pointe arrondie de la table.
- Attention à ne pas passer le fer sur les boutons et fermetures éclair.
- Vider le fer après usage pour éviter un dépôt de calcaire dans la cuve.

FICHE

58 La pose d'un bouton

TECHNIQUE

VIDÉO
Poser un bouton
→ lienmini.fr/4687-47

OBJECTIFS

- Mettre en œuvre les techniques d'entretien des locaux collectifs et des équipements.
- Participer à l'entretien des locaux pendant les vacances scolaires.

EP2

Protocole

Matériels et produits nécessaires

- Fil (couleur assortie au tissu)
- Bouton (à 2 ou 4 trous, à tige) suivant les autres boutons présents
- Aiguilles
- Ciseaux
- Dé à coudre

Réalisation

Voir fiche 44

Protocole de début d'entretien

1. Enfiler le fil dans l'aiguille de manière à obtenir un fil double d'une longueur de 50 cm environ et faire un nœud pour lier les deux extrémités.
2. Positionner le bouton convenablement sur le tissu et tenir l'ensemble.
3. Piquer l'aiguille de l'envers du tissu vers l'endroit en passant par un trou du bouton et tirer l'aiguille complètement.
4. Placer une grosse aiguille sur le bouton avant de continuer pour créer une tige : cela évitera que le bouton ne soit plaqué contre le tissu ce qui permettra une fermeture plus aisée.
5. Piquer l'aiguille de l'endroit vers l'envers en passant par le trou face au 1er de façon à ce que la barrette formée par le fil soit parallèle au bord du vêtement et tirer l'aiguille complètement.
6. Passer le fil 5 ou 6 fois dans chaque trou en piquant, sur l'envers, au même endroit.
7. Au dernier tour, enlever la grosse aiguille de la barrette, sortir l'aiguille sous le bouton et enrouler 5 ou 6 fois le fil autour de la tige pour la renforcer et sortir l'aiguille sur l'envers.
8. Passer l'aiguille sous les fils et faire un nœud.

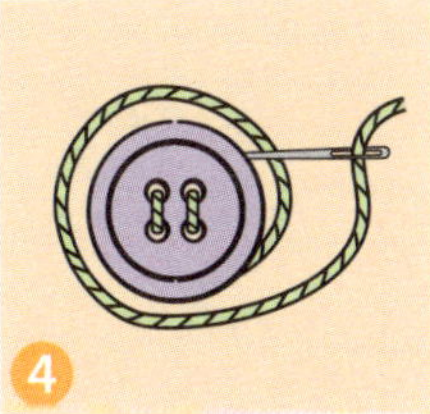
4

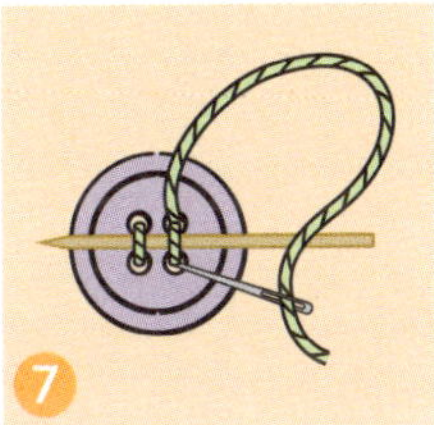
7

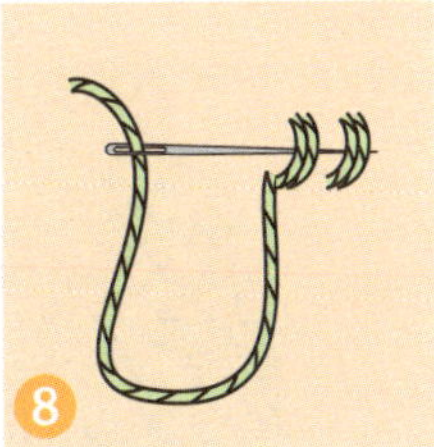
8

Voir fiche 44

Protocole de fin d'entretien

Évaluation

- Le bouton est solidement fixé sans être trop plaqué au tissu.
- Le dessous du bouton est esthétique.

QCM
S'évaluer en ligne
→ lienmini.fr/4687-48

EP3

Exercer son activité en accueil individuel

COMPÉTENCES

Organiser son action

OBJECTIFS
- Élaborer le plan de travail, planifier ses activités de travail.
- S'adapter à une situation imprévue.
- Suivre l'état des stocks.

EP3

Négocier le cadre de l'accueil

OBJECTIFS
- Identifier les attentes des parents.
- Présenter le projet d'accueil.
- Élaborer le cadre organisationnel et conventionnel de l'accueil.

Assurer les opérations d'entretien du logement et des espaces réservés à l'enfant

OBJECTIF
- Mettre en œuvre les techniques de dépoussiérage, nettoyage, bionettoyage, séchage des espaces et équipements réservés à l'enfant.

Élaborer des repas

OBJECTIFS
- Concevoir des repas.
- Préparer des repas en milieu familial.
- Servir un repas en milieu familial.

Préparation à l'EP3

Exercer son activité en accueil individuel

Coefficient 4

En tant que candidat individuel, vous passez cette épreuve en **épreuve ponctuelle.** C'est une épreuve **orale** qui **prend appui sur l'élaboration d'un projet d'accueil à partir d'un ensemble documentaire.**

1 Présentation de l'épreuve

1 1 Les activités et compétences évaluées lors de cette épreuve

Activités	Compétences
Exercer son activité à son domicile, celui des parents ou en maison d'assistants maternels	▸ Organiser son action. ▸ Négocier le cadre de l'accueil. ▸ Assurer les opérations d'entretien du logement et des espaces réservés à l'enfant. ▸ Élaborer des repas.

1 2 Les modalités d'évaluation

- L'**épreuve orale** du candidat dure 25 minutes et comprend un exposé suivi d'un entretien avec un jury avec un temps de préparation **éventuel** d'1 h 30. Le jury est constitué de deux membres : un professeur de la spécialité et un professionnel dans la mesure du possible, ou deux professeurs de la spécialité.

- Le candidat présente :
  - soit **un projet d'accueil** élaboré à partir d'un **ensemble documentaire** ;
  - soit, pour les AMA et les employés à domicile, un **projet d'accueil réel** prenant appui sur leur contexte d'intervention professionnel à domicile.

Attention !

Les AMA et les employés à domicile ont la possibilité de présenter un **projet d'accueil réel.** Ils doivent le préciser au moment de l'inscription au diplôme et ils devront déposer un dossier présentant le projet d'accueil à la date fixée par le Recteur (5 pages au maximum). En l'absence du dépôt du projet d'accueil à la date fixée par le Recteur, le candidat n'est pas autorisé à passer l'épreuve.

2 L'élaboration du projet d'accueil

Voir fiche 59

Vous devez élaborer un projet d'accueil à partir d'un ensemble documentaire.
Afin de réussir cette épreuve vous devez connaître la définition d'un projet d'accueil et savoir de quels éléments il est constitué.

Il peut présenter différentes parties dont nous vous proposons des exemples :

Partie 1 L'AMA et l'environnement d'accueil de l'enfant

La présentation de l'AMA : qualifications et parcours professionnel, comment l'enfant peut l'appeler, agrément (date, nombre d'enfants…), description de la famille.

L'organisation de l'environnement : présenter le logement (pièces du logement où l'enfant évolue), présenter le matériel d'éveil et de puériculture, notifier la présence ou non d'animaux domestiques, décrire l'environnement (jardin, parc à proximité, RAM…).

L'entretien du logement : produits utilisés, en fonction du développement durable, de leur impact sur la santé…, conditions de rangement afin d'éviter les accidents domestiques.

Partie 2 L'AMA et ses valeurs éducatives

La période d'adaptation : définir les modalités : le rythme et la fréquence des premières rencontres avec la présence des parents, puis sans leur présence.

Les échanges et les transmissions à l'arrivée et au départ de l'enfant : préciser vos pratiques (par écrit sur un cahier, par oral lors de l'arrivée et du départ de l'enfant), lister les personnes pouvant venir chercher l'enfant.

L'alimentation : discuter sur qui fournira le repas, noter les horaires de repas, le matériel d'installation de l'enfant, l'ambiance. Préciser les allergies ou les intolérances alimentaires, les régimes particuliers, les goûts de l'enfant et ses habitudes alimentaires, l'appétit, le nombre de repas et les pratiques mises en place.

Le sommeil : inscrire les signes de l'endormissement, les habitudes et rituels d'endormissement, de réveil, le lieu où l'enfant dort, partage ou non de la chambre, le rythme et le temps de repos de l'enfant, la présence ou non d'un doudou, d'une tétine.

Les soins d'hygiène et l'acquisition de la propreté : noter les pratiques concernant le lavage des mains, le change et son déroulement (sur un plan de change, les produits utilisés), la proposition systématique ou non du pot ou des WC.

Les activités libres et les activités d'éveil : présenter le lieu de l'espace jeux et son aménagement, les jeux et livres mis à disposition ; citer la fréquence des promenades et sorties et la fréquentation à des ateliers d'éveil (RAM, bibliothèque, halte-garderie, autres) ; présence de TV, d'ordinateur ; proposer des activités en fonction du développement de l'enfant.

La santé et les soins : noter les particularités de l'enfant, ses allergies, sa médicamentation, le protocole à respecter si PAI ; préciser la conduite à tenir et l'assistance à mettre en place en cas de maladie ou d'urgence (contacts : médecin, famille…).

Partie 3 **L'AMA et ses valeurs éthiques**

Autorités/règles/limites : préciser les pratiques concernant l'explication des dangers, des limites et des repères ; discuter des règles de la politesse, des droits de l'enfant et de ses devoirs, des valeurs éducatives, etc.

Obligation de discrétion professionnelle : respect de l'obligation de discrétion et secret professionnel, expliquer en quoi cela consiste, le cas de la levée de cette discrétion professionnelle, etc.

3 Conseils pour réussir cette épreuve

Le jour de l'épreuve vous devez impérativement respecter le temps de préparation de 1 h 30 et le temps de l'épreuve orale de 25 minutes.

3 1 La préparation (1 h 30)

- Vérifiez que votre sujet est complet. Lisez une première fois le contexte professionnel et l'ensemble documentaire fourni.
- Sur une feuille, listez les différentes parties constituant un projet d'accueil.
- Relisez le contexte professionnel et les documents : avec des surligneurs de couleurs différentes pour chaque partie, identifiez tous les éléments indispensables à la constitution du projet d'accueil et classez les informations.
- Rédigez votre projet d'accueil à partir des informations recueillies et complétez-les avec **vos connaissances personnelles.**
- Relisez-vous et vérifiez que le projet d'accueil que vous avez élaboré est **bien adapté à l'enfant et au contexte professionnel** du sujet.
- Gardez- vous un temps, environ 15 minutes, pour préparer et vous entraîner à l'oral.

> **Attention !**
> Le projet d'accueil doit être **personnalisé** et bien **adapté à la situation de l'enfant** présenté dans le contexte professionnel, cela ne doit pas être un projet standard applicable pour n'importe quel enfant.

3 2 L'oral (25 min)

- Votre oral doit être structuré et suivre un plan avec introduction, présentation du projet d'accueil et conclusion.
- Lors de l'oral, le jury est amené à vous poser des questions en lien avec le projet d'accueil que vous avez présenté. Il peut également vous demander de développer certains points pour évaluer vos compétences d'EP3 (p. 246-317), par exemple :

- Expliciter le protocole que vous mettez en œuvre pour l'entretien des sanitaires.
- Expliquer les étapes de l'élaboration d'un repas : technique, groupes alimentaires à privilégier en fonction du régime alimentaire, etc.
- Répondre à des questions relatives au contrat de travail, aux conditions d'obtention de l'agrément, aux obligations des AMA, etc.

4 Proposition d'un sujet d'épreuve

CONSIGNE **Présenter le projet d'accueil de Romain élaboré à partir du contexte professionnel et de l'ensemble documentaire fourni.**

Contexte professionnel

Mme Karine Mendes âgée de 46 ans est assistante maternelle agréée indépendante. Elle a un agrément pour accueillir 2 enfants. Elle est titulaire depuis 10 ans du CAP Petite enfance.

Elle habite une maison de plain-pied avec jardin dans le village de F. Elle est mariée et a deux enfants de 15 et 18 ans.

Elle a aménagé une pièce de sa maison en espace de jeu pour les enfants et une de ses chambres est réservée pour l'espace de repos des enfants accueillis. Les chambres des parents et des enfants de Karine sont interdites aux enfants accueillis.

Karine est très dynamique, elle propose de nombreuses activités notamment culturelles et artistiques. Elle fréquente régulièrement le RAM de sa commune, elle est également investie dans l'association « Les Petits Les Arts » dans laquelle elle amène les enfants accueillis les lundis et jeudis matin et participe à l'animation des ateliers.

Elle aime cuisiner et prépare tous ses repas à partir de produits frais et si possible bio. Elle réalise le déjeuner et le goûter pour tous les enfants qu'elle accueille.

Elle entretient chaque jour son logement après le départ des enfants, en utilisant des produits éco-labellisés.

Elle accueille actuellement Jules, 18 mois, et à partir de la semaine prochaine elle va accueillir Romain Querre, 2 ans. C'est un petit garçon qui a toujours été gardé par sa mère car il a eu très jeune une allergie alimentaire. Mme Querre est très inquiète à l'idée de se séparer de son fils mais elle doit reprendre le travail.

ENSEMBLE DOCUMENTAIRE

Document 1 : Extrait du contrat de travail de Mme Mendes
Document 2 : Fiche « Habitudes de vie » de Romain
Document 3 : PAI de Romain
Document 4 : Extrait du dépliant « L'allergie aux protéines de lait de vache »
Document 5 : Extrait du guide INPES « La santé vient en mangeant – guide nutrition de la naissance à trois ans »
Document 6 : L'association « Les Petits Les Arts »
Document 7 : Les produits ménagers alternatifs
Document 8 : Produits d'entretien, comment bien les utiliser : les habitudes pour la sécurité à prendre ou à conserver

Document 1 Extrait du contrat de travail de Mme MENDES

Pajemploi
Un service des Urssaf

Contrat de travail à durée indéterminée

Assistant(e) maternel(le) agréé(e)

www.pajemploi.urssaf.fr

Entre l'employeur :

1 Nom de naissance : QUERRE Nom d'usage : Prénom : Christophe

Adresse : Route des Fleurs

Ville : F. Code postal :

En qualité de : ☒ père ☐ mère ☐ tuteur ☐ autre N° de téléphone : 5595689

2 **N° Urssaf ou Pajemploi :** Y0007146712113

et le ou la salarié(e) :

3 Nom de naissance : Dupond Nom d'usage : MENDES Prénom : Karine

Adresse : Rue des Lilas

Ville : F. Code postal :

4 **N° de Sécurité sociale :** 2720531561141

5 **Référence de l'agrément :** 04-675

Date de délivrance de l'agrément : 15 / 12 / 2204 ou date du dernier renouvellement : 15 / 12 / 2014

6 **Assurance « Responsabilité Civile Professionnelle » (préciser les coordonnées de la compagnie) :**

MATMAT

N° de police : 07457268F

7 **Assurance automobile : s'il y a lieu (coordonnées de la compagnie) :**

Idem N° de police :

Les termes du contrat

8 Il est conclu un contrat de travail régi par les dispositions de la convention collective nationale de travail des assistants maternels du particulier employeur. L'employeur remet un exemplaire de cette convention au salarié ou s'assure que celui-ci en possède un à jour.

9 **Un contrat de travail écrit doit être établi pour chaque enfant gardé.**

Nom : QUERRE Prénom : Romain Né(e) le : / /

10 **DATE D'EFFET DU CONTRAT** (à compter du premier jour de la période d'essai) : 01 / 02 /

11 Période d'essai

Durée : 1 mois

Modalités de la période d'adaptation : sur 15 jours

12 Durée et horaire d'accueil

> **Horaire hebdomadaire - nombre d'heures :** 41,50 / semaine, **selon le planning suivant :**

Jour	Lundi	Mardi	Mercredi	Jeudi	Vendredi	Samedi	Dimanche
Heure d'arrivée	8 h 0	8 h 0	8 h 0	8 h 0	8 h 0	h	h
Heure de départ	17 h 30	17 h 30	17 h 30	17 h 30	17 h 30	h	h

> **Jour de repos hebdomadaire :** samedi et dimanche

> **Planning mensuel s'il y a lieu :**

Modèle de contrat de travail issu de la Convention collective nationale de travail des assistants maternels du particulier employeur.

Document 2 Fiche « Habitudes de vie » de Romain

HABITUDES DE VIE DE VOTRE ENFANT

Pour mieux connaître votre enfant, et ainsi mieux répondre à ses besoins, merci de bien vouloir compléter cette fiche concernant ses habitudes.

NOM/Prénom QUERRE Romain

DATE DE NAISSANCE 2 ans

PREMIERE SÉPARATION

Est-ce la première fois que vous confiez votre enfant ? Oui (Non)

À qui l'avez-vous déjà confié ? À la famille

Comment cela s'est-il passé ? Bien car j'étais rassurée et que Romain les connaît depuis toujours.

LE TEMPS DU REPAS

A-t-il commencé la diversification alimentaire ? Oui à l'âge de 6 mois, nous avons rapidement constaté qu'il avait une allergie alimentaire concernant la protéine de lait de vache, un PAI doit être mis en place.

Si oui, précisez ses habitudes : Je prépare soigneusement ses repas à part pour éviter que Romain soit en contact avec certains aliments. Je suis très vigilante, c'est pour cela que jusqu'à présent je gardais Romain à la maison mais là je suis obligée de reprendre mon travail.

Votre enfant suit-il un régime alimentaire particulier (sans porc…) ? Oui un régime sans protéines de lait de vache.

LE TEMPS DE LA SIESTE

Répartition des temps de sieste dans la journée : 2 h l'après-midi

Votre enfant a-t-il une tétine ? (Oui) Non

A-t-il un objet transitionnel (doudou …) ? Si oui, merci de le décrire : Petit clown orange et bleu

Comment votre enfant montre-t-il qu'il a sommeil ? Il se frotte les yeux, peut pleurer, il l'exprime aussi.

A-t-il des habitudes particulières (lumière…) ? Il dort avec sa tétine et son doudou, aime bien qu'on lui chante des chansons.

CHANGE

Quel produit utilisez-vous lors du change ? Eau + savon doux

Votre enfant est-il propre ? Il commence à acquérir la propreté, il va régulièrement sur le pot.

Avez-vous D'AUTRES CHOSES À AJOUTER ?

Il aime jouer à l'extérieur et apprécie les jeux de manipulation.

Document 3 PAI de Romain

Renseignements concernant l'enfant

Nom :	Prénom :	Né(e) le : 2 ans
QUERRE	Romain	

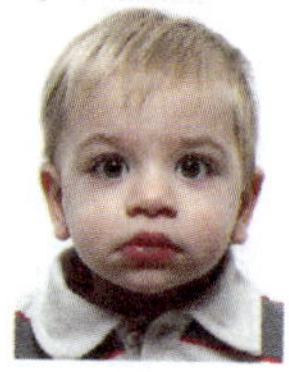

Nom des parents ou du représentant légal : Querre Sandrine et Christophe

Lieu d'accueil

Mme MENDES Karine, assistante maternelle agréée Rue des Lilas F.	Médecin référent : Médecin de la PMI docteur LEROY

Contacts des personnes référentes

Père : Querre Christophe Dom. : 05 59 56 89 -- Portable : 06 98 65 96-- Bureau : 05 59 89 69 --	Mère : Querre Sandrine Dom. : 05 59 56 89 -- Portable : 06 98 87 96-- Bureau : 05 59 45 69 --

Médecin traitant Nom : Mme Lay Adresse : Rue du Paradis Téléphone : 05 59 56 58 --	**Médecin spécialiste** Nom : Mme Lacar Adresse : Rue du Détour Téléphone : 05 59 56 89 --	Autre personne ou organisme pouvant intervenir dans la prise en charge médicale de l'enfant : néant

Besoins spécifiques de l'enfant

Allergie alimentaire à : Protéines de lait de vache	Si allergie : Le repas est fourni par les parents : Oui (Non) Le repas est fourni par l'assistante maternelle : (Oui) Non Le repas peut se prendre sur la même table que d'autres enfants non allergiques : (Oui) Non
Régime alimentaire :	Sans produit alimentaire contenant des protéines de lait de vache
Que faire en cas d'urgence	Prévenir le 15 ou le 112 En cas de choc anaphylactique : réaliser une injection d'adrénaline

Parents	Assistante maternelle agréée	Médecin PMI

EP3

Document 4 Extrait du dépliant « L'allergie aux protéines de lait de vache »

Comment repérer le lait dans les aliments du commerce ?

Les termes vous prouvant que le produit alimentaire contient des protéines de lait : lait, beurre, crème, fromage, yaourt, margarine, protéines de lait.

Le lait et tous les ingrédients contenant des protéines de lait doivent être mis en évidence dans la **liste des ingrédients** des produits vendus en Europe. Ceci est une obligation légale.

Ingrédients : Farine de **blé** 23,7 %, sirop de glucose-fructose, **œufs** 12,3 %, sucre, huile de colza, chocolat 6,1 % [pâte de cacao, sucre, cacao maigre en poudre, émulsifiant (léchitine de soja), arôme], stabilisant (glycérol), **lait** écrémé 3,4 % et **lait** entier 2,2 % en poudre (équivalent **lait** 53 %), amidon de blé, poudres à lever (diphosphate disodique, carbonate acide de sodium), émulsifiants (E472b, E475, lécithine de soja), sel, cacao maigre en poudre, arômes. **Peut contenir des fruits à coque.**

Vous trouverez également sur les emballages des phrases comme « peut contenir des traces de lait », « est fabriqué dans un atelier utilisant du lait », « traces possibles de lait »… Il s'agit d'un étiquetage de précaution. Dans la majorité des cas, **ces traces ne sont pas dangereuses** (demandez conseil à votre médecin).

Ingrédients : Farine de blé (**gluten**), sucre, huiles et graisses végétales (huile de palme non hydrogénée, huile de colza non hydrogénée), mélasse, poudres à lever (carbonate acide de sodium, carbonate acide d'ammonium), sel, cannelle, émulsifiant (lécithine). Sans conservateur : Contient : gluten.
Fabriqué dans un atelier qui utilise aussi : soja et lait.

Document 5 Extrait du guide INPES « La santé vient en mangeant – guide nutrition de la naissance à trois ans »

Exemple de la structure d'un repas d'un enfant après 12 mois	
Déjeuner	Légumes + produit céréalier + 1 élément du groupe viande-poisson-œuf + matière grasse + dessert (fruit ou laitage)
Goûter	Apport lacté + produit céréalier et/ou fruit
Dîner	Apport lacté + fruits et/ou légumes +/- produits céréaliers

Document 6 L'association « Les Petits Les Arts »

- **L'association « Les Petits Les Arts »** est régie par la loi 1901 et le décret du 16 août 1901.

L'association a pour but de faire découvrir et d'initier les enfants de moins de 6 ans à l'art et à la culture en proposant des activités d'éveil et de sociabilité dans ces domaines assistés d'un adulte-accompagnant.

L'association propose également des rencontres avec des artistes, des intervenants du spectacle, des bénévoles pour des lectures, des expositions, de petits spectacles, diverses animations afin de promouvoir l'art et la culture auprès d'un jeune public.

Durant toutes les activités ou animations organisées par l'association, l'enfant reste sous l'entière responsabilité de l'adulte-accompagnant (parents, grand-parents, assistants maternels indépendants agréés…).

Cette association est ouverte en priorité aux habitants de la commune et à leur famille.

- **LES ATELIERS : un lieu de créativité !**

Chaque matin du lundi au vendredi, Les Petits Les Arts propose différents ateliers « à la carte » qui permettent aux enfants de moins de 6 ans de pratiquer une activité artistique ou culturelle en fonction de leur rythme et toujours accompagnés d'un adulte (papa, maman, mamie ou assistant maternel…) :

- éveil littéraire, kamishibaï et tapis de lecture ;
- arts plastiques, modelage et moulage, art du recyclage ;
- jardinage, land'art ;
- atelier MYSTÈRE et SURPRISE ;
- atelier l'Art du Temps ;
- atelier Boulangerie ;
- atelier BB Zen ;
- sortie poney ;
- La Boîte à FabriK', atelier Sensoriel et éveil musical.

Ces ateliers sont animés par des bénévoles ou des intervenants extérieurs rémunérés.

L'association est ouverte pendant les petites vacances scolaires pour permettre aussi aux périscolaires de venir.

Document 7 Les produits ménagers alternatifs

Produits d'entretien	Produits naturels alternatifs	Effet	Utilisation
Lessive	Noix de lavage	Lave le linge sans produits chimiques	Mettre les noix de lavage dans un sachet en coton directement dans le tambour, laver à 30 °C ou 40 °C pour plus d'efficacité.
Détachant à sec	Terre de Sommières ou savon au fiel de bœuf	Élimine les taches de gras	Frotter le savon sur la tache à sec.
Nettoyant pour le sol	Savon noir	Nettoie les sols, carrelages (non vitrifiés)	Diluer 2 à 3 cuillères dans de l'eau tiède, laver sans rincer.
Lave-vitre	Vinaigre blanc	Nettoie les vitres et les écrans	Diluer 1/3 de vinaigre dans 2/3 d'eau et passer sur les surfaces sans frotter avec du papier journal.
Nettoyant WC	Vinaigre blanc	Détartre les toilettes	Faire chauffer le vinaigre et verser dans les toilettes, laisser agir une nuit.

Document 8 Produits d'entretien, comment bien les utiliser : les habitudes pour la sécurité à prendre ou à conserver

✓ À FAIRE

- En cas de transvasement des produits, penser à étiqueter les nouveaux contenants.
- Signaler tout emballage abîmé ou détérioré.
- Bien se laver les mains après manipulation.
- Respecter le mode d'emploi (dilution, temps d'application, etc.) et les consignes de sécurité indiquées.
- Porter des gants ou tout autre équipement de protection individuel (EPI) nécessaire.
- Aérer lors de l'utilisation du produit.
- Refermer toujours les récipients.
- Respecter les consignes de stockage des produits.

⊗ À NE PAS FAIRE

- Ne jamais utiliser un produit s'il n'a pas d'étiquette.
- Ne manipuler aucun produit sans avoir lu l'étiquette et compris toutes les précautions de sécurité. En cas de doute, se reporter à la fiche de données de sécurité (FDS).
- Ne pas manger, boire ou fumer à proximité des produits.
- Ne pas transvaser dans des bouteilles de type alimentaire ou ayant contenu un autre produit.
- Ne jamais mélanger les produits.

Le projet d'accueil de Karine Mendes pour l'enfant Romain Querre

Noms des parents : Querre Sandrine et Christophe

Partie 1 – L'AMA et son environnement

Présentation : Je suis Karine Mendes, les enfants m'appellent « Nounou » ou par mon prénom.
J'ai 46 ans, je suis mariée et j'ai 2 enfants de 15 et 18 ans.
J'ai eu un CAP Petite enfance il y a 10 ans.
J'ai un agrément pour recevoir 2 enfants depuis 2004, renouvelé en 2014 (n° 04-675).
Assurance : MATMAT 07457268F

Organisation de l'environnement : La maison est de plain-pied avec un jardin. Je consacre une pièce de vie à l'espace jeux des enfants accueillis et une chambre pour les siestes. Je n'autorise pas l'accès à ma chambre ou à celles de mes enfants aux enfants que j'accueille. À proximité de mon logement se trouve un RAM. Je suis active dans l'association « Les Petits Les Arts ».

Entretien du logement :
Tous les jours après le départ des enfants avec des produits écolabellisés de préférence : J'essaie de remplacer des produits ménagers chimiques par des produits naturels : je nettoie le sol au savon noir ou j'utilise du vinaigre blanc pour remplacer le détartrant des WC, j'utilise le vinaigre blanc sans danger pour les enfants pour l'entretien des vitres.

Concernant les dangers d'utilisation des produits d'entretien : Je range les produits d'entretien alternatifs ou chimiques dans un placard fermé à clef. Je réalise l'entretien de mon logement quand les enfants ne sont pas présents. Si toutefois je dois nettoyer quelque chose, je prends toutes les précautions nécessaires pour que les enfants ne soient pas à côté de moi (exemple : pendant leur repos). Je lis les étiquettes et respecte les modes d'emplois, notamment les dilutions. Je porte des gants si nécessaire. Je ne mélange jamais les produits entre eux, ni ne les transvase dans des contenants alimentaires.

Partie 2 – L'AMA et ses valeurs éducatives

Période d'adaptation : Elle permet aux parents et à l'enfant de faire connaissance avec l'assistante maternelle et de se familiariser avec ce nouvel environnement.
Habituellement je prévois : jour 1 : 1 h avec les parents - jour 2 : 2 h sans les parents - jour 3 : 1/2 journée - jour 4 : journée entière.
Pour Romain, je propose de rallonger cette période d'adaptation à 15 jours au lieu d'une semaine car la mère est inquiète et Romain n'a jamais été gardé par une personne extérieure à la famille.

Transmissions : Je mets en place un cahier sur lequel je note : ce que font les enfants (activités), la qualité et la durée des siestes, le menu du déjeuner et du goûter ainsi que l'appétit de l'enfant, le nombre de selles et toutes observations utiles.

Alimentation : Je prépare les repas moi-même avec des produits de préférence bio et rarement issus de l'industrie agroalimentaire. Pour Romain, je vais scrupuleusement respecter son PAI car il a une allergie alimentaire aux protéines de lait de vache.

Pour le déjeuner : Je proposerai des légumes avec un produit céréalier, un élément du groupe viande-oeuf-poisson avec de la matière grasse et en dessert un fruit.
Je ne propose pas de produits laitiers puisqu'il est allergique. Je lis les étiquettes pour repérer dans les aliments du commerce la présence de lait et de ses dérivés et je prends soin de choisir les aliments autorisés en me référant à la liste des aliments autorisés.

Pour le goûter : Je proposerai un produit céréalier en respectant les mêmes conditions pour le choix des aliments et des fruits.

Le sommeil : Le sommeil est indispensable au développement et à l'épanouissement de l'enfant. Lorsque Romain montre des signes d'endormissement (se frotte les yeux/pleure/dit qu'il a sommeil), je lui propose un temps de repos en compagnie de son petit clown et de sa tétine dans la chambre des enfants. Je l'aide à s'endormir en lui chantant quelques berceuses et je surveille la sieste régulièrement. Dès que l'enfant montre des signes de réveil, je le prends avec moi, lui fais un câlin pour qu'il se réveille en douceur. Son clown et sa tétine partent dans le sac de change dès que Romain n'en éprouve plus le besoin.

Les soins d'hygiène et l'acquisition de la propreté :

- Le lavage des mains : Je veille à ce que les enfants apprennent à se laver les mains avant et après les repas, les changes ou la mise sur les toilettes, le mouchage et certaines activités manuelles ou à l'extérieur.
- L'acquisition de la propreté est une étape importante dans le développement physique, psychique et affectif de l'enfant. Je respecte le rythme de chaque enfant et je commence l'acquisition de la propreté en commun accord avec les parents. Les parents fournissent les couches. Je propose un change avec du savon doux. Je demande à Romain d'aller au pot régulièrement. Quand il sera prêt je lui proposerai de changer la couche debout.

Les activités libres et les activités d'éveil : Les activités libres et d'éveil sont indispensables au bon développement de l'enfant.

- À la maison : Je propose des jeux et des activités adaptés aux âges des enfants et qui respectent les normes de sécurité.
Je peux proposer à Romain des activités pâte à sel, de la peinture, du modelage puisqu'il aime les jeux de manipulation. Aux beaux jours, je peux également animer des activités jardinage dans le jardin.
- À l'extérieur : Je vais souvent au RAM et à l'association Les Petits Les Arts les lundis et jeudis matin, soit pour assister à des spectacles, soit pour des ateliers de créativité (modelage, moulage…).
- La santé et les soins : Conformément à l'article L. 4161-1 du Code de la santé publique, je suis habilitée à aider à la prise de médicaments de la vie courante, à condition que l'ordonnance médicale soit nominative et à jour et que j'aie l'autorisation des parents.
Romain bénéficie d'un PAI car il est allergique : en cas de choc anaphylactique, je dois administrer une injection d'adrénaline à Romain puis contacter les urgences au 112 ou 15 et suivre leurs conseils et contacter les parents.

Partie 3 – L'AMA et ses valeurs éthiques

Autorités/règles/limites :

J'explique aux enfants qu'il existe des règles de conduite dans la maison. Chaque enfant doit apprendre à respecter l'autre, ne pas se taper, ni dire de vulgarités et ne pas se mettre en danger.

Les règles de la politesse doivent être un principe : merci, s'il te plaît…

Je leur montre les pièces dans lesquelles ils peuvent aller et les pièces qui sont interdites en leur expliquant que c'est pour leur sécurité.

Obligation de discrétions professionnelles :

Je suis tenue à l'obligation de discrétion professionnelle mais si je constate ou soupçonne une atteinte physique ou mentale, un abus sexuel, des négligences ou des mauvais traitements perpétrés sur l'enfant accueilli je suis dans l'obligation de transmettre mes inquiétudes à la PMI.

RESSOURCES

FICHE 59

Le cadre de l'intervention à domicile

OBJECTIFS
- Identifier les attentes des parents.
- Présenter le projet d'accueil.
- Élaborer le cadre organisationnel et conventionnel de l'accueil.

Une bonne raison d'apprendre

Pour devenir assistant maternel agréé ou auxiliaire parental, vous devez remplir certaines conditions, prendre connaissance des éléments du contrat de travail, des droits et obligations.

1 L'assistant maternel agréé

Voir fiche 2

L'assistant maternel accueille à son domicile ou dans une MAM jusqu'à 4 enfants de moins de 6 ans. Pour pouvoir excercer il lui faut un agrément.

1 1 La procédure d'agrément

1 Formulaire

Il faut tout d'abord remplir un formulaire Cerfa n° 13394*04 de demande d'agrément d'assistant maternel et fournir les pièces justificatives.

2 Dépôt du dossier

Ensuite le dossier doit être déposé en mains propres ou adressé par lettre recommandée avec accusé de réception auprès des services départementaux (PMI).

Remarque : le site Allo PMI (allopmi.fr) recense les coordonnées de tous les centres PMI de France.

3 Instruction de la demande

Le service dispose de trois mois pour instruire la demande au regard :
- de l'étude du dossier ;
- d'un ou de plusieurs entretiens avec le demandeur ;
- d'une ou de plusieurs visites au domicile du demandeur.

Pour cela, les services utilisent une grille de critères pour vérifier que les conditions d'agrément sont remplies :
- être majeur, de nationalité française, ressortissant d'un pays membre de l'Union européenne, de l'Espace Économique Européen ou titulaire d'un titre de séjour en cours de validité autorisant l'exercice d'une activité professionnelle ;
- être apte à la communication et au dialogue (maîtrise du français oral) ;
- être en capacité de répondre aux besoins fondamentaux de l'enfant accueilli ;
- être disponible et capable d'organisation et d'adaptation à des situations variées ;

– connaître le rôle et les responsabilités de l'assistant maternel ;
– avoir un lieu d'accueil adapté : l'environnement et son accessibilité doivent garantir la santé, la sécurité et l'épanouissement des jeunes enfants accueillis en tenant compte de leur nombre et de leur âge. Être en mesure d'identifier les dangers potentiels de l'environnement pour les jeunes enfants et de prévoir les aménagements nécessaires pour prévenir les risques d'accidents ;
– tenir compte de l'environnement familial et de son adhésion au projet professionnel ;
– ne pas avoir fait l'objet de condamnations pénales incompatibles avec l'exercice de la profession, ainsi que les majeurs résidant au domicile ;
– s'engager à suivre une formation de 60 heures et de premiers secours (obligatoire avant le premier accueil). Selon les départements, cet apprentissage de secourisme peut prendre différentes formes :
  • soit une initiation de 4 à 6 heures qui permet de sensibiliser aux situations d'urgence. C'est un formateur aux premiers secours qui dispense cette formation ;
  • soit un stage PSC1 (prévention et secours civiques de niveau 1) appelé aussi brevet de secourisme : d'une durée de 7 heures, il permet d'informer les participants sur les gestes qui sauvent (examen de la victime, gestes à effectuer, appel des secours) en fonction de différentes situations (étouffement, hémorragie, inconscience, etc.). Les initiés s'exercent aux techniques à l'aide de mannequins ou sur d'autres personnes. Un recyclage régulier doit être pratiqué afin d'entretenir les compétences et connaissances et faire une mise à jour éventuelle des techniques.

EP3

4 Prise de décision de l'agrément

La décision est notifiée dans les trois mois qui suivent la réception de la demande. L'accueil est de 1 à 4 enfants (0-6 ans) de façon régulière ou occasionnelle. Les enfants de l'AMA âgés de moins de 3 ans comptent une place dans l'agrément.
S'il n'y a pas de réponse dans ce délai, cela signifie que la demande est acceptée et une attestation d'agrément est délivrée pour une durée de 5 ans.
En cas de refus, la notification précise les motifs et les possibilités et délais de recours.
Le renouvellement de l'agrément doit être fait trois mois au moins avant son échéance.

1 2 Le projet d'accueil

Voir p. 234

● C'est un document écrit dans lequel l'AMA explique aux familles les conditions dans lesquelles l'enfant va être accueilli. Il permet d'instaurer un climat de confiance, de discuter afin de concilier les modes de vie et les attentes de chacun. Ce document est une réflexion proposée par l'AMA et qui peut être modifié après concertation avec les parents, il est évolutif en fonction du développement de l'enfant.

● La création de ce document permet à l'assistant maternel de réfléchir à sa façon de travailler. Il permet de montrer aux parents que l'AMA ne fait pas les choses par hasard, qu'il a réfléchi à sa pratique dans le respect de la santé, de la sécurité et de l'épanouissement des enfants qui lui sont confiés.

● La liste des points abordés par le projet d'accueil doit être la plus exhaustive possible et comprend plusieurs rubriques.

- **L'AMA** : parcours professionnel, composition familiale, animaux présents au domicile d'accueil…
- **Les relations AMA/parents** : l'embauche, l'accueil, les règles…
- **L'enfant accueilli** : la période d'adaptation, l'accueil, le sommeil, l'acquisition de la propreté, le moment du change, l'hygiène, le développement moteur, l'éveil, les jeux, l'autonomie, les sorties…
- **Les relations AMA/enfant accueilli** : l'autorité de l'assistant maternel, les règles, la journée type, le doudou, la tétine…

1 3 Les droits et obligations de l'assistant maternel et des parents

1. L'assistant maternel

● Il a pour obligation :

- la transmission de toutes les informations nécessaires aux parents et de toute modification de l'agrément ;
- la souscription à une assurance responsabilité civile professionnelle, qui couvre non-seulement les dommages des accidents dont les enfants dont il a la charge peuvent être victime, mais également les dommages qu'il peut causer. Si l'assistant maternel est amené à utiliser son véhicule pour transporter les enfants dont il a la responsabilité, il faudra également faire figurer au contrat les coordonnées de sa compagnie d'assurance, ainsi que les modalités de l'usage de son véhicule (conduite à l'école, activités extrascolaires…) ;
- le respect du nombre d'enfants présents dans le même temps en adéquation avec l'accord d'agrément.

● Il a le droit, dans son contrat d'assurance, à une protection juridique pour la défense de ses droits, à une protection individuelle et à un complément financier par le versement d'indemnités journalières en cas d'accident corporel et à une couverture financière des dommages.

2. Les parents

- Ils ont pour obligation :
  - l'immatriculation en tant qu'employeur du centre Pajemploi ;
  - la vérification de l'immatriculation du professionnel de la petite enfance ainsi que la vérification du titre d'agrément ;
  - la déclaration du salarié à la CAF, à l'URSSAF et aux caisses de retraite et de prévoyance ;
  - la rédaction du contrat de travail par écrit ;
  - l'émission d'un bulletin de paie.

- Ils ont le droit de consulter l'attestation d'agrément, d'assuré social et d'assurances diverses de l'assistant maternel.

EP3

2 L'auxiliaire parental ou assistant parental

Voir fiche 2

Son rôle consiste à prendre en charge les enfants au domicile de leurs parents pendant que ces derniers travaillent.

2 1 Formation requise

- Aucun diplôme n'est obligatoire pour excercer cette profession mais les personnes peuvent posséder :
  - soit **un diplôme** : CAP Petite enfance ou Assistant éducatif petite enfance, CAP Assistant technique en milieu familial et collectif, CAPA option Services en milieu rural, Bac Pro ou BEP ASSP (accompagnement, soins et services à la personne), BEP Carrières sanitaires et sociales, DEAES (Diplôme d'État Accompagnant éducatif et social) spécialité Accompagnant de la vie à domicile ;
  - soit **un certificat de qualification** : certificat de qualification professionnelle garde d'enfants à domicile ;
  - soit **un titre** : assistant de vie aux familles/module garde d'enfants.

- Il peut être employé comme salarié à domicile de façon individuelle ou passer par un organisme privé ou social, une collectivité ou une association.

2 2 Droits et obligations des partenaires

- L'employeur doit demander une extension de garantie de l'assurance au titre de l'emploi de personnel à domicile afin de couvrir tout accident dont l'auxiliaire parental aurait la responsabilité.

- L'auxiliaire parental peut de son côté souscrire à une assurance responsabilité civile professionnelle par lui-même, mais ce n'est pas une obligation.

3 Le contrat de travail

3 1 Le rôle du contrat de travail

• Les relations de travail entre salariés et employeurs sont régies par un contrat de travail écrit. Le contrat de travail est le document établi entre l'employeur et le salarié et qui sert de référence en cas de difficultés éventuelles rencontrées dans leurs relations. Il définit les obligations de chacun et est ainsi un moyen de prévenir les contentieux. Enfin, les juges prudhommaux s'y réfèrent pour le traitement d'un litige, car c'est un document incontestable. Il permet de prévenir et préciser tout propos ou élément pouvant être à l'origine de désaccord ou de conflit.

3 2 Les éléments du contrat de travail

• Il doit obligatoirement comporter les informations suivantes :
- Nom, prénom et coordonnées de l'employeur
- Nom, prénom, coordonnées et numéro de sécurité sociale de l'employé (AMA ou AP)
- Assurance responsabilité civile professionnelle (assureur et n° de contrat)
- Nature de l'emploi et qualification du salarié
- Convention collective applicable
- Lieu de travail
- Date d'embauche
- Modalités d'organisation du travail : période d'essai, durée et horaires de garde, congés payés
- Rémunération : le salaire horaire de base qui ne peut être inférieur au SMIC (si les horaires sont réguliers, le salarié est mensualisé), les indemnités kilométriques (si transport de l'enfant dans le véhicule du salarié), prestations en nature (logement, repas…), rémunération des congés payés en fin de contrat.
- Autorisations diverses : prise de photos, administration de médicaments…

• Le contrat doit être établi en double exemplaire, daté, paraphé et signé par les deux parties (un exemplaire pour l'employeur, un pour l'employé).
- **Pour les AMA** : le contrat devra respecter la « convention collective nationale de travail des assistants maternels du particulier employeur », qui fixe les conditions d'emploi de l'assistant maternel agréé et d'accueil de l'enfant. Elle détermine un cadre juridique adapté aux spécificités de la profession d'assistant maternel agréé et détermine les droits et obligations de chacun. Elle prévoit également la mise en place de la formation professionnelle continue et instaure un régime de prévoyance obligatoire.
- **Pour les AP** : le contrat de travail devra respecter la « convention collective nationale du personnel employé de maison ». Il a pour objectif de préciser les relations entre auxiliaire parental et parents employeurs, association ou collectivité.

Modèle de contrat de travail d'un AMA, disponible sur le site Pajemploi.fr

EP3

Pajemploi
Un service des Urssaf

Contrat de travail
à durée indéterminée
Assistant(e) maternel(le) agréé(e)

www.pajemploi.urssaf.fr

Entre l'employeur :

1 Nom de naissance : .... Nom d'usage : .... Prénom : ....

Adresse : ....

....Ville : .... Code postal : ....

En qualité de : ☐ père ☐ mère ☐ tuteur ☐ autre N° de téléphone : ....

2 **N° Urssaf ou Pajemploi :** Y..

et le ou la salarié(e) :

3 Nom de naissance : .... Nom d'usage : .... Prénom : ....

Adresse : ....

....Ville : .... Code postal : ....

4 **N° de Sécurité sociale :**

5 **Référence de l'agrément :** ....

Date de délivrance de l'agrément : / / ou date

6 **Assurance « Responsabilité Civile Professionnelle »** (préciser les coordonn

....

N° de police : ....

7 **Assurance automobile : s'il y a lieu (coordonnées de la compagnie) :**

....

Les termes du contrat

8 Il est conclu un contrat de travail régi par les dispositions de la convention
particulier employeur. L'employeur remet un exemplaire de cette conventi

9 **Un contrat de travail écrit doit être établi pour chaque enfant gard**

Nom : .... Prénom : ....

10 **DATE D'EFFET DU CONTRAT** (à compter du premier jour de la période d

11 Période d'essai

Durée : ....

Modalités de la période d'adaptation : ....

12 Durée et horaire d'accueil

> Horaire hebdomadaire - nombre d'heures : ....

Jour	Lundi	Mardi	Mercredi
Heure d'arrivée	.... h	.... h	.... h ....
Heure de départ	.... h	.... h	.... h ....

> Jour de repos hebdomadaire : ....

> Planning mensuel s'il y a lieu : ....

Modèle de contrat de travail issu de la Convention collective nationale d

> Accueil annuel :

Nombre de semaines d'accueil (planning annuel) : ....

Préciser le délai de prévenance en cas de modification de planning : ....

13 Rémunération

> Salaire horaire de base :

Salaire horaire brut de base : Salaire horaire net de base :

Salaire brut : montant du salaire avant déduction des cotisations salariales - Salaire net : montant du salaire après déduction des cotisations salariales

> Salaire mensuel de base : le salaire est mensualisé soit en année complète, soit en année incomplète :

a) Si l'accueil s'effectue sur une année complète :

Salaire mensuel brut*	Salaire mensuel net
€	€

* (salaire horaire brut x nbre d'heures d'accueil par semaine x 52 semaines) ÷ 12

b) Si l'accueil s'effectue sur une année incomplète :

Salaire mensuel brut*	Salaire mensuel net
€	€

* (salaire horaire brut x nbre d'heures d'accueil par semaine x nbre de semaines programmées) ÷ 12

c) Si l'accueil est occasionnel : Salaire mensuel brut* : € Salaire mensuel net : €

* (salaire horaire brut x nombre d'heures d'accueil dans le mois)

> Salaire majoré (à partir de la 46e heure hebdomadaire) : Montant de la majoration : € Salaire horaire majoré : €

> Date de paiement du salaire :

14 Congés payés

1/ Les droits sont définis dans le cadre de l'année dite de référence (du 1er juin de l'année précédente au 31 mai de l'année en cours).

2/ Le 31 mai, faire le point sur le nombre de jours de congés payés acquis et le salaire versé au cours de l'année de référence (y compris celui versé au titre des congés payés de l'année précédente), hors indemnités (entretien, nourriture...). Définir, compte tenu de la date d'embauche et s'il y a lieu, les dispositions particulières pour la première année de référence.

3/ S'informer mutuellement et annuellement sur les habitudes de prises de congés.

- Préciser le délai de prévenance de fixation des dates de congés : ....
- Modalités de paiement des congés en cas d'année incomplète :
  ☐ soit en une seule fois au mois de juin
  ☐ soit lors de la prise principale des congés
  ☐ soit au fur et à mesure de la prise des congés
  ☐ soit par 12e chaque mois

15 Jours fériés

Jours fériés travaillés : ☐ 1er janvier ☐ Lundi de Pâques ☐ 1er mai ☐ 8 mai ☐ Jeudi de l'Ascension ☐ Lundi de Pentecôte ☐ 14 juillet ☐ 15 août ☐ 1er novembre ☐ 11 novembre ☐ 25 décembre

16 Indemnites d'entretien et de frais de repas

- Indemnités d'entretien, montant journalier : €
- Repas fournis par : ☐ l'employeur ☐ l'assistant(e) maternel(le), montant : € / repas

17 Indemnités diverses

- Frais de déplacement : € / Km
- Autres : €

18 Conditions particulières à definir s'il y a lieu :

- Contraintes de l'employeur : ....
- Modalités de l'accueil péri scolaire : ....
- Enfant présentant des difficultés particulières : ....
- Acceptation de la présence d'animaux domestiques chez le salarié : ☐ oui ☐ non
- Conditions et limites des sorties de l'enfant en dehors du domicile du salarié :
- Autres

19 **Signature de l'employeur**
(précédée de « Lu et approuvé »)

Signature du salarié
(précédée de « Lu et approuvé »)

À..., le / / À..., le / /

Modèle de contrat de travail issu de la Convention collective nationale de travail des assistants maternels du particulier employeur.

Réalisation : Acoss/Urssaf - NAT/2477/sept. 2013/PAJE - Contrat de travail - CDI AMa

Retenez l'essentiel !

ASSISTANT MATERNEL

RÔLE

Il accueille à son domicile ou dans une maison d'assistants maternels jusqu'à 4 enfants de moins de 6 ans.

CONDITIONS D'EXERCICE

Posséder l'agrément d'assistant maternel délivré pour 5 ans par les services de PMI du département.

PROJET D'ACCUEIL

Document écrit qui permet à l'assistant maternel de réfléchir à sa façon de travailler et aborde un grand nombre de points concernant l'accueil de l'enfant.

AUXILIAIRE PARENTAL

RÔLE

Il prend en charge les enfants au domicile de leurs parents pendant que ces derniers travaillent.

CONDITIONS D'EXERCICE

- Pas de qualification obligatoire ; possession possible d'un dipôme, titre, qualification en rapport avec l'accompagnement à domicile d'enfants.
- Être employé directement par les parents ou par des organismes privés ou asociatifs.

CONTRAT DE TRAVAIL

Document écrit qui régit les relations entre salarié et employeur.

Il doit être établi conformément :

– à la « Convention collective nationale de travail des assistants maternels du particulier employeur » pour les assistants maternels ;

– à la « Convention Collective Nationale du Personnel Employé de Maison » pour les auxiliaires parentaux.

L'engagement d'un salarié et d'un employeur implique **des droits et des devoirs** pour chacun.

Vérifiez vos acquis !

QCM
S'évaluer en ligne
→ lienmini.fr/4687-49

EP3

1 Cochez les affirmations vraies concernant l'agrément d'assistant maternel.

☐ **A.** L'agrément d'assistant maternel est délivré par le CCAS de la commune de résidence.
☐ **B.** L'acceptation d'agrément se fait dans un délai de 6 mois.
☐ **C.** L'attestation d'agrément a une validité de 5 ans.
☐ **D.** Le renouvellement d'un agrément doit se faire 3 mois au moins avant son échéance.
☐ **E.** L'attestation d'agrément donne la possibilité d'exercer la profession d'auxiliaire parental.
☐ **F.** L'attestation d'agrément n'est pas obligatoire pour exercer la profession d'assistant maternel.

2 Soulignez les propositions correctes.

A. Le projet d'accueil consiste en un échange oral avec les parents.
B. Le projet d'accueil émane de l'assistant maternel.
C. Le projet d'accueil permet à l'assistant maternel de réfléchir à sa façon de travailler.
D. Le projet d'accueil permet aux parents de mieux connaître la personne à qui ils ont confié leur enfant.
E. Le projet d'accueil peut évoquer les habitudes de vie de l'enfant.

3 Reliez les obligations dues aux parents ou à l'assistant maternel.

	○ **1.** Rédiger le contrat de travail.
	○ **2.** Informer des modifications d'agrément.
A. Parents ○	○ **3.** Souscrire à une assurance responsabilité civile professionnelle.
B. Assistant maternel ○	○ **4.** Émettre un bulletin de paie.
	○ **5.** Déclarer à la CAF et à l'URSSAF.
	○ **6.** Modifier la composition familiale.

4 Cochez dans la liste suivante les mentions obligatoires dans la rédaction d'un contrat de travail d'un assistant maternel agréé.

☐ **A.** Nom et prénom de l'employeur
☐ **B.** Noms et prénoms des enfants de l'employeur non accueillis par l'AMA
☐ **C.** Nom de l'organisme complémentaire santé de l'AMA
☐ **D.** Date d'embauche de l'AMA
☐ **E.** Salaire de base de l'AMA
☐ **F.** Horaires de travail

Corrigés : voir p. 318

OBJECTIF
- Concevoir des repas.

Les sources nutritionnelles

Une bonne raison d'apprendre

L'alimentation est un enjeu de santé publique. Elle prend en compte la qualité des aliments constituant le repas mais aussi leur quantité. Lorsque les repas ne sont pas équilibrés, des dysfonctionnements surviennent dans l'organisme.
Vous devez connaître les aliments, ce qu'ils apportent et comment équilibrer les repas en tenant compte des besoins des enfants dont vous avez la charge.

1 Les groupes alimentaires

Les aliments sont classés dans des groupes en fonction du constituant alimentaire majoritaire qu'ils contiennent et de leur rôle particulier dans l'organisme.

1 1 Les boissons

Seule l'eau est indispensable au fonctionnement de l'organisme. Il est conseillé de varier les eaux minérales ou du robinet puisque chacune d'entre elles n'apporte pas les mêmes types ni la même quantité de minéraux.

Remarque : Les jus de fruits sont classés dans le groupe sucre et produits sucrés et non pas dans celui des fruits et légumes.

1 2 Les féculents et céréales

Ce groupe alimentaire regroupe les aliments contenant de l'amidon (glucide complexe) : les pommes de terre, les céréales et le pain. Ces aliments doivent être présents à tous les repas. Les féculents sont donc la base de notre alimentation en apportant de l'amidon mais également des fibres.

Remarque : Les légumineuses (pois chiches, lentilles et fèves) constituent à présent un sous-groupe de féculents et céréales. Leur consommation doit être encouragée.

1 3 Les fruits et légumes

Les fruits et légumes contiennent majoritairement de l'eau (jusqu'à 80 à 95% de leur poids) mais aussi des vitamines, des sels minéraux et des fibres. Ces éléments essentiels protègent des maladies infectieuses (la vitamine C en particulier) et des cancers. Les fibres ont essentiellement un rôle fonctionnel pour notre organisme en régulant le transit intestinal.

1 4 Le lait et les produits laitiers

Le groupe des produits laitiers rassemble des aliments comme le fromage, les yaourts, les laitages. Il est particulièrement riche en protéines et calcium. La vitamine D présent dans les produits laitiers améliore l'absorption du calcium par l'intestin, contribuant ainsi à sa fixation sur les os. On trouve également dans les produits laitiers de la vitamine A, indispensable à la croissance et à la vision.

EP3

1 5 Les viandes, poissons, œufs

Ce groupe est très riche en protéines qui jouent un rôle constructeur. Les viandes rouges sont également riches en fer, élément qui rentre dans la composition de l'hémoglobine (transport de l'oxygène). La quantité de protéine apportée par la viande, les poissons et les œufs est équivalente mais la teneur en minéraux, lipides et vitamines est très variable en fonction de l'animal et des morceaux choisis.

1 6 Les matières grasses

Dans ce groupe, on trouve des aliments comme le beurre, les huiles et la crème fraîche. Même si on doit limiter leur consommation, ce groupe contient majoritairement des lipides qui ont un rôle constructeur, fonctionnel et énergétique. Les matières grasses sont riches en vitamines liposolubles comme la vitamine A, D, E ou K (cette vitamine participe notamment à la coagulation du sang). La variabilité de leur teneur en acides gras essentiels et vitamines doit inciter à varier les aliments de ce groupe dans son alimentation.

1 7 Le sucre et les produits sucrés

Riches en glucides simples, ils regroupent tous les aliments au goût sucré (chocolat, miel, confiture, ...) et sont sources de plaisir alimentaire. Ce groupe fournit de l'énergie rapidement utilisable par l'organisme, intéressante en cas d'efforts musculaires, mais on doit en limiter la consommation pour éviter une prise de poids et les caries dentaires.

2 Les constituants alimentaires

2 1 Les constituants alimentaires énergétiques

PROTÉINES	
Rôles	**Sources**
▸ **Énergétique** : 1g de protides libère 17 kJ. ▸ **Constructeur** : participent à la formation des tissus. ▸ **Fonctionnel** : avec les enzymes qui facilitent les réactions chimiques ou les hormones qui sont des messagers dans l'organisme.	▸ Groupe **viandes-poissons-œufs** ▸ Groupe **des produits laitiers** ▸ **Céréales**
Propriétés et applications culinaires	
▸ Coagulation des protéines sous l'effet de la chaleur → observable dans la cuisson des œufs ▸ Dénaturation des protéines sous l'effet de la chaleur → épaississement d'une préparation culinaire : quiche ou sauce ▸ Réaction de Maillard → aspect particulier des préparations (gâteaux), saveur et odeur.	

GLUCIDES	
Rôles	**Sources**
▸ **Énergétique** : 1 g de glucide fournit 17 kJ, utilisé principalement pour le fonctionnement des muscles et du cerveau. ▸ **Fonctionnel** : les fibres alimentaires (glucides complexes non digestibles) facilitent le transit intestinal en augmentant le volume des selles.	▸ Groupe **des féculents et céréales** ▸ Groupe **des fruits et légumes** ▸ Groupe **des produits sucrés**
Propriétés et applications culinaires	
▸ Solubilité du sucre (saccharose) dans l'eau → sirop ▸ Transformation d'une solution de sucre sous l'effet de la chaleur → fabrication de confiture, caramel ▸ Insolubilité de l'amidon dans l'eau : il forme le lait d'amidon qui, en chauffant, se transforme en empois d'amidon → épaississement des crèmes et sauces ▸ Décomposition sous l'effet de la chaleur de l'amidon en composés plus digestes (dextrines) → saveur sucrée des gâteaux	

LIPIDES	
Rôles	**Sources**
▸ **Énergétique** : 1 g de lipide fournit 38 kJ. ▸ **Constructeur** : rentre dans la composition des membranes des cellules et du tissu nerveux. ▸ **Fonctionnel** : rôle dans le transport et absorption de certains nutriments, fonctionnement du système nerveux.	▸ **Origine animale** : dans les produits carnés, les œufs et les produits laitiers ▸ **Origine végétale** : dans les huiles végétales, certains fruits frais (olive, avocat…) et les fruits oléagineux
Propriétés et applications culinaires	
▸ Émulsion instable avec une solution aqueuse → vinaigrette ▸ Décomposition des lipides à partir d'une certaine température (point de fumée) → noircissement du beurre et apparition de composés toxiques	

EP3

2 2 Les constituants alimentaires non énergétiques

● Les constituants alimentaires, comme les vitamines et les minéraux, n'apportent pas tous de l'énergie.

● On trouve deux catégories de vitamines :
– les vitamines hydrosolubles (C, B3, B1 ou B12) contenues dans les fruits et les légumes ;
– les vitamines liposolubles (A, D, E et K) contenues dans les matières grasses (majoritairement les huiles), les produits laitiers, les céréales ou le groupe VPO.

Chaque vitamine peut avoir un rôle fonctionnel comme la lutte contre la fatigue (C), la protection du système nerveux (B) ou la croissance (D).

● Les minéraux sont classés en deux catégories : macroéléments (calcium, phosphore) et oligoéléments (fer et zinc). Chaque minéral présente un ou plusieurs rôles fonctionnels comme le transport de gaz pour le fer ou un rôle constructeur comme le calcium pour l'élaboration du squelette.

3 Le principe de l'équilibre alimentaire

3 1 Le rythme des repas

● Lorsque l'enfant a débuté la diversification alimentaire (vers 4-6 mois), c'est-à-dire quand il consomme des aliments autres que le lait, les repas deviennent plus structurés sur la journée.

● Il est conseillé de proposer quatre repas par jour :
– le petit-déjeuner ;
– le déjeuner ;
– le goûter ;
– le dîner.

Répartition des repas sur la journée pour un jeune enfant

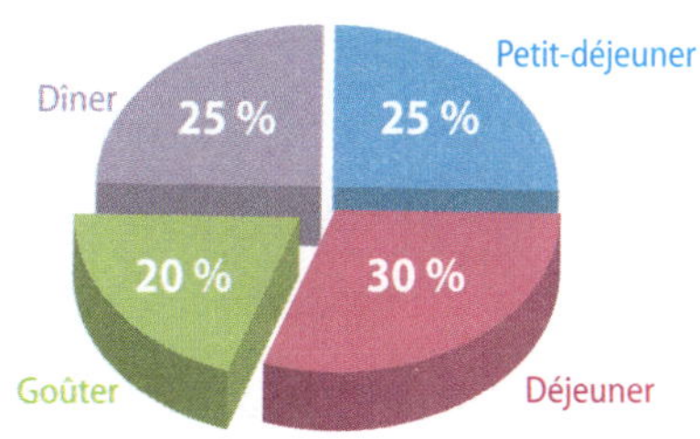

Chaque repas doit apporter une partie de la ration alimentaire journalière (quantité d'aliments consommés sur la journée).

3 2 L'équilibre nutritionnel

Voir fiche 6

- Tout au long de sa croissance, l'enfant voit ses capacités digestives évoluer. Elles lui permettent la digestion de nouveaux aliments qui sont donc à introduire au fur et à mesure.

Voir fiche 61

- Un des rôles des accompagnants est de donner dès le plus jeune âge de bonnes habitudes alimentaires. C'est pourquoi nous proposerons, ici, l'équilibre nutritionnel (ou alimentaire) à atteindre au terme de la croissance de l'enfant.

L'équilibre alimentaire consiste à apporter des aliments en quantités suffisantes pour couvrir les dépenses énergétiques mais aussi permettre la construction de l'organisme et son bon fonctionnement.

- L'équilibre nutritionnel repose sur deux principes :
  - **un équilibre qualitatif** : c'est-à-dire respecter la présence des groupes alimentaires ;
  - **un équilibre quantitatif** : respecter les quantités d'aliments qui vont dépendre de l'âge de l'enfant.

Chaque jour, un peu de matière grasse

Manger équilibré et bouger davantage

De l'eau plusieurs fois par jour

Du lait ou des produits laitiers 2 à 3 fois par jour

Une seule fois par jour, soit de la viande, de la volaille, du poisson ou un œuf

Des féculents ou des céréales à chaque repas

Des fruits et des légumes au moins 3 fois par jour

- **L'équilibre qualitatif**

Le petit-déjeuner :

Le petit-déjeuner est très important et doit comprendre :

Un produit laitier

Un produit céréalier

Un fruit et/ou d'un jus de fruit

Le déjeuner et le dîner :

L'équilibre qualitatif des repas est réalisé lorsque tous les groupes d'aliments sont représentés au moins une fois.

L'organisation du repas peut se faire de cette façon :

Dans un 1er temps on fixe un plat protidique : viande, œuf ou poisson auquel on ajoute un accompagnement (ou garniture) à base de féculents cuits ou de légumes non féculents.

Suivant le choix de la garniture, il reste à fixer l'entrée et le dessert de façon à ce que le groupe « fruits et légumes » soit représenté de façon crue et de façon cuite et que le groupe « céréale et féculent » soit également présent.

Par exemple, si la garniture est une purée de pomme de terre, l'enfant pourra consommer des tomates en salade en entrée et une compote de poire en dessert ainsi il aura dans la structure de son repas : des féculents (pomme de terre), des légumes crus (tomates) et des fruits cuits (poire).

Si l'équilibre ne peut être atteint sur un repas (sortie imprévue, etc), il faut veiller à rattraper le déséquilibre sur les autres repas de la journée.

• L'équilibre quantitatif

La quantité des aliments à apporter à chaque repas dépend des besoins nutritionnels de l'enfant : les proportions évoluent avec l'âge.

Il faut faire confiance à l'enfant qui, dès les premiers mois, sait manger à sa faim. Contrairement à un adulte, un enfant se régule non seulement sur un repas, mais aussi sur une journée (quand il mange trop à un repas, il mange moins au suivant).

Voici des apports quotidiens recommandés selon l'âge :

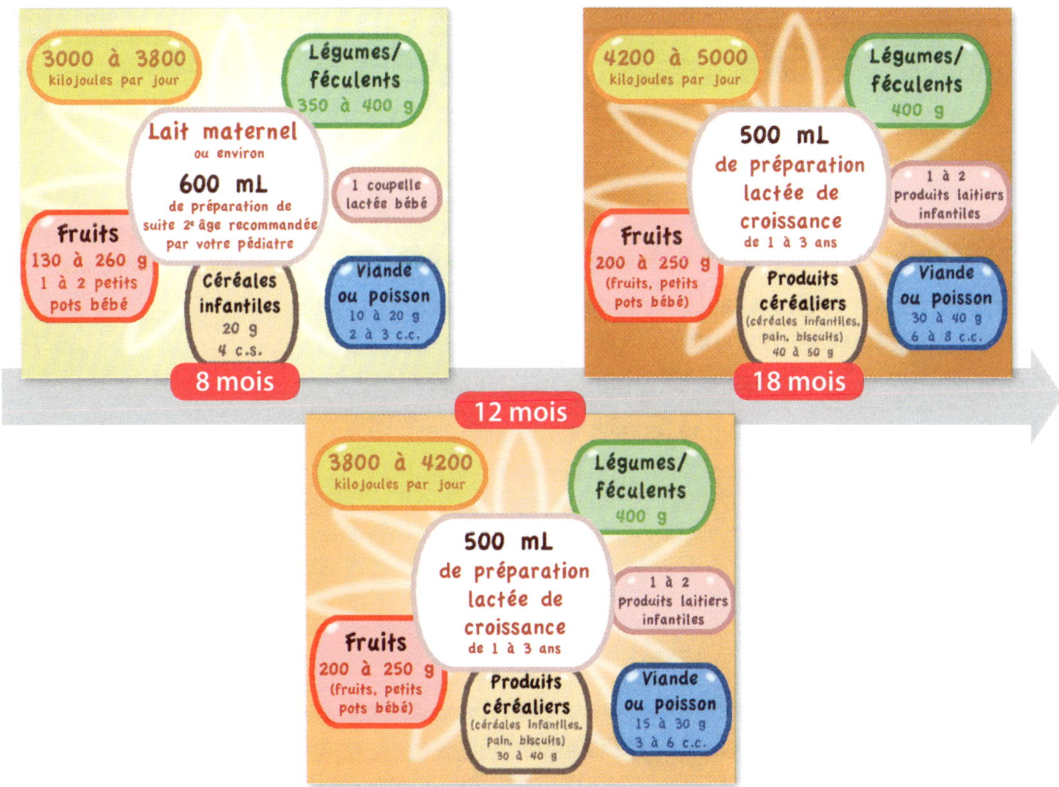

Retenez l'essentiel !

LES GROUPES ALIMENTAIRES : APPORTS ET RÔLES

PRODUITS SUCRÉS
Glucides simples

MATIÈRES GRASSES
Lipides • Vitamines liposolubles

VIANDE ŒUF POISSON
Protéine • Fer

PRODUITS LAITIERS
Protéine • **Calcium** • Vitamines A

FRUITS ET LÉGUMES
Eau • Vitamines • Minéraux • Fibres

FÉCULENTS ET CÉRÉALES
Glucides complexes (amidon) • Fibres

BOISSON
Eau • Minéraux

Légende des rôles :
Énergétique • Fonctionnel • **Constructeur**

L'ÉQUILIBRE ALIMENTAIRE

➜ 4 repas par jour pour les enfants : petit-déjeuner – déjeuner – goûter – dîner
➜ 2 règles pour équilibrer les repas :

❶ **Équilibre qualitatif :** présence des groupes alimentaires

Selon l'âge de l'enfant, mais à terme l'équilibre à atteindre est

Petit-déjeuner	Déjeuner	Dîner
Produit laitiers Fruit et légume Céréales et féculents	Présence de chaque groupe alimentaire sans répétition	

❷ **Équilibre quantitatif**

Apporter les quantités suffisantes pour couvrir les besoins, qui dépendant de l'âge.
Faire confiance à l'enfant : mange sa faim et s'autorégule.

Vérifiez vos acquis !

QCM
S'évaluer en ligne
→ lienmini.fr/4687-50

EP3

1 Reliez chaque aliment au groupe alimentaire auquel il appartient.

A. Truite ○	○ 1. Viande Poisson œuf
B. Beurre ○	○ 2. Produits laitiers
C. Yaourt ○	○ 3. Féculents et céréales
D. Pomme de terre ○	○ 4. Fruits et légumes
E. Orange ○	○ 5. Matières grasses
F. Miel ○	○ 6. Produits sucrés

2 Soulignez les propositions correctes.

A. Les lipides n'ont qu'un rôle énergétique.
B. Les lipides ont un rôle énergétique, fonctionnel et constructeur.
C. Les glucides ont un rôle fonctionnel et énergétique.
D. Les vitamines ont un rôle énergétique.
E. Les protéines ont un rôle constructeur.
F. Les protéines ont un rôle fonctionnel et énergétique.

3 Entourez les groupes alimentaires dont la présence est conseillée au petit-déjeuner.

A. Matières grasses
B. Produits laitiers
C. Céréales et féculents
D. Produits sucrés
E. Boisson
F. Viande poisson œuf
G. Fruits et légumes

4 Cochez les proportions correctes pour la répartition des 4 repas sur la journée pour un enfant de 4-6 mois.

	Petit-déjeuner	Déjeuner	Goûter	Dîner
A. ☐	20-25%	25-30%	20-25%	20-25%
B. ☐	10-15%	25-30%	30-35%	30-35%
C. ☐	15-20%	20-30%	25-30%	25-30%

5 Reliez chaque principe à sa définition.

A. Équilibre qualitatif ○	○ 1. Respect des proportions en fonction de l'âge.
B. Équilibre quantitatif ○	○ 2. Respect de la présence des groupes alimentaires.

Corrigés : voir p. 318

RESSOURCES

FICHE 61

L'évolution des besoins en fonction de l'âge

OBJECTIF
• Concevoir des repas.

Une bonne raison d'apprendre

Les enfants ont des besoins alimentaires différents selon leur âge. Ces besoins énergétiques, constructeurs et fonctionnels varient selon leur stade de croissance et leur activité physique. En tant que professionnel, vous devez être capable d'adapter les menus en fonction de ces besoins en prenant en compte aussi bien la qualité nutritionnelle des repas que la quantité des proportions proposées.

1 Les besoins de l'enfant de 0 à 1 an

L'alimentation du nourrisson est exclusivement lactée.

1 1 L'alimentation lactée et les différents types de lait

• **Le lait maternel**

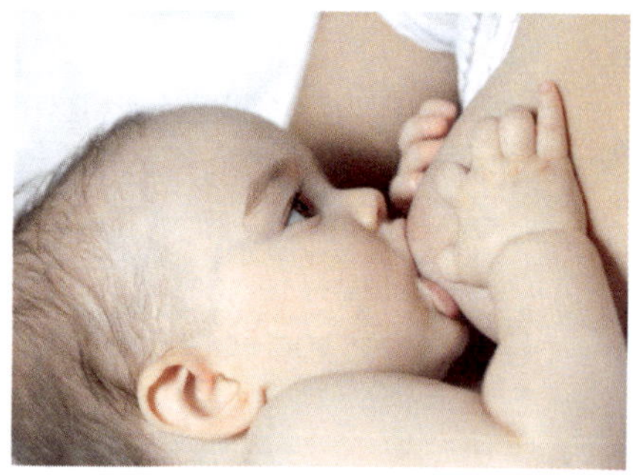

L'Organisation Mondiale de la Santé recommande de suivre un allaitement jusqu'aux 6 mois révolus de l'enfant. C'est le moyen idéal d'apporter au nourrisson tous les nutriments dont il a besoin pour grandir et se développer en bonne santé :
- des acides gras polyinsaturés (acides gras essentiels) dont certains ont un rôle dans les processus de maturation cérébrale et rétinienne ;
- des glucides dont certains ont un rôle essentiel dans la mise en place de l'écosystème bactérien colique et dans la protection vis-à-vis des maladies digestives.

De plus, il apporte des immunoglobulines (anticorps) qui le protègent des infections, principalement celles du tube digestif.

Sa composition en nutriments évolue au cours d'une tétée (enrichissement en graisses) mais aussi au cours de la journée et dépend également de l'alimentation de la mère. Son goût dépend des aliments consommés par la mère, ce qui contribue à l'éducation alimentaire. L'hygiène alimentaire de la mère allaitante est importante puisque certaines molécules (dont celles de l'alcool) et certains médicaments passent dans le lait et peuvent porter atteinte à la santé de l'enfant.
Ce lait est toujours à température idéale, disponible rapidement et sans contrainte matérielle. Enfin, des études sont actuellement en cours, mettant en relation allaitement maternel et prévention des allergies et de l'obésité.

L'utilisation du lait maternel :

Recueil du lait par la mère
- Dans un récipient propre et hermétique sur lequel sont notés le nom et le prénom de l'enfant, la date et l'heure du 1er recueil de lait.
- **Stockage** : ≤ 4 °C pendant 48 h au maximum.

↓

Transport du lait
- Ne pas rompre la chaîne du froid.
- Dans une glacière ou un sac isotherme ≤ 4 °C.

↓

Réception et conservation au lieu d'accueil
- Vérification de la présence du nom de l'enfant et de la date.
- **Stockage** : ≤ 4 °C < 48 heures.

↓

Remise en température
- Rapide.
- Au bain-marie ou dans un chauffe-biberon.

Si les conditions de recueil et de transport ne sont pas fiables ou si le recueil date de plus de 48 h, le lait ne doit pas être donné à l'enfant.

- **Les laits artificiels**

Ils sont fabriqués à partir du lait de vache : les industriels ajoutent des glucides et des acides gras essentiels (polyinsaturés) mais retirent des protéines et des minéraux qui, en trop grandes quantités, risqueraient d'altérer l'appareil digestif immature du nouveau-né. Ils le rendent le plus proche possible de la composition du lait maternel.

- **La préparation pour nourrisson ou lait 1er âge** est préconisé de 0 à 6 mois.
- **La préparation de suite ou lait de 2ème âge** prend le relais jusqu'au 1 an de l'enfant. Sa composition nutritionnelle est adaptée aux besoins énergétiques croissants de l'enfant. Il contient davantage de protéines : l'appareil digestif de l'enfant permet, en grandissant, de les digérer (présence de protéases). Il contient également plus de minéraux, mieux tolérés par des reins plus matures.

- **Les rations lactées et la répartition journalière**

La ration lactée journalière, c'est-à-dire la quantité de lait consommée par jour, varie selon l'âge et le poids du nourrisson principalement mais aussi selon son appétit et sa soif.
La ration lactée journalière évolue comme suit :
- **1er jour de sa vie :** 6 tétées de 20 mL, soit une ration lactée de 120 mL/jour ;
- **après le 1er jour jusqu'à une semaine :** les tétées augmentent de 10 mL par jour jusqu'à la fin de la 1re semaine. Pendant cette période, le nombre de tétées par jour diminue mais les tétées augmentent en volume ;
- **du 7e jour à environ 5 mois** (6 kg) : la ration journalière est calculée selon la règle d'Appert :

  $$\text{Ration lactée journalière (mL/jour)} = \frac{\text{masse de l'enfant (g)}}{10} + 250 \text{ mL ;}$$
- **après 5 mois**, il est préconisé de donner environ 4 biberons de 210 mL par jour.

Les caractéristiques physiologiques du nourrisson, tels que l'absence de dents, le petit volume de l'estomac et l'œsophage court, expliquent une alimentation liquide, fractionnée et en petites quantités.

1 2 L'introduction des premières céréales

- Les céréales infantiles dépourvues de gluten peuvent être introduites dans l'alimentation dès **4 mois**.

Dès **6-7 mois**, des céréales avec gluten peuvent être consommées par le jeune enfant dont le système digestif plus mature permet la digestion. Les farines infantiles contiennent :
- des glucides complexes, source d'énergie ;
- des nutriments dont le fer, le zinc et les vitamines A et C qui participent au maintien des défenses immunitaires du jeune enfant.

- Elles permettent d'espacer petit à petit les repas car elles augmentent la sensation de satiété. Il faut être attentif aux quantités proposées car elles peuvent entraîner une prise de poids.

1 3 La diversification alimentaire

- En grandissant, les besoins de l'enfant changent. Le lait ne suffisant plus à couvrir ses besoins énergétiques, constructeurs et fonctionnels, il est important d'introduire d'autres aliments pour les compenser.

La diversification alimentaire est l'introduction progressive d'aliments autres que le lait. Il est conseillé de la débuter **vers 6 mois**, cependant il existe un consensus et des professionnels la recommandent **entre 4-6 mois** mais jamais avant 4 mois révolus.

L'apport des aliments ne se fait pas au hasard et doit respecter certaines règles : par exemple, introduire les aliments un à un, en fonction du développement de l'appareil digestif de l'enfant, pour s'assurer qu'il puisse les digérer.

L'introduction des différents aliments

Âge (mois)

Âge (mois)		
4-5	◗ Céréales sans gluten	
6	◗ Légumes cuits ◗ Pommes de terre (pour lier)	◗ Fruits cuits ◗ Laitages : petit-suisse, yaourt sans sucre
7	◗ Viandes et poissons maigres ◗ Céréales avec gluten	◗ Fromage blanc
8-9	◗ Jaune d'œuf (1/4) ◗ Biscotte, biscuit, pain	◗ Petits pâtes et semoule fine
10	◗ Fruits crus très mûrs	
12	◗ Fromage à pâte molle	◗ Matière grasse

Il est préférable de cuire les aliments à la vapeur, sans ajouter de sel, ni de matières grasses.

L'évolution des textures

La texture des plats présentés au jeune enfant dépend de l'apparition de ses dents (qui débute aux alentours de 6 mois).

6 mois	8 mois	10 mois	12 mois
Purées et compotes lisses (texture veloutée)	Purées de plus en plus épaisses	Petits morceaux mous, tendres (morceaux fondants)	Morceaux de plus en plus gros

La structure des repas

	6-7 mois	8-12 mois
Déjeuner	◗ Repas mixé ◗ Légumes cuits + viande/poisson (10 g*) ou ¼ œuf + dessert (compote ou laitage)	◗ Repas mixé ◗ Légumes cuits + viande/poisson (20 g) ou $^1/_3$ œuf + dessert (compote ou laitage)
Goûter	◗ Apport lacté + fruits cuits + éventuellement produit céréalier	◗ Apport lacté + produit céréalier éventuellement + fruit mûr écrasé ou cuit
Dîner	◗ Apport lacté + fruits et/ou légumes cuits	◗ Apport lacté + fruits et/ou légumes cuits

* 10 g de viande = 2 cuillères à café

2 Les besoins de l'enfant de 1 à 3 ans

2 1 La ration lactée

• Jusqu'à l'âge de 3 ans, le lait reste omniprésent dans l'alimentation du jeune enfant. La ration lactée quotidienne recommandée est d'au moins 500 mL ou équivalent, le lait de croissance remplace la préparation de suite.

• La ration lactée est présentée sous forme de lait et/ou d'un autre produit laitier (yaourt, laits fermentés, petits suisses, fromages blancs, fromages, crèmes desserts, flancs…). Il est important de privilégier le groupe « Lait et produits laitiers » pour son apport en calcium nécessaire à la croissance.

2 2 Les autres groupes alimentaires

• L'introduction des légumes secs se fait vers 15 mois et les fruits crus vers 24 mois.

• En grandissant, les dépenses énergétiques de l'enfant sont plus importantes et ses besoins nutritionnels augmentent. Les proportions que l'on doit lui servir vont suivre cette augmentation.

• Après 18 mois, les groupes alimentaires suivants doivent être présents à chaque repas (déjeuner-dîner) :

Féculents – Céréales

Boissons

Fruits – Légumes

Corps gras

Lait et produits laitiers

Viandes – Poissons – Œufs (VPO)

• **Les matières grasses** sont indispensables mais en quantité très modérée. Les matières grasses d'origine végétale sont à privilégier mais à varier car elles ont des propriétés différentes et les graisses d'origine animale sont à limiter : beurre, crème…

• **Le groupe des produits sucrés**, source de plaisir, fait partie de l'alimentation du jeune enfant. À partir du moment où ils sont intégrés dans un repas et en quantité modérée, ils peuvent être consommés de temps en temps avec un maximum de variété. L'idéal est de n'ajouter du sucre qu'en cas de nécessité : améliorer la saveur d'un aliment trop amer ou acide qui serait refusé (par exemple : yaourt nature, pamplemousse…).

2 3 La structure et le rythme des repas

Repas	Après 1 an
Déjeuner	Légumes + produit céréalier + viande ou poisson ou œuf + matière grasse + dessert (fruit cuit ou cru et/ou laitage)
Goûter	Apport lacté + produit céréalier et/ou fruit cru ou cuit
Dîner	Fruits et/ou légumes + apport lacté +/- produits céréaliers

© Guide nutrition INPES

- La texture des aliments va évoluer en fonction de l'apparition des dents (mixée, puis hachée puis en morceaux).

- Jusqu'à la fin de l'adolescence, le rythme recommandé est de 4 repas par jour : petit-déjeuner, déjeuner, goûter et dîner. Ce rythme est une bonne habitude à transmettre très tôt, en évitant de donner des aliments en dehors des repas.

3 Les besoins de l'enfant de 3 à 6 ans

- À partir de 3 ans, la structure et le rythme des repas restent inchangés. Seule la fréquence de présence de chaque groupe alimentaire va évoluer.

- La difficulté rencontrée sera les proportions à servir à l'enfant qui vont varier en fonction de sa croissance et surtout de son activité physique.

Il est nécessaire de faire confiance à l'enfant qui, dès ses premiers mois, sait manger exactement à sa faim. Un enfant se régule généralement non seulement sur un repas, mais sur la journée : quand il mange trop à un repas, il mange moins au suivant.

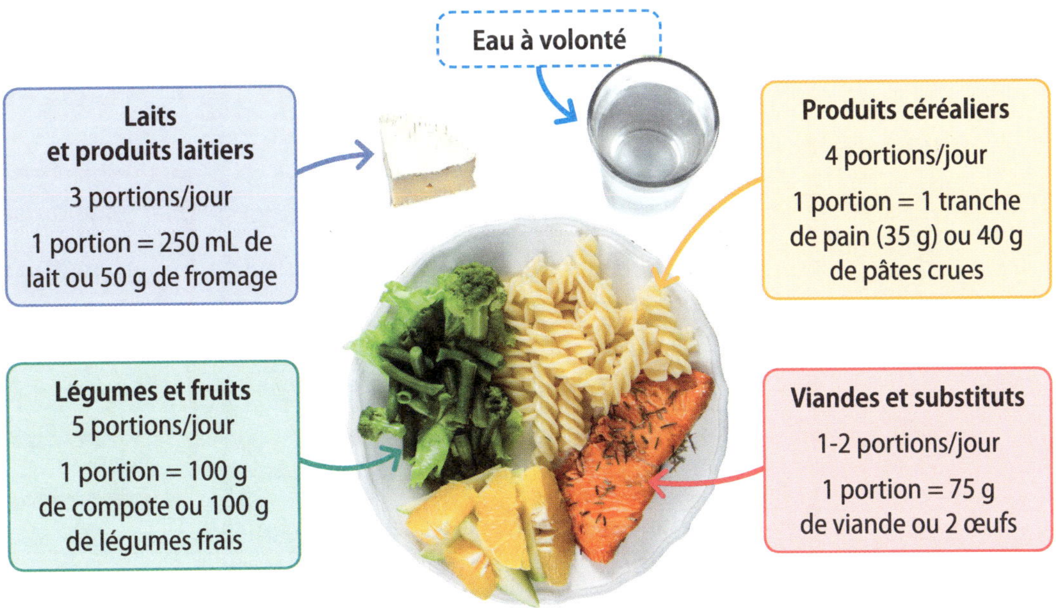

Retenez l'essentiel !

NAISSANCE – 4 MOIS – 12 MOIS – 24 MOIS – 36 MOIS – 6 ANS

ALIMENTATION EXCLUSIVEMENT LACTÉE

Lait maternel à la demande

OU

- Préparation pour nourrisson puis préparation de suite
- Quantité en fonction du poids, de l'âge et de l'appétit

INTRODUCTION DES PREMIÈRES CÉRÉALES

Vers 4 mois : premières céréales sans gluten → apport d'énergie

DIVERSIFICATION ALIMENTAIRE

= introduction d'aliments autres que le lait selon le développement de l'appareil digestif de l'enfant.

Aliments

Entre 6 et 24 mois :

Légumes et fruits cuits	Fruits crus très mûrs
Viande/poisson maigre	Fromage à pâte molle
Produits laitiers	Légumes secs
Céréales – pâtes – pain	Fruits crus

Texture des plats

Lisse
Moulinée
Petits morceaux

STRUCTURE DES REPAS

→ **Jusqu'à 3 ans :** ration lactée de 500 mL/jour

→ **4 repas par jour :** petit-déjeuner – déjeuner – goûter – dîner

→ **Présence** aux déjeuner et dîner des groupes suivants :

Féculents – Céréales ; Lait et produits laitiers ; Boissons ; Corps gras ; Fruits – Légumes ; Viandes – Poissons – Œufs (VPO)

→ **Les portions** augmentent en fonction de l'âge et de l'activité physique de l'enfant.

ATTENTION

→ **Matières grasses :** nécessaires mais à varier

→ **Produits sucrés :** consommation à limiter

QCM

S'évaluer en ligne

→ lienmini.fr/4687-51

EP3

Vérifiez vos acquis !

1 Reliez chaque aliment à l'âge préconisé d'introduction dans l'alimentation.

A. Légumes secs ○	
B. Préparation de suite ○	○ 1. 6 mois
C. Viande maigre ○	○ 2. 7 mois
D. Petits suisses ○	○ 3. 8 mois
E. Légumes cuits ○	○ 4. 10 mois
F. Biscotte/pain ○	○ 5. 12 mois
G. Fruits très mûrs ○	○ 6. 15 mois
H. Fromage à pâte molle ○	

2 Précisez si les affirmations sont vraies ou fausses.

	Vrai	Faux
A. Un nourrisson de 4 mois peut consommer des céréales sans gluten.		
B. La préparation pour nourrisson peut être donnée jusqu'à 12 mois.		
C. La ration lactée d'un nourrisson dépend de son poids et de sa taille.		
D. Il est possible de commencer la diversification alimentaire vers 4-6 mois.		
E. La ration lactée d'un enfant de 3 ans est de 500 mL/jour.		
F. À 5 ans, un enfant doit prendre 6 repas par jour.		
G. Seul le lait maternel contient des anticorps.		
H. Le lait pour nourrisson est aussi appelé lait 2ème âge		
I. Les matières grasses sont indispensables.		

3 Entourez l'âge auquel correspond la structure de ce déjeuner.

Déjeuner : Légumes + produit céréalier + viande ou poisson ou œuf + matière grasse + dessert (fruit cuit ou cru et/ou laitage)

A. 6 mois
B. 9 mois
C. 2 ans

Corrigés : voir p. 318

RESSOURCES

FICHE 62

OBJECTIF

• Concevoir des repas.

Les produits alimentaires

Une bonne raison d'apprendre

Avant de concevoir et de préparer des repas équilibrés et adaptés, vous devez être capable de lire et de décoder l'étiquetage d'un produit alimentaire. Il donne des indications indispensables sur la composition du produit, les précautions à prendre pour garantir sa qualité sanitaire et éventuellement des informations sur sa préparation.
Il est également important de bien connaître les différentes formes de commercialisation des produits alimentaires ainsi que les règles de stockage à respecter.

1 Étiquetage des produits alimentaires

1 1 Les mentions obligatoires

• Tous les produits alimentaires emballés doivent être étiquetés afin de renseigner les consommateurs. Les informations doivent être lisibles et facilement compréhensibles par les utilisateurs. Les mentions obligatoires doivent se trouver sur tous les étiquetages.

1 **Ingrédients :** concentré de tomates, semoule de blé dur, viande de bœuf, huile végétale, tomates pelées, œuf, carottes, **emmental**, **lait écrémée en poudre**, **farine de blé**, amidon, **parmesan**, sel, sucre. Exhausteur de goût : glutamate de sodium. Basilic, vin blanc concentré, épices. Colorant : extrait de paprika, E 161b. Entrait d'épices et d'aromates, extrait d'ail.

2 Préchauffer le four thermostat 7 environ 15 min.
Retirer le couvercle et placer la barquette sur la grille du four à mi-hauteur.
Faire cuire 45 minutes.

4 À consommer de préférence avant : juillet 2018

5 Lot 87199
Les bonnes pâtes
10 rue de Parme 75001 PARIS

6 Valeurs nutritionnelles	Pour 100 g	Par portion de 300 g	% des AQR par portion
Énergie	551 kJ 131 kcal	1653 kJ 394 kcal	20 %
Matières grasses dont acides gras saturés	5 g 3,1 g	15 g 9,3 g	21 % 47 %
Glucides dont sucres	15 g 1,3 g	45 g 3,9 g	17 % 4 %
Fibres alimentaires	0,9 g	2,7 g	
Protéines	6,1 g	18 g	36 %
Sel	0,66 g	2 g	33 %

1 **Les ingrédients** figurent toujours par ordre décroissant de quantité. La présence de substances allergènes doit figurer sur la liste des ingrédients en caractère gras ou italiques pour être bien visibles du consommateur, ainsi que la présence d'organismes génétiquement modifiés (OGM).

2 **Le mode d'emploi** est obligatoire si son absence peut induire le consommateur en erreur dans l'utilisation du produit.

3 **La date limite de consommation** (DLC) concerne les denrées périssables dont la consommation après cette date présente un risque pour la santé.

4 **La date de durabilité minimale** (DDM) est une date indicative. Une fois dépassée, le produit perd ses qualités gustatives et nutritives : « À consommer de préférence avant le (indication de jour) » ou « À consommer avant fin (indication de mois ou année) ».

5 **Le numéro du lot et l'identification du fabricant** sont obligatoires à des fins de traçabilité du produit.

6 **La déclaration nutritionnelle** (valeur énergétique, quantité de lipides, d'acides gras saturés, de sucres, de protéines, de sel) doit obligatoirement apparaître sur l'étiquette. Elle doit permettre de comparer les produits entre eux et de choisir les aliments adaptés. L'ensemble de ces informations doit être exprimé pour 100 g ou 100 mL. Ces informations nutritionnelles peuvent être accompagnées d'informations complémentaires facultatives sur d'autres nutriments comme les acides gras insaturés, l'amidon, les fibres, les vitamines ou les minéraux.

7 **L'origine des denrées alimentaires** telles que la viande de bœuf, le miel, l'huile d'olive doit être mentionnée. Elle est également obligatoire pour les denrées alimentaires qui, à défaut d'une telle mention, pourraient induire le consommateur en erreur.

1 2 Les mentions facultatives

- **Les signes officiels de qualités** sont des mentions facultatives. Les aliments qui en bénéficient répondent à des critères précis et sont contrôlés régulièrement par des organismes agréés.
  - Une qualité supérieure d'un produit est notamment garantie par le **Label rouge**.
  - Une origine particulière est identifiée, par l'appellation d'origine contrôlée (AOC), l'appellation d'origine protégée (AOP) ou l'indication géographique protégée (IGP).
  - D'autres signes garantissent un respect de l'environnement. Les produits qui portent le **label AB** sont issus de l'agriculture biologique et sont cultivés sans produits chimiques.

- **La marque** et **le code barre** (facilite la lecture optique des achats) sont facultatifs.

Le logo point vert atteste que le fabricant participe au programme Éco-emballage qui subventionne la collecte sélective et le tri des déchets d'emballages en vue du recyclage.

Le logo ruban de Moebius signifie que l'emballage est issu du recyclage et peut être recyclé à nouveau.

Le logo « Triman » est obligatoire depuis 2015 pour les produits ou emballages recyclables.

2 Formes de commercialisation des produits alimentaires

- Pour conserver les produits alimentaires et faciliter leur préparation, il existe six gammes de produits alimentaires.

Gammes de produits	Caractéristiques	Modes de conservation
1re gamme 	Produits frais à l'état naturel pour lesquels aucun traitement particulier de conservation n'est utilisé.	Quelques jours à température ambiante ou au frais dans le bac à légumes du réfrigérateur.
2e gamme 	Aliment en conserve. Le traitement de conservation utilisé est l'appertisation, la stérilisation ou la pasteurisation.	Plusieurs mois à température ambiante.
3e gamme 	Produits congelés ou surgelés.	Plusieurs semaines entre – 6 °C et – 18 °C sans perte des qualités nutritionnelles et gustatives.
4e gamme 	Produits végétaux (fruits, légumes frais et crus) prêts à l'emploi. Ces produits sont lavés, épluchés, coupés et conservés sous atmosphère protectrice dans un sachet étanche.	Une semaine au réfrigérateur entre 0 °C et 4 °C.
5e gamme 	Produits variés cuits (légumes, viandes, poissons) ou plats cuisinés, conditionnés sous vide et prêts à l'emploi.	Conservation au réfrigérateur entre 0 °C et 4 °C en respectant la DLC du produit.
6e gamme 	Produits déshydratés.	Conservation plusieurs mois à température ambiante.

● Les différentes gammes de produit existantes permettent de gagner du temps lors de la préparation des repas, par exemple l'utilisation des produits crus « prêts à l'emploi » de la 4e gamme ou les produits surgelés.

3 Conservation des qualités sanitaires lors de l'achat des produits alimentaires

● Lors de l'achat, il convient de bien lire l'étiquetage afin de bien choisir les produits alimentaires :
- vérifier la DLC ou DDM des produits préemballés ;
- privilégier les fruits et les légumes de saison et de production locale pour leurs qualités nutritionnelles et organoleptiques.

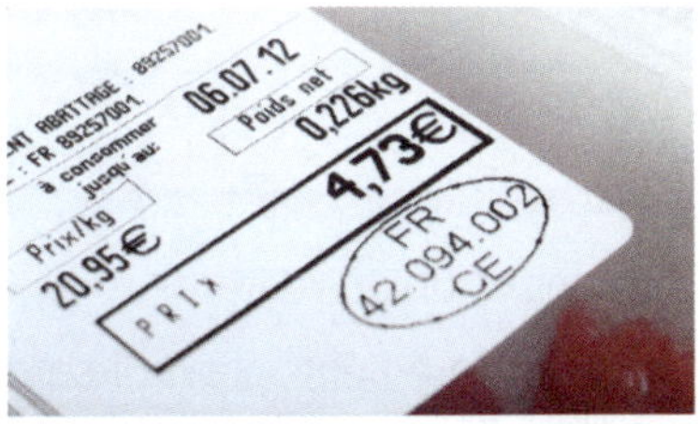

● Il faut également suivre quelques précautions pendant l'achat pour respecter la chaîne du froid :
- ordonner ses achats : d'abord les produits non périssables (produits d'épicerie, conserves, boissons…), puis les produits réfrigérés et enfin les surgelés ;
- utiliser un sac isotherme pour le transport des produits réfrigérés et surgelés ;
- rentrer directement après les achats alimentaires pour éviter une rupture de la chaîne du froid.

Voir fiche 63

● Une fois au domicile, il est important de respecter la température et la durée de conservation. Il faut respecter la température de stockage figurant sur l'emballage en rangeant les produits à la bonne place. On peut ôter les suremballages en carton ou en plastique, souvent sources de micro-organismes, si aucune information importante n'y figure (DLC, température de conservation ou mode d'emploi).

Retenez l'essentiel !

ÉTIQUETAGE DES ALIMENTS

Informations obligatoires

- Dénomination de vente
- Liste des ingrédients par ordre décroissant avec la présence d'allergène en gras ou italique
- Quantité nette du produit
- Déclaration nutritionnelle
- Identification du fabricant et numéro du lot
- DDM pour les produits non périssables et DLC pour les produits frais
- Mode d'emploi si nécessaire

Signes de qualité non obligatoires

- AB (agriculture biologique)
- Label rouge pour qualité supérieure
- AOC, AOP, IGP pour l'origine

LES GAMMES DE PRODUITS ALIMENTAIRES

Classées en fonction du procédé de conservation :

- 1re gamme : produits frais sans traitement
- 2e gamme : produits appertisés ou stérilisés
- 3e gamme : produits surgelés
- 4e gamme : produits crus prêts à l'emploi
- 5e gamme : produits cuits prêts à l'emploi
- 6e gamme : produits lyophilisés et déshydratés

CONSEILS POUR CONSERVER LA QUALITÉ SANITAIRE DES ALIMENTS

- Bien lire l'étiquetage en vérifiant DLC et DDM
- Respecter les règles de conservation du produit : température et durée
- Réduire le temps entre l'achat et le rangement du produit pour éviter une rupture de la chaîne du froid

Vérifiez vos acquis !

QCM
S'évaluer en ligne
→ lienmini.fr/4687-52

EP3

1 Reliez chaque sigle à sa signification et à sa définition.

A. DLC ○	○ **1.** Date de durabilité minimale ○	○ **a.** Concerne les denrées non périssables.
B. DDM ○	○ **2.** Date limite de consommation ○	○ **b.** Concerne les denrées périssables.

2 Surlignez dans la liste ci-dessous les informations obligatoires qui doivent figurer sur un étiquetage.

1. Dénomination de vente
2. Code barre
3. Présence d'allergènes
4. Déclaration nutritionnelle
5. Signes de qualité
6. Mode d'emploi
7. Date limite de consommation
8. Origine du produit
9. Le logo point vert recyclage
10. La liste des ingrédients

3 Soucieux de proposer aux enfants des produits de qualité issus de l'agriculture biologique, entourez le sigle correspondant sur l'étiquetage des produits alimentaires.

A. AB
B. Label rouge
C. AOC
D. IGP

4 Indiquez si les affirmations suivantes concernant les gammes de produits alimentaires sont vraies ou fausses.

A. Les produits alimentaires de première gamme concernent les produits déshydratés.
☐ Vrai ☐ Faux

B. Les produits surgelés de 3e gamme peuvent se conserver plusieurs mois à –18 °C.
☐ Vrai ☐ Faux

C. Les produits de 4e gamme se conservent plusieurs semaines à température ambiante.
☐ Vrai ☐ Faux

D. Les produits de 5e gamme sont des produits cuits ou des plats cuisinés conditionnés sous vide et prêts à l'emploi.
☐ Vrai ☐ Faux

Corrigés : voir p. 318

FICHE

63 La conservation des produits alimentaires

RESSOURCES

OBJECTIF

• Préparer des repas en milieu familial.

Une bonne raison d'apprendre

Une fois les achats de produits alimentaires effectués, il est important de connaître toutes les précautions à prendre pour éviter les altérations de ces produits d'origine animale ou végétale.
En effet, un produit alimentaire mal conservé ou mal préparé peut s'altérer et présenter un danger pour la santé des enfants en provoquant une intoxication alimentaire.

1 Les altérations courantes des produits alimentaires

- Les aliments peuvent être dégradés par **la flore d'altération**. La flore d'altération résulte de la multiplication importante des micro-organismes normalement présents dans les aliments.

Voir fiche 65

- Les aliments peuvent être également dégradés par l'oxygène de l'air, la lumière, l'humidité, la chaleur, les chocs ou la présence d'insectes. Ces altérations modifient les **qualités organoleptiques** (texture, couleur, odeur et goût).

Altérations	Modifications organoleptiques observées	Exemples d'aliments concernés
Putréfaction	▸ Odeur désagréable ▸ Couleur grise, brune ou verte ▸ Surface poisseuse	Aliments protidiques : viandes et poissons
Rancissement	▸ Odeur désagréable ▸ Goût âcre de rance ▸ Couleur plus accentuée	Corps gras : beurre et huile
Rassissement	▸ Durcissement de la mie ▸ Diminution de la flaveur	Pain, pâtisseries, biscuits
Flétrissement	▸ Jaunissement des feuilles ▸ Ramollissement, perte de rigidité ▸ Dessèchement, aspect fripé	Végétaux : fruits et légumes

2 Le stockage des produits alimentaires

Voir fiche 62

Pour éviter les altérations courantes des aliments, il est important de bien lire l'étiquetage du produit et de respecter les règles de conservation.

2 1 La chaîne du froid

- Respecter la chaîne du froid consiste à assurer le maintien constant des aliments réfrigérés et surgelés à une température basse positive ou négative selon le produit. Le froid limite la prolifération des micro-organismes qui peuvent être à l'origine d'intoxications alimentaires.
- Une augmentation, même faible, de la température provoque et accélère la croissance bactérienne et réduit la durée de vie des aliments.

2 2 Le réfrigérateur : zone de stockage au froid

- Le réfrigérateur est un maillon important de la chaîne du froid. Il ne produit pas du froid mais capte la chaleur des aliments par échange thermique avec le fluide frigorifique contenu dans le réfrigérateur. La température à l'intérieur d'un réfrigérateur est rarement uniforme.
- Selon les modèles et suivant la technologie de l'appareil, la zone la plus froide se trouve en bas ou en haut de l'appareil.
- Le rangement des aliments doit se faire en fonction des températures des différentes zones.
- Il faut contrôler régulièrement le bon fonctionnement des appareils en mesurant les températures au moyen d'un thermomètre.

Voir fiche 76

- Il est également important d'entretenir régulièrement le réfrigérateur en dégivrant et en nettoyant à l'eau javellisée aussi souvent que nécessaire.

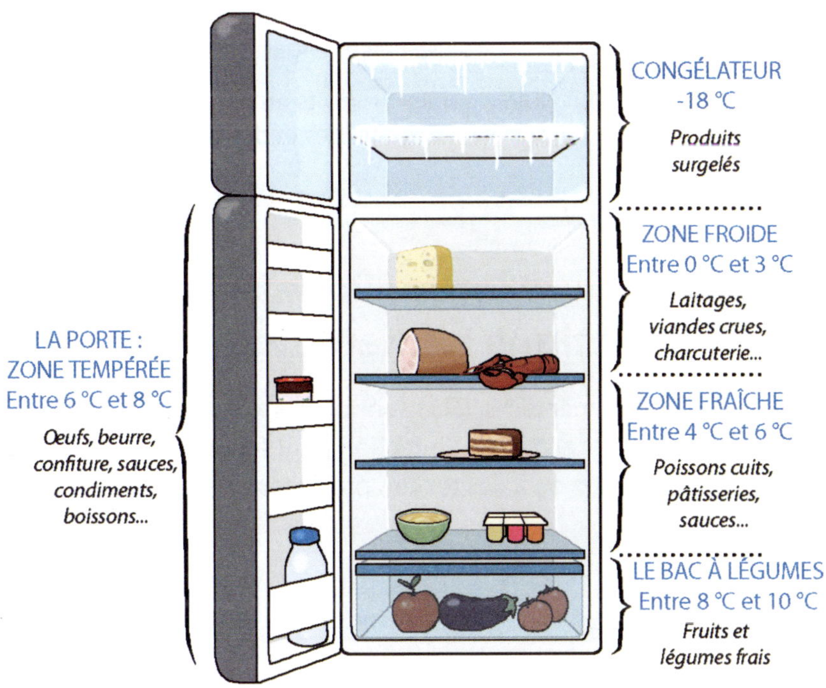

3 La préparation des produits alimentaires

- L'aliment peut être contaminé par des micro-organismes avant toute manipulation. On parle alors de contamination primaire.

- La salubrité des aliments en milieu familial repose sur le respect de certaines pratiques visant à lutter contre les contaminations microbiennes.

Conseils pour préparations saines	Justifications
Se laver les mains avant chaque préparation	Les micro-organismes sont véhiculés par les mains, les torchons et les ustensiles (planche à découper…).
Nettoyer son plan de travail	Les micro-organismes peuvent se développer en présence de matières organiques.
Séparer les aliments crus et les aliments cuits	Les aliments crus (viandes, volailles, poissons) peuvent contenir des micro-organismes dangereux et contaminer les autres aliments.
Faire bien cuire les aliments	La cuisson à cœur élimine la plupart des micro-organismes dangereux.
Nettoyer au fur et à mesure votre espace de travail et votre matériel	Les micro-organismes présents sur une surface souillée peuvent contaminer les aliments.
Préparer les aliments à bonne température	À moins de 5 °C, la croissance des micro-organismes est ralentie et à plus de 60 °C, les micro-organismes sont détruits.
Utiliser de l'eau et des produits sûrs	Les produits bruts peuvent contenir des micro-organismes et des produits chimiques dangereux.

4 Principaux micro-organismes responsables des toxi-infections alimentaires

- Les toxi-infections alimentaires (TIA) sont dues à la présence de micro-organismes ou de leurs toxines dans les aliments. L'infection peut être due à la prolifération des micro-organismes dans l'intestin ou à des toxines produites par des bactéries.

Micro-organismes	Aliments incriminés	Symptômes
Salmonella 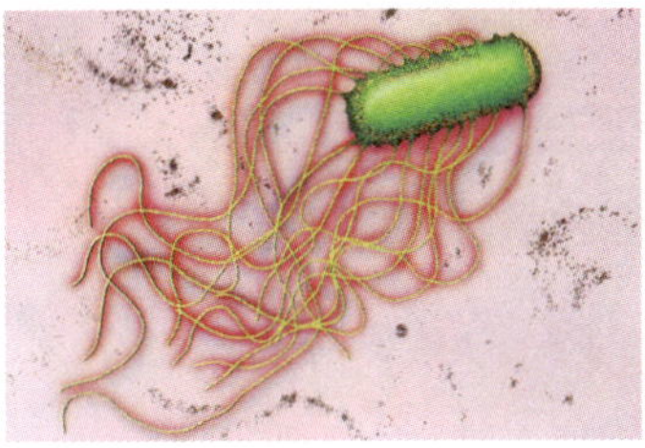 Bactérie vivant principalement dans les intestins des animaux.	Aliments crus ou insuffisamment cuits contaminés par la bactérie (viandes de boucherie, volailles, œufs ou lait cru non pasteurisé).	▸ Les symptômes apparaissent généralement de 6 à 72 heures après la consommation de l'aliment contaminé. ▸ La salmonellose se manifeste par des diarrhées parfois sanguinolentes, des crampes abdominales, des nausées, des vomissements, de la fièvre et des maux de tête.
Staphylococcus aureus 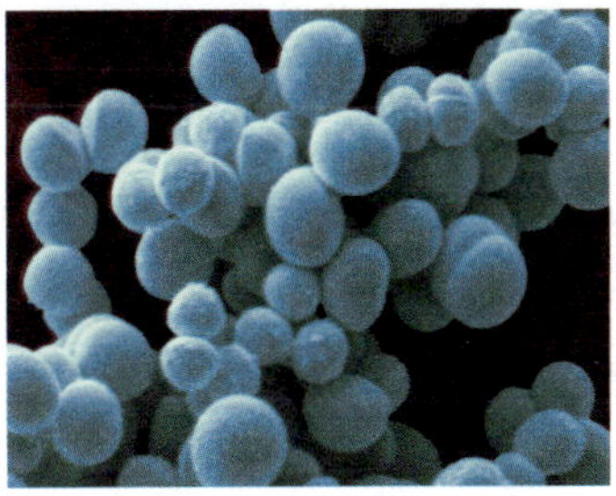 Bactérie présente sur la peau ou les muqueuses des mammifères. Produit des toxines en se multipliant dans les aliments.	Viande de volailles, charcuterie, plats à base d'œufs ou de lait.	▸ Les symptômes apparaissent après une incubation de 30 minutes à 8 heures. ▸ Ils se caractérisent par des vomissements violents et répétés, des nausées, des douleurs abdominales et des diarrhées.
Clostridium perfringens 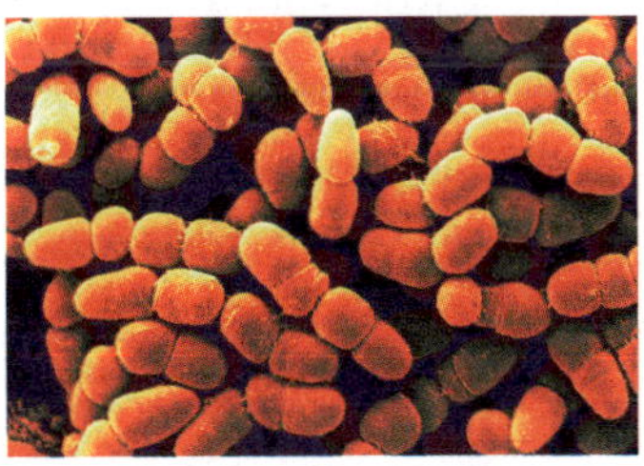 Bactérie présente dans l'environnement (sol, eaux usées, poussières) capable de produire des spores et des toxines en se multipliant dans les aliments.	Les plats en sauce à base de viande.	▸ Les symptômes apparaissent entre 10 et 12 heures après l'ingestion de l'aliment contaminé. ▸ On constate : nausées, douleurs et crampes abdominales, fatigue et diarrhées.

Retenez l'essentiel !

LECTURE ATTENTIVE DE L'ÉTIQUETAGE

CONSERVATION DES ALIMENTS

Respect de la chaîne du froid

↓

Zone de stockage du froid : **réfrigérateur**

Le rangement des aliments doit se faire en fonction des températures des différentes zones.

PRÉPARATION DES ALIMENTS

- Respect des règles d'hygiène
- Séparer les aliments crus et les aliments préparés
- Cuisson des aliments

SI NON RESPECT

DÉVELOPPEMENT DES MICRO-ORGANISMES

↓

TOXI-INFECTIONS ALIMENTAIRES

Caractérisées par des troubles digestifs qui apparaissent de quelques heures à plusieurs jours après consommation d'aliments contaminés par des micro-organismes pathogènes

- Infection par des **salmonelles** : consommation d'œufs, aliments crus ou peu cuits contaminés
- Infection par ***Staphyloccus aureus*** : consommation de produits à base d'œufs, de lait ou charcuterie contaminés
- Infection par ***Clostridium perfringens*** : consommation de plats cuisinés en sauce contaminés

ALTÉRATION DES QUALITÉS ORGANOLEPTIQUES

- Putréfaction (aliments protidiques)
- Rancissement (corps gras)
- Rassissement (pain, pâtisserie, biscuits)
- Flétrissement (végétaux)

QCM

S'évaluer en ligne

→ lienmini.fr/4687-53

EP3

Vérifiez vos acquis !

1 Reliez chaque aliment à son altération possible.

A. Putréfaction ○	○ 1. Pain, pâtisserie, biscuit
B. Flétrissement ○	○ 2. Poissons
C. Rassissement ○	○ 3. Beurre
D. Rancissement ○	○ 4. Salade

2 Soulignez les règles de conservation ou de préparation des aliments qui permettent d'éviter les risques microbiologiques.

A. Se laver les mains avant la préparation des aliments.
B. Respecter la chaîne du froid.
C. Ne pas cuire les aliments à plus de 60 °C.
D. Mélanger les aliments crus et cuits.
E. Bien lire l'étiquetage des aliments.
F. Nettoyer régulièrement son réfrigérateur (zone de stockage au froid).

3 Indiquez si les affirmations suivantes concernant les intoxications alimentaires sont vraies ou fausses.

A. Une intoxication alimentaire est due à la consommation d'aliments contaminés par des micro-organismes.
☐ Vrai ☐ Faux

B. La salmonelle est une bactérie qui peut se développer dans les aliments crus ou insuffisamment cuits.
☐ Vrai ☐ Faux

C. Après contamination par *Staphylococcus aureus*, les premiers symptômes apparaissent après 72 heures.
☐ Vrai ☐ Faux

D. Les principaux symptômes d'une intoxication alimentaires sont des nausées, vomissements, douleurs abdominales et diarrhées.
☐ Vrai ☐ Faux

E. *Staphylococcus aureus* se développe dans les produits alimentaires d'origine animale.
☐ Vrai ☐ Faux

F. Les bactéries *Clostridium perfringens* sont présentes dans l'intestin des animaux.
☐ Vrai ☐ Faux

Corrigés : voir p. 318

RESSOURCES

FICHE 64

Les régimes alimentaires particuliers

OBJECTIF

• Concevoir des repas.

Une bonne raison d'apprendre

En accueil individuel, vous pouvez rencontrer des enfants de cultures différentes, ayant certaines habitudes alimentaires ou présentant des pathologies. En tant que professionnel, vous devez être capable d'adapter les menus en fonction de ces particularités de façon à assurer leur bien-être et leur santé.

1 Les comportements et habitudes alimentaires relevant d'un choix familial

Les habitudes et comportements alimentaires varient d'une famille à une autre selon des critères d'ordre culturel ou personnel.

1 1 Concernant les cultures

• Des cultures excluent certains aliments de leur alimentation (porc dans les cultures musulmane ou juive, bœuf dans la culture indienne, etc.).

• **Mesure à prendre :**
Veiller à remplacer ou supprimer ces aliments dans les menus des enfants concernés.

1 2 Concernant les raisons personnelles ou idéologiques

• Le régime végétarien (végétarisme) exclut la viande et le poisson de l'alimentation ; le régime végétalien (végétalisme) exclut, en plus, tous les produits d'origine animale (lait, œuf, fromage, beurre…).

• Les nutritionnistes ne préconisent pas ces régimes pour les enfants qui, en pleine croissance, ont des besoins spécifiques devant être satisfaits par un régime omnivore.
Les conséquences du végétalisme, pour l'enfant, sont graves avec notamment un retard de croissance, des lésions neurologiques et diverses déficiences cognitives irréversibles. Ces retards et ces déficiences peuvent survenir également chez un enfant allaité exclusivement par une mère ayant une alimentation végétalienne.

- **Mesures à prendre pour un régime végétarien :**
  - Après accord du médecin traitant, l'équilibre alimentaire s'obtiendra en prévoyant au quotidien au moins 500 mL de lait maternel ou d'une préparation de suite ou de croissance ainsi qu'une alimentation variée.
  - Veiller à complémenter l'alimentation : le manque de protéines animales doit être complété par un apport en protéines végétales. Par exemple, il faudra privilégier l'apport de légumineuses et de céréales.

2 Les régimes alimentaires relevant d'une prescription médicale

- Le diabète se caractérise par un excès anormal de sucre dans le sang (hyperglycémie).

Le diabète de type I (ou insulinodépendant) est d'origine génétique ou virale, le pancréas synthétise peu ou pas d'insuline. Il est donc nécessaire de faire des injections d'insuline pour réguler la glycémie.

La prise en charge du diabète se manifeste également par un régime hypo-énergétique (ou contrôlé en glucides).

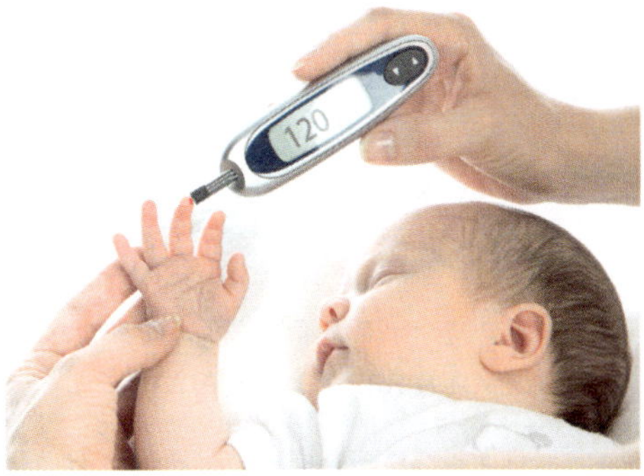

- **Mesures à prendre :**
  - L'enfant diabétique doit avoir un apport régulier en glucides tout au long de la journée. Il doit suivre un plan alimentaire spécifique à son cas, généralement réparti en 3 repas et 3 collations. Le plus important est de s'assurer que l'enfant prenne tous les repas et collations prévus dans son plan alimentaire.
  - Habituellement l'enfant prend le même menu que les autres enfants. Cependant des adaptations pourront être faites pour les desserts et dans les collations notamment en diminuant l'apport en glucides simples. Il est déconseillé que l'enfant prenne des glucides simples de façon isolée, cela influencerait fortement sa glycémie.
  - Lors des repas, il est nécessaire d'apporter une surveillance plus étroite auprès des jeunes enfants diabétiques afin de s'assurer qu'ils mangent une portion suffisante et qu'il n'y ait pas d'échange d'aliments entre les enfants.

    Une alimentation équilibrée est aussi importante que le traitement, elle permet de :
    - participer à l'équilibre du diabète : l'apport glucidique est systématiquement géré en quantité et dans le temps ;
    - préserver le repas comme un moment convivial de découverte et de plaisir ;
    - ne pas introduire de notion d'interdit, mais d'équilibre ;
    - varier les menus et pouvoir manger de tout en quantité raisonnée ;
    - pouvoir s'en détacher exceptionnellement sans risque, en connaissant alors les conséquences sur les glycémies et donc sur le traitement à adapter ;
    - bien adapter l'insuline en fonction du menu.

– Il est également important de connaître quelques équivalences énergétiques pour les glucides. Par exemple :

Quelques équivalences pour un goûter avec féculents			
10 g de glucides	15 g de glucides	20 g de glucides	25 g de glucides
◗ 10 g de pain + 2 carrés de chocolat ◗ 2 biscottes + 1 yaourt nature	◗ 1 biscuit au chocolat ◗ 1 barre de céréales ◗ 1 mini cake au chocolat	◗ 30 g de biscuits ◗ 2 cookies ◗ 3 sablés	◗ 40 g de pain + 2 carrés de chocolat ◗ 4 sablés au chocolat

3 Les allergies et intolérances alimentaires

3 1 Les allergies alimentaires

- C'est une réaction immunitaire à une protéine (allergène) présente dans un aliment. L'organisme considère, à tort, un aliment comme un intrus et déclenche une réaction immunitaire à son encontre.

- Les aliments contenant des protéines allergènes sont divers et en constante progression. Les plus connus provoquant des allergies chez les enfants sont l'œuf, l'arachide (cacahuète), le lait de vache, le poisson et les fruits secs.

- Les symptômes les plus fréquents sont :
  – des manifestations gastro-intestinales (nausées, vomissements, douleurs abdominales, diarrhées) ;
  – des manifestations respiratoires (asthme) ;
  – des manifestations cutanées (démangeaison, eczéma, urticaire, dermatite, œdème des lèvres).

Les réactions de type anaphylactique (choc cardio-vasculaire) sont graves et peuvent engager le pronostic vital.

3 2 Les intolérances alimentaires

- Elles surviennent après l'ingestion d'un aliment mais ne font pas intervenir les mécanismes immunitaires. Les raisons de ces intolérances sont une mauvaise ou impossible digestion de l'aliment.

- Les aliments responsables d'intolérance les plus répandus sont :
  – le lactose : présent dans le lait et ses dérivés ;
  – le gluten : protéine que l'on retrouve dans certaines céréales (blé, orge, seigle, avoine) et ses dérivés mais aussi en tant qu'agent texturant dans certains plats cuisinés entre autres.

- Les symptômes sont des manifestations essentiellement gastro-intestinales : douleurs abdominales, diarrhées et flatulences. Ils peuvent être accompagnés de maux de tête. Concernant l'intolérance au gluten (maladie cœliaque), un autre effet observé est une mauvaise absorption de nombreux éléments nutritifs comme le fer, les vitamines liposolubles, le calcium, les protéines.

3 3 Les mesures à respecter en cas d'allergie ou d'intolérance alimentaires

- Les allergies ou intolérances alimentaires peuvent apparaître à n'importe quel âge et peuvent être ou non transitoires. Elles sont plus fréquentes chez l'enfant, il est donc nécessaire de bien connaître les symptômes et de surveiller leur apparition. Il est démontré que si l'on commence la diversification alimentaire tôt, le risque d'allergie alimentaire augmente.

- **Les mesures à respecter :**
  - éviction de l'aliment incriminé de l'alimentation ;
  - lecture scrupuleuse de la composition des aliments avant l'achat ;
  - connaissance des différents noms pour un allergène donné ;
  - concernant l'intolérance au gluten : consommation d'aliments sans gluten. La céréale incriminée est remplacée par des céréales dépourvues de gluten telles que le riz ou le maïs. Des aliments spéciaux sans gluten peuvent être remboursés par la sécurité sociale.

- De plus, lorsqu'un membre de la famille présente une allergie alimentaire, il est important d'introduire ces aliments allergènes après la 1re année de l'enfant.
Il est nécessaire d'apprendre aux enfants à repérer, dans leur alimentation, les aliments pour lesquels ils sont allergiques ou intolérants, et à ne pas consommer un produit en cas de doute.

Voir fiche 10

- Un projet d'accueil individualisé (PAI) peut être proposé pour aider à l'accueil des enfants présentant une allergie ou intolérance alimentaire. Ce PAI permet de définir les aménagements nécessaires à la bonne prise en charge de l'enfant et aux conduites à tenir en cas d'urgence. Il est signé par les parents, l'assistant maternel, le médecin traitant de l'enfant et un médecin de la PMI.

Retenez l'essentiel !

COMPORTEMENTS ET HABITUDES ALIMENTAIRES RELEVANT DE CHOIX FAMILIAUX

Culture ou religion

Remplacer l'aliment interdit par un autre autorisé ou l'enlever du menu

Raison éthique

Pour le végétarisme : complémenter l'absence des protéines animales par des protéines végétales

Le végétalisme est très fortement déconseillé.

Mesures à prendre : Respect du choix

RÉGIMES ALIMENTAIRES RELEVANT D'UNE PRESCRIPTION MÉDICALE

Mesures à prendre

En cas de diabète

- Alimentation équilibrée
- Apport régulier de glucides sur la journée
- Éviter l'apport isolé en glucides simples
- Vérifier que tous les repas et collations sont pris selon le plan alimentaire
- Adapter la prise d'insuline en fonction du menu

En cas d'allergies ou d'intolérances alimentaires

1. Repérer l'aliment interdit en connaissant les différents dérivés et/ou noms et en lisant les étiquettes alimentaires
2. Supprimer l'aliment incriminé ou le remplacer quand c'est possible.

Exemple : Cas d'intolérance au gluten : remplacer la farine de blé par de la farine de riz.

Surveillance lors de la prise alimentaire :
Vérifier le contenu de l'assiette avant de proposer.
Pas d'échange d'aliments entre enfants, ni de couverts.

QCM
S'évaluer en ligne
→ lienmini.fr/4687-54

Vérifiez vos acquis !

EP3

1 **Reliez l'habitude alimentaire correspondant aux cultures ou aux raisons personnelles.**

A. Exclusion du porc ○	○ 1. Culture musulmane
B. Exclusion de la viande ○	○ 2. Culture indienne
C. Exclusion de produit issu d'un animal ○	○ 3. Végétarisme
D. Exclusion du bœuf ○	○ 4. Végétalisme
	○ 5. Culture juive

2 **Précisez si les affirmations suivantes sont vraies ou fausses dans le cas d'un régime pour enfant diabétique.**

	Vrai	Faux
A. Les produits sucrés sont strictement interdits.		
B. L'apport de glucides doit être régulier sur la journée.		
C. L'enfant ne peut pas manger le même menu que les autres.		
D. Il est nécessaire de faire manger l'enfant seul, à part.		
E. L'enfant doit suivre son plan alimentaire : 3 repas, 3 collations.		

3 **Surlignez les aliments ou plats à éviter pour une allergie alimentaire à l'œuf.**

A. Salade piémontaise
B. Quatre-quart
C. Quiche lorraine
D. Pâtes carbonara
E. Omelette
F. Pain
G. Clafoutis aux pommes
H. Salade de fruits

4 **Entourez les aliments ou plats à éviter pour une intolérance alimentaire au gluten.**

A. Jambon blanc
B. Quatre-quart
C. Quiche lorraine
D. Poulet avec riz
E. Omelette
F. Pain au seigle
G. Quinoa
H. Conserve de plats cuisinés

Corrigés : voir p. 318

RESSOURCES

FICHE 65

Le service des repas

OBJECTIF

• Servir un repas en milieu familial.

Une bonne raison d'apprendre

Le service des repas en accueil individuel est un moment important : s'adapter aux rythmes et stimuler l'appétit de l'enfant, servir dans les meilleures conditions possibles mais aussi savoir gérer les restes alimentaires sont des notions à connaître.

1 Les qualités organoleptiques des préparations

1 1 Les critères de qualités organoleptiques

● Ce sont l'ensemble des propriétés perçues par les organes des sens qui nous permettent de connaître et d'apprécier les aliments. On distingue :

– **la vue**, qui analyse la forme, la couleur, la taille, l'apparence ;
– **le toucher**, qui en apprécie la texture (mou, dur…), la température ;
– **l'ouïe**, qui identifie le côté croustillant, croquant, craquant… ;
– **le goût** à proprement parlé, qui révèle un continuum de saveurs (saveurs sucrée, salée, amère, acide, onctueuse, épicée…) grâce aux papilles gustatives de la langue qui détectent les molécules dissoutes dans la salive provenant de l'aliment mis en bouche et mâché ;
– **l'odorat**, qui détecte les odeurs (molécules volatiles ressenties par le nez et dégagées par l'aliment avant d'être mâché) et les arômes (molécules volatiles ressenties par la paroi supérieure du pharynx et libérées lors de la mastication).

④ Le cerveau traite et stocke les informations dans des zones émotionnelles et de mémorisation. Il nous fera dire que tel goût est associé à un souvenir, un moment agréable ou non.

② Les molécules odorantes se fixent sur des récepteurs de la muqueuse olfactive du nez.

① Deux voies sont possibles pour les molécules odorantes : la voie nasale (on parle alors d'odorat, d'odeurs et de voie nasale directe) et la voie rétro-nasale (on parle alors d'olfaction, d'arômes et de voie nasale indirecte).

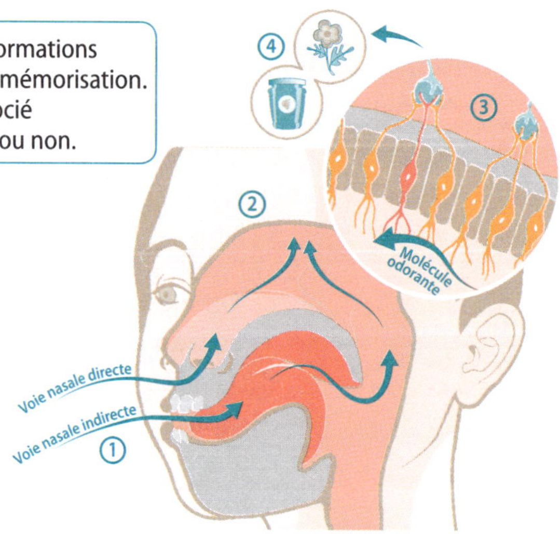

③ Les récepteurs sensoriels ainsi stimulés transmettent au cerveau par voie nerveuse les informations correspondant aux caractéristiques de l'aliment.

- Le goût est à 80-90 % d'origine olfactive et seulement 10 à 20 % par le goût lui-même mais il peut être altéré fortement par la vue et le toucher et dans une moindre mesure l'audition.

1 2 Apprentissage des sensations gustatives et des textures

- Si certaines saveurs, comme le sucré, sont appréciées dès la naissance, d'autres sensations gustatives comme l'astringent, le brûlant, le métallique, le goût du gras… s'acquièrent au fur et à mesure chez l'enfant et viennent enrichir sa mémoire gustative.

- Pour favoriser son apprentissage du goût, il est important que l'enfant ait accès à des aliments variés et de qualité, et que ses cinq sens soient au maximum stimulés. Aussi, il convient de présenter les préparations alimentaires sous des formes variées, de les cuisiner avec différents modes de cuisson et de proposer différents accompagnements.

- Il est important de ne pas s'arrêter à un ou plusieurs rejets d'aliment(s) de la part de l'enfant. Les rôles de l'éducation, de la culture, de la familiarisation, de l'entourage mais aussi de l'âge sont donc primordiaux.

2 Les conditions favorables à la prise des repas

- L'appétit, besoin naturel variable selon les personnes, est la sensation ressentie lorsqu'on a faim, et qui donne envie de manger. Il peut être provoqué par des stimuli visuels et/ou olfactifs, et est contrôlé de façon hormonale.

- Ainsi, pour favoriser chez l'enfant la prise du repas et que celui-ci soit vécu comme un moment convivial et constructif pour sa bibliothèque de goûts et de saveurs, il faudra être vigilants sur plusieurs facteurs.

  – **Les facteurs valorisant la présentation du plat** : la disposition des aliments dans l'assiette et la décoration apportée ainsi que la quantité (préférer des portions modestes plutôt qu'importantes), l'association des couleurs (préférer un contraste visuel pour stimuler l'appétit), la forme des aliments et leurs différences de textures, la température du plat ou encore le choix du contenant (forme, taille, couleur).

  – **Les facteurs veillant aux conditions de prise des repas** : une pièce lumineuse, calme, rangée, à l'atmosphère non viciée avec une table dressée avec soin et si possible décorée ; un temps suffisant pour prendre le repas, être à l'écoute de l'enfant sans le forcer et en y allant progressivement lors de la découverte de nouvelles saveurs ainsi qu'un mobilier adapté et confortable.

3 Maintien et remise en température des aliments

3 1 Maintien en température des aliments

- Il est important de garder les aliments à une température supérieure à 63 °C pour éviter le développement bactérien. 70 °C est la température idéale pour garder au chaud sans risque de recuire avec exagération et surtout sans déshydrater les aliments.

- Plusieurs techniques permettent de maintenir les plats au chaud :
  - au bain-marie : en plaçant le récipient contenant les aliments dans un plat plus grand avec de l'eau chaude et en le couvrant pour éviter une contamination ;
  - au four à 80 °C : en couvrant le plat avec un papier aluminium perforé pour éviter la condensation et le desséchement ;
  - en servant les aliments dans un plat préalablement chauffé.

3 2 Remise en température des aliments : le four à micro-ondes

- Pour réchauffer les plats, il existe des fours à micro-ondes simples qui permettent de décongeler, réchauffer ou cuire mais il existe aussi des fours à micro-ondes avec grill (pour gratiner) ou des fours à micro-ondes combinés (à chaleur tournante).

- L'énergie électrique est transformée en énergie électromagnétique grâce au magnétron. Le guide d'ondes dirige les ondes générées vers le diffuseur d'ondes, une hélice métallique qui diffuse les ondes dans l'enceinte du four. Elles sont ensuite réfléchies sur les parois du four et réparties de façon homogène pendant la cuisson grâce à la rotation du plateau sur lequel sont placés les aliments. Les ondes agitent les molécules d'eau, de graisses et de sucre contenues dans les aliments, ce qui entraîne une élévation de la température.

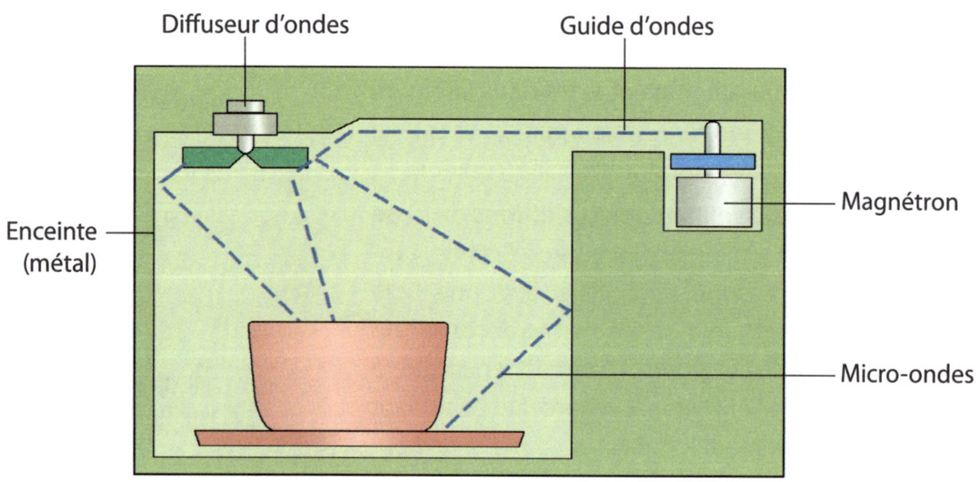

- Pour remettre en température, un certain nombre de précautions doivent être respectées :
  - utiliser uniquement des ustensiles adaptés à la cuisson au four à micro-ondes (: vaisselle utilisable au four à micro-ondes), ne jamais utiliser de récipients et ustensiles métalliques, de vaisselle comportant des ornements dorés ou argentés ;
  - ne pas remplir le récipient au maximum pour éviter les débordements ;
  - avant de servir le contenu des biberons ou des petits-pots pour bébé, toujours vérifier la température pour éviter tout risque de brûlure ;
  - ne jamais faire réchauffer des récipients fermés hermétiquement, emballés sous vide ou de biberons encore munis de leur tétine : ils pourraient exploser en cas de surchauffe ;
  - toujours utiliser des maniques pour retirer un plat du four à micro-ondes afin d'éviter toute brûlure accidentelle.

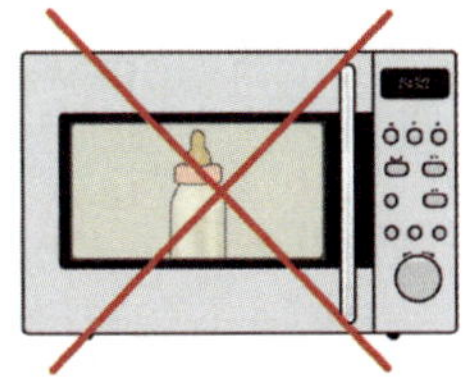

4 La gestion des restes alimentaires

- On appelle restes alimentaires des aliments non consommés à la fin d'un repas. Quelques principes sont à respecter pour les conserver dans les meilleures conditions.
  - Une fois cuisinés, les aliments doivent être consommés, réfrigérés ou congelés dans les deux heures qui suivent leur préparation. Dépassé ce délai, les bactéries se multiplient et les aliments deviennent impropres à la consommation.
  - Toute portion d'un plat non consommée ou d'un aliment non utilisé peut être conservée 24 à 48 heures dans le réfrigérateur. Les aliments conservés plus longtemps présentent plus de risques d'intoxications alimentaires.
  - Les restes alimentaires doivent être conservés au réfrigérateur au niveau de la zone fraîche entre 4 °C et 6 °C. Ils doivent être emballés dans des boîtes hermétiques pour éviter leur dessèchement et leur dégradation.
  - Tout aliment décongelé ne doit jamais être recongelé.
  - Les aliments pour bébé doivent être jetés à la fin du repas. Il faut en faire autant pour ceux destinés aux personnes dont le système immunitaire est affaibli.
  - Servir les restes alimentaires toujours bien chauds en portant à ébullition les sauces, les soupes ou les jus, chauffer les autres aliments à 75 °C minimum en remuant pour bien répartir la chaleur.
  - Décongeler correctement, soit lentement au réfrigérateur, soit plus rapidement au four à micro-ondes. Ces deux méthodes permettent de conserver les qualités gustatives des aliments sans risque sanitaire.

Retenez l'essentiel !

PRÉPARATION DES PLATS

↓

MAINTIEN ET REMISE EN TEMPÉRATURE DES ALIMENTS

Maintenir à une température supérieure à 63 °C (bain-marie, four, plat chaud)	Remettre en température au four à micro-ondes = Chauffage par agitation des molécules

↑

Les restes alimentaires

- Conserver au réfrigérateur entre 4 °C et 6 °C ; 24 h à 48 h
- Placer dans des récipients fermés
- Réchauffer une seule fois à une température supérieure à 75 °C

↓

CONDITIONS FAVORABLES À LA PRISE DES REPAS

Facteurs valorisant la préparation des plats + Facteurs veillant aux conditions de prise des repas

↓

Prise des repas

↓

QUALITÉS ORGANOLEPTIQUES

Stimulation des cinq sens + Apprentissage des saveurs et des textures

Vérifiez vos acquis !

QCM
S'évaluer en ligne
→ lienmini.fr/4687-55

EP3

1 Reliez chaque organe sensoriel à sa propriété organoleptique.

A. L'ouïe ○	○ 1. Odeurs, arômes
B. L'odorat ○	○ 2. Croustillant, craquant
C. Le toucher ○	○ 3. Amer, salé
D. Le goût ○	○ 4. Forme, apparence
E. La vue ○	○ 5. Granuleux, gluant

2 Barrez les affirmations fausses.

A. L'apprentissage des goûts et des saveurs est acquis dès la naissance.
B. L'éducation est importante lors de l'apprentissage des goûts et des saveurs.
C. Une pièce bruyante stimule l'appétit.
D. Un contraste visuel dans une assiette stimule l'appétit.
E. Manger sur un mobilier inadapté n'influe pas sur la prise des repas.

3 Reliez chaque organe du four à micro-ondes à sa fonction.

A. Magnétron ○	○ 1. Transforme l'énergie électrique en énergie électromagnétique.
B. Guide d'ondes ○	○ 2. Permet de choisir la puissance et le temps de cuisson.
C. Plateau ○	○ 3. Transmet les ondes dans l'enceinte du four.
D. Tableau de commande ○	○ 4. Fait tourner les aliments pour mieux répartir les ondes.

4 Indiquez si les affirmations suivantes concernant les restes alimentaires sont vraies ou fausses.

A. On peut conserver les aliments pour bébé non consommés au cours du repas.
☐ Vrai ☐ Faux

B. Les restes alimentaires doivent être consommés entre 24 et 48 heures.
☐ Vrai ☐ Faux

C. Les restes alimentaires doivent être conservés au réfrigérateur dans des boîtes hermétiques.
☐ Vrai ☐ Faux

D. On peut recongeler rapidement un aliment non utilisé.
☐ Vrai ☐ Faux

Corrigés : voir p. 318

FICHE 66

TECHNIQUE

Les protocoles de début et fin de préparation culinaire

OBJECTIF

• Préparer des repas en milieu familial.

Une bonne raison d'apprendre

Lors de la préparation culinaire, le respect de protocoles permet de prévenir les biocontaminations des plats et d'éviter les toxi-infections alimentaires, mais aussi une meilleure organisation spatiale et temporelle. Le respect de l'ergonomie est également à prendre en compte.

1 Protocole de début de préparation culinaire

1.1 Étapes préalables

1. Se mettre en tenue : blouse ou tablier de protection, chaussures réservées à la cuisine, des gants en cas de blessures aux doigts afin de ne pas contaminer la préparation.
2. S'attacher les cheveux ou mettre une charlotte.
3. Retirer les bagues et bracelets, remonter les manches jusqu'aux coudes puis se laver les mains (ongles courts et sans vernis).
4. Réaliser le bionettoyage du plan de travail et se laver les mains.
5. Consulter les menus établis sur la semaine pour savoir les préparations à cuisiner.

Voir fiche 48

1.2 Préparer le matériel et les denrées alimentaires

1. Rassembler le matériel et les denrées non périssables ; les denrées périssables (fraîches) restent au réfrigérateur jusqu'au moment de leur utilisation.
2. Contrôler l'intégrité et la propreté visuelle du matériel.
3. Vérifier les DLC et DDM des denrées, l'état de leur emballage, écarter les denrées douteuses.

Conseils pratiques

Bien lire l'étiquette alimentaire des denrées : y repérer les ingrédients susceptibles d'être dangereux pour les enfants intolérants ou allergiques, lire le mode d'emploi quand cela est nécessaire.

2 Réalisation

2.1 De la préparation à la cuisson

Lors de la préparation culinaire, pour garantir l'intégrité sanitaire des préparations, quelques recommandations sont à appliquer.

1 **Respecter la marche en avant : le sale ne croise pas le propre**
Les épluchures et les déchets alimentaires ne doivent pas rester sur le plan de travail et sont à déposer rapidement dans la poubelle.
La vaisselle sale est stockée au fur et à mesure dans l'évier et ne stagne pas sur le plan de travail.

2 **Disposer une assiette de propreté sur le plan de travail**
Elle réceptionne les ustensiles en cours d'utilisation qui ne se salissent pas au contact du plan de travail.

Voir fiche 48

3 **Bionettoyer régulièrement le plan de travail**
Le plan de travail est régulièrement nettoyé pour éviter les biocontaminations.

4 **Respecter la chaîne du froid**
Les denrées périssables stockées au réfrigérateur sont à sortir au dernier moment. Prélever la quantité nécessaire puis, après les avoir emballées, les ranger de nouveau au réfrigérateur. Il est important de noter sur l'emballage la date d'ouverture afin de respecter les délais de consommation.

2 2 De la cuisson à la consommation

- Les plats chauds sont à préparer au plus proche de leur consommation : c'est la **liaison chaude**. La prolifération microbienne est ainsi limitée.

- Il est possible de cuire les aliments, de les refroidir, puis de les stocker au réfrigérateur jusqu'au moment de leur consommation où ils sont réchauffés si nécessaire : c'est la **liaison froide**. Ce temps de refroidissement est un moment favorable à la multiplication microbienne : il faut donc être vigilant et protéger ces préparations lors du refroidissement en les couvrant d'un film alimentaire par exemple.

Conseils pratiques

Voir fiche 65

Pour la remise en température des préparations, il est possible d'utiliser un four à micro-ondes. Dans ce cas, veillez à homogénéiser la préparation avant de tester la température car le four peut entraîner un réchauffement hétérogène des aliments, ce qui pourrait entraîner des brûlures. **Dans tous les cas testez la température des préparations avant de donner aux enfants.**

3 Protocole de fin de préparation culinaire

3 1 Auto-évaluation

Observer si la préparation culinaire est conforme à la recette, vérifier la cuisson à cœur, la présentation, la présence de croûte dorée pour certains aliments.

3 2 Rangement du matériel et des denrées, traçabilité

Nettoyer le matériel avant de le ranger. Étiqueter les denrées alimentaires périssables avant de les stocker au réfrigérateur.

TECHNIQUE

FICHE 67

OBJECTIF

• Préparer des repas en milieu familial.

La préparation des fruits et légumes

Une bonne raison d'apprendre

Très riches en eau, vitamines et fibres, les légumes et fruits tiennent une place importante dans l'alimentation. Cuisinables crus et/ou cuits selon les variétés, il est préférable de les manger de saison et si possible locaux.

Tous les fruits et légumes doivent être lavés. En plus des insectes, les légumes souillés de terre et mal lavés peuvent contenir des traces de produits chimiques ou biologiques (pesticides, compost à base de matières fécales…) ou des œufs ou larves de vers parasitaires. Une décontamination au préalable à base d'une eau faiblement javellisée ou avec du vinaigre blanc sera donc nécessaire, suivie d'un rinçage en eau claire et d'un essorage.

1 La préparation des légumes

1. **Éplucher les légumes :** pour un droitier la progression s'effectue de la gauche vers la droite et trois récipients sont nécessaires :

Légumes à éplucher → Épluchures à éliminer → Légumes épluchés

2. **Laver les légumes :** plusieurs méthodes possibles :
   - **le lavage sous eau courante** : la pression de l'eau entraîne la terre, le sable, les vers et les insectes (pour les poireaux par exemple) ;
   - **le lavage dans plusieurs bains successifs** (au moins trois) : les légumes sont brassés et frottés avec soin puis portés à la main dans un autre récipient contenant de l'eau propre et froide.
3. **Tailler les légumes :** à effectuer dans un délai proche du moment de cuisson ou de la transformation avec du matériel propre (couteau, planche à découper…). Pour les droitiers, les légumes sont placés à gauche, le taillage s'effectue au centre et les légumes taillés sont dirigés vers la droite puis débarrassés.

Conseils pratiques

- Égoutter les légumes avec les mains sans renverser la calotte.
- Privilégier un trempage des légumes court pour prévenir toute prolifération bactérienne ou perte vitaminique.

2 La préparation des fruits

Les fruits crus à consommer en l'état ou destinés à la fabrication de desserts doivent être soigneusement lavés à grande eau puis égouttés et réservés en bacs filmés au réfrigérateur (exceptés les fruits exotiques).

EP3

Exemple de recette

Compote à l'orange et à la carotte

Préparation : 15 min - **Cuisson :** 20 min
Nombre d'enfants : 4

Denrées et quantités

- 4 pommes
- 2 oranges
- 2 carottes
- Jus d'un citron jaune

Réalisation

Voir fiche 66

Protocole de début de réalisation

1. Laver, éplucher puis laver à nouveau et couper en morceaux réguliers les pommes et les carottes.
2. Placer le tout dans une casserole à couvert avec un fond d'eau et le jus de citron.
3. Chauffer l'ensemble pendant 20 minutes environ.
4. Presser le jus des oranges.
5. Une fois les pommes et les carottes cuites, les mixer et ajouter le jus des oranges. Mixer de nouveau et remettre sur le feu si la consistance est trop liquide.
6. Laisser refroidir la compote ainsi obtenue à température ambiante en la filmant puis la stocker au réfrigérateur.
7. Servir bien frais.

Voir fiche 66

Protocole de fin de réalisation

Évaluation et transmission

- Vérifier que la compote n'est pas trop liquide.
- Vérifier l'équilibre des goûts (ni trop sucré, ni trop acide).

Conseils pratiques

- **Sécurité :** la queue des casseroles ne doit pas dépasser de la table de cuisson.
- **Hygiène :** laver les carottes à grande eau.

TECHNIQUE

FICHE 68

La fabrication de crèmes

OBJECTIF

• Préparer des repas en milieu familial.

Une bonne raison d'apprendre

On entend par « crème » une texture liquide dont la caractéristique est l'onctuosité. Le plus souvent ce terme est synonyme de préparations sucrées utilisées en pâtisserie soit sous forme d'appareil pour servir de garniture, soit d'accompagnement d'un dessert, ou encore comme entremets froids, constituant alors le dessert à part entière.

Les différentes crèmes en pâtisserie

• Une crème nécessite l'utilisation du lait comme base principale ainsi que d'œufs et de sucre. La plus courante est la **crème pâtissière**.

Crème pâtissière

Ingrédients

• 500 mL de lait • 4 jaunes d'œufs • 30 g de farine • 30 g de maïzena • 90 g de sucre • 1 gousse de vanille

1. Blanchir les œufs et le sucre.
2. Ajouter la farine et la maïzena.
3. Porter le lait à ébullition avec la gousse de vanille.
4. Verser le lait bouillant sur les œufs sans cesser de fouetter puis remettre dans la casserole.
5. Fouetter vivement : la crème va épaissir et se mettre à bouillir.
6. Laisser bouillir quelques minutes (pour cuire l'amidon et la farine).
7. Verser la crème dans un récipient, filmer au contact et laisser refroidir.

• **Les crèmes dérivées** à partir de la crème pâtissière :

Crème pâtissière + …	Nom de la crème dérivée	Utilisée pour
Beurre	Mousseline	Le Paris-Brest
Crème d'amande	Frangipane	La Galette des Rois
Blanc d'œuf en neige	Chiboust	Le Saint-Honoré
Crème fouettée	Diplomate	Les tartes feuilletées aux fruits

Conseil pratique

Le lait doit être versé progressivement sur les œufs afin de ne pas les coaguler.

Exemple de recette

Crème renversée au caramel

Denrées et quantités

Éléments de base :
- Lait : 0,5 L
- Sucre semoule : 100 g
- Œufs entiers : 3
- Vanille : ½ gousse
- Jus de citron

Caramel :
- Sucre semoule : 70 g
- Eau

Préparation : 40 min - **Cuisson :** 35 min
Nombre d'enfants : 4

Réalisation

Voir fiche 66

Protocole de début de réalisation

1. **Confectionner le caramel :** réunir l'eau (un peu), quelques gouttes de citron et le sucre dans une casserole puis porter à ébullition. Arrêter la cuisson du caramel lorsqu'il commence à prendre une teinte brune légèrement prononcée.
2. **Chemiser les moules avec le caramel :** verser le caramel immédiatement dans les moules.
3. **Confectionner l'appareil à crème prise sucré :** mettre le lait à bouillir avec la demi-gousse de vanille fendue en deux et laisser infuser durant quelques minutes. Casser les œufs et les blanchir avec le sucre dans un saladier. Verser progressivement le lait bouillant en remuant avec un fouet. Passer l'appareil au chinois et écumer avec soin.
4. **Marquer les crèmes caramel en cuisson :** tapisser le fond d'un récipient à bords hauts allant au four avec du papier sulfurisé et y déposer les moules caramélisés remplis avec l'appareil. Mouiller à mi-hauteur des moules avec l'eau bouillante et cuire les crèmes caramel au bain-marie à 180 °C pendant 30 à 35 min (contrôler avec la pointe d'un couteau d'office). Les sortir du four et les réserver au frais jusqu'à complet refroidissement.
5. **Dresser les crèmes caramel :** décoller les crèmes de leur moule et les renverser dans un plat de service en répartissant uniformément le caramel.

Voir fiche 66

Protocole de fin de réalisation

Évaluation et transmission

- Vérifier la cuisson à cœur.
- Les crèmes renversées tiennent et le caramel est uniformément réparti.

Conseils pratiques

- **Sécurité :** veiller à ne pas se brûler avec le caramel et le lait bouillant.
- **Hygiène :** pratiquer le protocole de cassage d'œuf : casser les œufs un à un dans un ramequin pour vérifier leur état de fraîcheur, avant de les incorporer à la préparation.
- **Alimentation :** pour un enfant intolérant au lactose prendre un lait réduit en lactose ou un lait végétal.

FICHE 69

TECHNIQUE

La fabrication de pâtes

OBJECTIF

- Préparer des repas en milieu familial.

Une bonne raison d'apprendre

Économiques, d'utilisation facile et appréciées pour leur goût et leur texture, les pâtes sont de différentes sortes et servent de base à de nombreuses préparations culinaires sucrées ou salées. Constituées d'ingrédients peu variés, voire identiques (farine, sel, beurre, œuf), elles constituent notamment une bonne source de glucides pour les enfants.

1 Les pâtes levées

Le principe de levé se fait soit par incorporation de bulles d'air par battage, soit par production de gaz (CO_2) lors de la cuisson.

- **Les pâtes levées aux œufs** : les pâtes à choux, à biscuit roulé, à biscuit de Savoie et à Génoise en sont les plus connues. Ces pâtes lèvent grâce à l'incorporation d'air par battage lors de l'ajout des œufs.
- **Les pâtes levées à la poudre à lever** : les pâtes à cake et à savarin. Ces pâtes lèvent grâce au bicarbonate de sodium contenu dans la poudre à lever.
- **Les pâtes à la levure de boulangerie (biologique)** : les pâtes à brioche et à savarin. Ces pâtes lèvent grâce aux levures (*Saccharomyces cerevisiae*) contenues dans la levure de boulangerie déshydratée. Celles-ci transforment le glucose (issu de l'amidon de la farine) en eau et dioxyde de carbone (CO_2).

Pâtes	Œufs	Farine (g)	Beurre (g)	Sucre (g)	Sel (g)	Liquide (mL) + poudre à lever ou levure (g)
À choux (8 à 10 choux)	3 à 4	150	75	15	2	Eau : 250 Pas de levure
À savarin (3 œufs/6 pers.)	1	30	20	30		Lait : 30 + Poudre à lever : 1
À brioche (2 œufs/6 pers.)	1	125	50	10	2	Eau ou lait : 15 + Levure : 3

Conseils pratiques

- Incorporer lentement la farine.
- Lors de l'utilisation de levure biologique, ne pas ajouter de liquide trop chaud pour ne pas tuer les levures.
- Utiliser une farine riche en gluten type 45 pour obtenir une pâte élastique.
- Bien travailler la pâte à brioche pour activer la fermentation et donner plus de « corps ».

Exemple de recette

Pâte levée à la poudre à lever : le cake thon olive

Préparation : 15 min - **Cuisson :** 40 min
Nombre d'enfants : 8

Denrées et quantités

- Farine : 100 g
- Œufs : 3
- Lait ½ écrémé : 100 mL
- Thon au naturel : 1 boîte de 300 g
- Olives noires et vertes dénoyautées : 50 g + 50 g
- Emmental râpé : 100 g
- Levure chimique : 8 g
- Huile d'olive : 80 mL
- Sel fin, poivre

EP3

Réalisation

Voir fiche 66

Protocole de début de réalisation

1. Préchauffer le four à 200 °C.
2. Dans un saladier, mélanger la farine tamisée et les œufs entiers. Y ajouter ensuite le lait froid, l'huile et enfin le sachet de levure chimique. Remuer le tout au fouet.
3. Incorporer le thon égoutté bien émietté avec le fromage râpé et les olives coupées en morceaux. Bien mélanger à l'aide d'une spatule et rectifier l'assaisonnement si nécessaire.
4. Chemiser un moule à cake (garnir un moule de papier sulfurisé ou bien le beurrer puis le fariner) et y verser la pâte.
5. Enfourner pendant 40 minutes environ (vérifier la cuisson avec la lame d'un couteau pointu qui doit ressortir sèche).
6. Au terme de la cuisson, démouler et laisser refroidir avant de découper.

Voir fiche 66

Protocole de fin de réalisation

Évaluation et transmission

- Vérifier que le cake est craquant à l'extérieur et moelleux à l'intérieur.
- Vérifier l'équilibre des saveurs : ni trop, ni pas assez salé.
- Vérifier que les ingrédients sont uniformément répartis.
- Vérifier que le démoulage est réussi.

Conseils pratiques

- **Sécurité :** veiller à ne pas se brûler en sortant le cake du four.
- **Hygiène :** nettoyer toutes les boîtes de conserve avant ouverture.
- **Alimentation :** pour un enfant intolérant au lactose prendre un lait réduit en lactose ; pour un enfant intolérant au gluten (farine) utiliser de la maïzena.

2 Les pâtes liquides et sèches

- **Les pâtes liquides :** on y trouve les pâtes à crêpes et à frire.

	Œuf	Farine (g)	Huile (mL)	Sucre (g)	Sel (g)	Liquide (mL)
Pâte à crêpes : 10 à 12 crêpes (poêle Ø 20 cm)	1	100	30	20	2	Lait : 200
Pâte à frire (pour 6 pers.)	1	100	20	20	2	Lait : 100

- **Les pâtes sèches :** on y trouve les pâtes brisées, sablées et feuilletées.

Les pâtes à foncer (pâtes brisées, sablées) : utilisées pour garnir le fond des tartes, quiches, barquettes… leur réalisation est rapide et facile.

Pâtes (1 tarte Ø 20 cm pour 4 pers.)	Farine (g)	Beurre (g)	Sucre (g)	Sel (g)	Liquide (mL) ou Œuf
Brisée	100	50	10	2	Eau : 30 mL
Sablée	100	50	50	2	Œuf : 1/2

La pâte feuilletée : plus difficile et plus longue à réaliser que les pâtes à foncer, elle est formée de couches successives de matières grasses et de détrempe (mélange de farine, eau et sel) qui forment des feuillets. Utilisée pour foncer les moules, elle sert aussi à la confection de pâtisseries plus élaborées.

Pâte	Détrempe (D)			Beurre (g)
	Farine (g)	Eau (g)	Sel (g)	
Feuilletée tarte (1 tarte Ø 20 cm pour 4 pers.)	100	50	2	D/2 = 75

Conseils pratiques

- Incorporer lentement la farine et ne pas ajouter trop de liquide pour avoir une pâte qui tienne.
- **Pour les pâtes à foncer :** toujours tamiser la farine, bien dissoudre le sel et le sucre dans l'eau avant d'effectuer un mélange et éviter de mettre en contact direct les jaunes d'œufs avec le sucre.
- **Pour la pâte feuilletée :** travailler la pâte le moins possible, avoir une détrempe ferme mais souple, laisser reposer la détrempe au frais et couverte pour perdre son élasticité.

Exemple de recette

Pâte liquide : les cannelés

Denrées et quantités

- Beurre doux : 25 g
- Sucre cristallisé : 200 g
- Œufs : 4
- Farine : 120 g
- Lait ½ écrémé : 500 mL
- Vanille : ½ gousse
- Sucre vanillé : ½ sachet

Préparation : 40 min - **Cuisson :** 35 min
Nombre d'enfants : 4

EP3

Réalisation

Voir fiche 66

Protocole de début de réalisation

Remarque : Pour obtenir des cannelés de meilleurs qualités, il est préférable de préparer la pâte la veille.

1. Sortir le beurre du réfrigérateur afin qu'il soit mou au moment de réaliser la recette et préchauffer le four à 270 °C. Sur une planche à découper, ouvrir la gousse de vanille sur sa longueur et récupérer les graines de vanille.
2. Faire chauffer dans une casserole le lait avec le beurre, le sucre vanillé, les graines de vanille et la vanille ouverte. Surveiller attentivement.
3. Pendant ce temps, mélanger dans un saladier farine et sucre. Ajouter progressivement 2 œufs entiers puis 2 jaunes en appliquant les règles d'hygiène pour le protocole de cassage d'œufs.
4. Verser doucement et petit à petit le contenu de la casserole dans le saladier. L'appareil à cannelé est prêt.
5. Mélanger de nouveau l'appareil à cannelé puis le verser dans les moules à cannelés (1 cm en dessous du sommet). Cuire 10 minutes à 270 °C puis 40 minutes à 200 °C.
6. Démouler à froid.

Voir fiche 66

Protocole de fin de réalisation

Évaluation et transmission

- Vérifier la cuisson à cœur et le craquant extérieur.

Conseils pratiques

- **Sécurité :** veiller à ne pas se couper lors de l'incision de la gousse de vanille, et à ne pas se brûler en sortant les cannelés du four.
- **Hygiène :** se laver les mains après manipulation des œufs et pratiquer le protocole de cassage des œufs.
- **Alimentation :** pour un enfant intolérant au lactose prendre un lait réduit en lactose ; pour un enfant intolérant au gluten (farine) utiliser de la maïzena.

Voir fiche 68

FICHE 70

TECHNIQUE

Les différentes cuissons

OBJECTIF

• Préparer des repas en milieu familial.

Une bonne raison d'apprendre

Le choix du type et du mode de cuisson doit correspondre au mieux à l'aliment à cuisiner mais aussi doit permettre de préserver ses qualités organoleptiques et nutritionnelles.

1 La cuisson par concentration

1.1 Principe

- La cuisson par concentration consiste à exposer un aliment à une chaleur intense dès le début de la cuisson (saisir), dans un milieu liquide ou gazeux (four, vapeur…).
- Ce type de cuisson permet d'emprisonner les éléments nutritifs et les arômes dans l'aliment grâce à la formation d'une croûte.

1.2 Quelques exemples de modes de cuisson par concentration

- **Rôtir** : dans un four, l'air par des phénomènes de convection et/ou de rayonnement va cuire un aliment. On parle de rôtis lorsque la chaleur est sèche et cuit l'aliment.

Conseils pratiques

- Concernant les viandes : les huiler pour améliorer les transferts de chaleur.
- Régler la température et le temps pour une cuisson homogène à cœur.

- **Sauter** : la matière grasse est chauffée à découvert dans une poêle puis l'aliment (viande, poisson, œuf, légumes crus ou cuits) y est doré. C'est un mode de cuisson rapide dont le but est d'obtenir une croûte dorée, appétissante.

- Respecter les températures maximales de cuisson des corps gras (beurre : 120-150 °C ; huile d'arachide : 160 °C).
- Cuire à découvert pour obtenir un aliment bien doré.

- **Vapeur** : la cuisson à la vapeur permet de conserver les minéraux et les vitamines des aliments tout en réduisant leur temps de cuisson.

- Respecter le temps de cuisson pour conserver les qualités organoleptiques des aliments.
- Expulser la vapeur de l'autocuisseur avant de l'ouvrir : le passer sous l'eau pour condenser la vapeur et éviter de se brûler en ôtant la soupape.

Exemple de recette

Nuggets de dinde et haricots verts

Denrées et quantités

- Escalopes de dinde : 2
- Huile d'arachide : 1 c. à s.
- Farine : 40 g
- Œuf : 1
- Chapelure : 40 g
- Haricots verts : 1 boîte de 300 g
- Beurre : 20 g
- Sel, poivre

Préparation : 15 min - **Cuisson :** 40 min
Nombre d'enfants : 3

EP3

Réalisation

Voir fiche 66

Protocole de début de réalisation

1. Découper les escalopes en morceaux.
2. Passer la viande dans la farine puis dans l'œuf puis dans la chapelure.

Cuire les escalopes

3. Chauffer la poêle avec l'huile pour y saisir la viande.
4. Retourner les morceaux au bout de 2 à 3 minutes (selon l'épaisseur de la viande).
5. Saler et poivrer en fin de cuisson ce qui évite le dessèchement (le sel fait sortir l'eau).

Cuire les haricots verts

6. Faire chauffer le beurre dans la poêle et ajouter les haricots verts (préalablement rincés et égouttés).

Voir fiche 66

Protocole de fin de réalisation

Évaluation et transmission

- Vérifier que les nuggets sont légèrement dorés et cuits à cœur.
- Vérifier que l'assaisonnement est satisfaisant.

Conseils pratiques

- **Sécurité** : la queue des poêles ne doit pas dépasser de la table de cuisson.
- **Hygiène** : la boîte de conserve doit être nettoyée avant ouverture.
- **Alimentation** : pour un enfant allergique à l'arachide, remplacer l'huile d'arachide par de l'huile de colza ; pour un enfant intolérant au gluten, utiliser de la maïzena et remplacer la chapelure par des cracottes sans gluten préalablement réduites en poudre.

2 La cuisson par expansion

2 1 Principe

- La cuisson par expansion consiste à faire cuire l'aliment dans un liquide (eau, bouillon, lait…) froid ou une température inférieure à la température de coagulation.

- Le liquide agit sur les aliments par des phénomènes de diffusion et d'osmose et par la chaleur qu'elle transmet. Ce type de cuisson permet un échange de nutriments et d'arômes entre l'aliment et le liquide.

Conseils pratiques

- Saler l'eau de cuisson évite aux éléments hydrosolubles de l'aliment de passer dans le liquide de cuisson lorsque celui-ci n'est pas consommé.
- Plus la viande est riche en collagène et plus le temps de cuisson sera élevé pour qu'elle devienne mœlleuse.
- Pour le poisson, l'eau ne doit pas bouillir afin de ne pas désagréger sa chair qui est fragile.
- Couvrir pour limiter les pertes et réduire le temps de cuisson.

2 2 Un exemple de mode de cuisson par expansion

- **Pocher (départ liquide à froid)** : l'aliment est immergé dans un liquide froid (eau, lait…) qui est ensuite porté doucement à ébullition. Cette cuisson est utilisée pour la cuisson des pommes de terre, la cuisson des poissons au court-bouillon, le blanchiment des viandes (exemple : blanquette de veau).

3 La cuisson mixte

3 1 Principe

- La cuisson mixte associe les deux types de cuisson précédents (concentration, puis expansion).

- Cette cuisson permet l'attendrissement de l'aliment et un échange de saveurs et de nutriments entre l'aliment et le liquide.

3 2 Un exemple de mode de cuisson mixte

- **Braiser** : les aliments (souvent de grosses pièces de viande mais aussi des légumes) sont sautés puis cuits à couvert dans un liquide aromatisé.

Conseil pratique

Éviter de mettre trop de liquide de cuisson, les arômes seraient trop dilués.

Exemple de recette

Mousseline au poisson

Denrées et quantités

- Cabillaud : 90 g
- Pommes de terre : 230 g
- Poireau : 60 g
- Champignons de Paris : 60 g
- Lait ½ écrémé : 250 mL
- Gruyère râpé : 60 g

Préparation : 30 min - **Cuisson :** 15 min
Nombre d'enfants : 3

EP3

Réalisation

Voir fiche 66

Protocole de début de réalisation

Voir fiche 67

1. Préparer et couper les pommes de terre, les champignons et les poireaux.
2. Mettre les légumes, le poisson et le lait dans une casserole. Porter à frémissement puis baisser le feu et couvrir environ 15 minutes.
3. Sortir le poisson et l'effeuiller avec un couteau et une fourchette puis le remettre dans la casserole et ajouter le fromage râpé.
4. Réduire en purée, à l'aide d'un mixeur-plongeur par exemple, jusqu'à l'obtention de la consistance désirée.

Voir fiche 66

Protocole de fin de réalisation

Évaluation et transmission

- Vérifier la cuisson à cœur du poisson.
- S'assurer que la texture est bien homogène.
- Vérifier que l'assaisonnement est satisfaisant.

Conseils pratiques

- **Sécurité :** vérifier l'absence d'arêtes dans le poisson.
- **Alimentation :** la texture de la purée sera lisse pour 7 mois, en petits morceaux fondants pour 10 mois par exemple.
  Le gruyère amène du sel, inutile d'en ajouter.

FICHE 71

TECHNIQUE

Les sauces émulsionnées

OBJECTIF

• Préparer des repas en milieu familial.

Une bonne raison d'apprendre

Les sauces accompagnent certains aliments et ne doivent pas s'y substituer. Elles peuvent faciliter la prise alimentaire mais il faut veiller à ce que l'enfant connaisse le goût de l'aliment seul.

Une émulsion est un mélange de deux phases non miscibles naturellement (souvent phases aqueuses et lipidiques).

1 Les sauces froides

1.1 Les émulsions instables

- La vinaigrette est le mélange de deux phases composées d'huile et de vinaigre, la dispersion de l'une dans l'autre s'obtient par agitation. Elle est principalement utilisée pour l'assaisonnement des salades.
- **Les sauces dérivées :**
  - avec de la moutarde : sauce vinaigrée moutardée ;
  - avec du persil haché, des oignons et câpres ciselés : sauce ravigote.

1.2 Les émulsions stables

- Pour stabiliser les émulsions, il faut ajouter un émulsifiant. La mayonnaise est réalisée à base d'huile, de citron et de jaune d'œuf (émulsifiant). Elle est principalement utilisée pour les préparations froides à base de viandes, de poissons, de crustacés, d'œuf, de légumes.
- **Les sauces dérivées :**
  - avec du ketchup et du tabasco : sauce cocktail ;
  - avec câpres, cornichons, oignon et persil hachés : sauce tartare.

Conseil pratique

Pour réduire l'apport en lipides : diminuer la quantité d'huile et ajouter de l'eau pour la vinaigrette, remplacer une partie de l'huile par du fromage blanc pour la mayonnaise.

2 Les sauces émulsionnées chaudes

Elles sont utilisées pour accompagner les préparations à base de viandes ou de poissons. Elles sont réalisées à partir :

- de beurre, de jus de citron et de jaune d'œuf : sauce hollandaise ;
- de vinaigre, jaune d'œuf, beurre et estragon : sauce béarnaise.

Exemple de recette

Croquettes de quinoa et pois chiches et leur sauce mayonnaise

EP3

Denrées et quantités

Croquettes
- Quinoa sec : 70 g
- Pois chiches en boîte : 250 g
- Œuf : 1
- Huile d'arachide : 10 c. à s.
- Chapelure : 3 c. à s.
- Petit oignon râpé : 1
- Gousse d'ail écrasée : 1
- Farine de blé : 10 c. à s.
- Petite carotte râpée : 1
- Poivron rouge râpé : ½
- Sel et cumin

Sauce mayonnaise
- Œuf : 1 jaune
- Moutarde : 1 c. à s.
- Huile
- Sel et piment d'Espelette

Préparation : 45 min - **Cuisson :** 20 min
Pour 15 croquettes

Réalisation

Voir fiche 66

Protocole de début de réalisation

- **Réaliser les croquettes**

1. Rincer le quinoa et le cuire en départ eau froide.
2. Égoutter et rincer les pois chiches puis les réduire en purée, puis ajouter l'œuf battu.
3. Chauffer l'huile dans une poêle, faire revenir l'oignon. Ajouter la carotte, le poivron, le cumin et le sel et laisser cuire jusqu'à qu'ils soient tendres.
4. Ajouter à la purée de pois chiches la poêlée de légumes, le quinoa et la chapelure. Réserver au réfrigérateur 1 heure.
5. Faire des boules et les aplatir légèrement, les passer dans la farine.
6. Chauffer l'huile dans la poêle, faire dorer les croquettes sur les deux faces.

- **Réaliser la sauce**

7. Clarifier l'œuf, mettre le jaune dans un bol, avec la moutarde, le sel et le piment d'Espelette.
8. Mélanger doucement en y versant à petite dose l'huile jusqu'à la quantité souhaitée.

Voir fiche 66

Protocole de fin de réalisation

Évaluation et transmission

- Vérifier la dorure des croquettes et l'assaisonnement.

Conseils pratiques

Voir fiche 70

- **Sécurité :** ne pas trop chauffer l'huile pour éviter la formation de composés toxiques et les projections.
- **Alimentation :** pour un enfant allergique à l'arachide utiliser de l'huile de colza ; pour un enfant intolérant au gluten utiliser de la maïzena.

FICHE

72

OBJECTIF

- Élaborer des repas en milieu familial.

TECHNIQUE

L'utilisation des produits prêts à l'emploi

Une bonne raison d'apprendre

Les produits prêts à l'emploi ou semi-élaborés sont de plus en plus utilisés en cuisine familiale. Ces produits facilitent la préparation des repas et permettent un gain de temps important. Mais il faut bien les connaître pour bien les utiliser.

1 Les différents produits proposés

- Les produits semi-élaborés sont des produits alimentaires ayant subi un début de préparation avant leur commercialisation. Ils doivent encore subir une transformation (cuisson, taillage ou réhydratation) avant leur utilisation.

On peut trouver dans cette catégorie :
- des viandes comme du poulet prêt à cuire ou des morceaux de volaille panés ;
- des légumes crus 4e gamme, des frites surgelées précuites ;
- des sauces ou fonds de sauces déshydratés ;
- des fonds de tarte prêts à cuire.

- Les produits prêts à l'emploi n'ont pas de besoin de transformation culinaire, seule une remise en température peut parfois être nécessaire.

On trouve par exemple des potages de légumes UHT (upérisation à haute température), des sauces béchamels, des légumes en conserve ou des fruits appertisés.

2 Avantages et inconvénients de ces produits

Avantages	▸ Réduction du temps consacré à la préparation ▸ Large choix de produits pour varier et équilibrer les repas ▸ Qualités sanitaires et nutritionnelles contrôlées et réglementées
Inconvénients	▸ Coût plus élevés que des produits confectionnés maison ▸ Saveur souvent peu comparable aux produits frais ▸ Teneur en sel ou sucre souvent élevée

Conseils pratiques

- Bien lire l'étiquetage des produits et se conformer au mode d'emploi en respectant bien les proportions.
- Respecter les modes de stockage conformément aux prescriptions portées sur l'emballage.

Exemple de recette

Tarte aux poireaux

Denrées et quantités

- Pâte brisée prête à l'emploi : 1
- Béchamel prête à l'emploi : 200 mL
- Poireaux surgelés coupés : 500 g
- Œufs : 2
- Gruyère râpé : 50 g
- Beurre : 20 g

Préparation : 20 min - **Cuisson :** 30 min
Nombre d'enfants : 4

EP3

Réalisation

Voir fiche 66

Protocole de début de réalisation

1. **Préparer les poireaux :** réaliser une fondue de poireaux en faisant revenir 10 minutes les poireaux surgelés avec le beurre dans une poêle.
2. **Préparer le fond de tarte :** foncer un moule à tarte avec la pâte en veillant à ce qu'il n'y ait pas de déchirures, piquer le fond de la tarte pour éviter les gonflements.
3. **Confectionner l'appareil à flan :** casser les œufs un par un dans un saladier et les battre. Rajouter la béchamel liquide et remuer.
4. **Assembler :** disposer les poireaux revenus sur le fond de la tarte, recouvrir du mélange œufs et béchamel, parsemer de gruyère râpé.
5. **Cuire :** faire cuire 30 minutes au four préchauffé à 180 °C.
6. **Présenter :** démouler sur une grille à pâtisserie et servir.

Voir fiche 66

Protocole de fin de réalisation

Évaluation et transmission

- Vérifier que la pâte et le dessus de la tarte sont dorés, l'appareil bien coagulé, le fond doré et non détrempé.

Conseils pratiques

- **Sécurité :** les enfants ne doivent pas approcher de la porte du four.
- **Hygiène :** vérifier les DLC et DDM des produits utilisés, l'intégrité du sachet de poireaux surgelés et le respect de la chaîne du froid.
- **Alimentation :** préparer une béchamel :
  – pour les enfants intolérants au lactose, utiliser un lait réduit en lactose ;
  – pour les enfants intolérants au gluten, utiliser de la maïzena.

FICHE 73

TECHNIQUE

Les protocoles de début et fin d'entretien des locaux

OBJECTIF

• Mettre en œuvre les techniques de dépoussiérage, nettoyage, bionettoyage, séchage des espaces et équipements réservés à l'enfant

Une bonne raison d'apprendre

En début et fin d'entretien, des étapes sont à réaliser pour mieux organiser son travail, se protéger, respecter le matériel et son environnement.

1 Préparer l'entretien : protocole de début d'entretien

1 1 Étapes préalables

- Se mettre en tenue : blouse de protection, chaussures spécifiques à l'entretien, masque et lunettes si nécessaires.
- S'attacher les cheveux, se laver les mains puis mettre des gants.

1 2 Préparer le matériel et les produits

- Rassembler le matériel et les produits nécessaires et contrôler leur intégrité ainsi que leur propreté visuelle.
- Réaliser les dilutions des produits d'entretien si nécessaire.

Voir rabat

Conseils pratiques

- Bien lire l'étiquette des produits d'entretien : y repérer les pictogrammes de danger et prendre les précautions d'utilisation qui s'imposent.
- Repérer les dilutions à respecter et le temps de pause nécessaire à l'action du produit. **Par exemple :** une dilution à 1 % correspond à 1 mL de produit dans 100 mL d'eau ou 10 mL dans 1 000 mL (1 L). Si le seau fait 5 L vous devrez y mettre 5 fois plus de produit, soit 50 mL dans 5 L d'eau.

2 Réaliser

2 1 Respecter un plan de nettoyage du logement

- Ce plan établi, et pouvant être présent dans le projet d'accueil, reprend la fréquence d'entretien des différents équipements et espaces de vie du logement.
- L'entretien des locaux doit respecter deux règles essentielles :
  1. Commencer par les pièces les moins sales en allant vers les plus sales.
  2. Travailler du haut vers le bas.

Par exemple : commencer par l'entretien de la chambre, puis du salon, puis des sanitaires. Pour la salle de bain : commencer par le plan de change, le lavabo puis le sol.

- La fréquence d'entretien est différente selon les équipements, les surfaces et les espaces de vie. Elle tient compte du risque infectieux et de la fréquence de manipulation.

Fréquence d'entretien	Surfaces, équipements, espaces
Entretien après chaque utilisation	À haut risque infectieux : table à langer, toilettes en cas d'infections, d'intoxications alimentaires, plan de travail de la cuisine, vaisselle…
Entretien quotidien	Fréquemment utilisés : toilettes, poignées de porte, jouets, sol…
Entretien hebdomadaire	Peu manipulés : chaises, lits, draps…
Entretien mensuel	Très peu manipulés : vitres situées en hauteur, couverture, mur, réfrigérateur…

2 2 Pour chaque espace de vie

- S'assurer de l'absence d'enfant avant de commencer et avertir les autres adultes que l'entretien va débuter et notamment que le sol va être glissant.

1. Aérer la pièce lorsque cela est possible.
2. Vider les poubelles.
3. Nettoyer les éléments les plus hauts.
4. Nettoyer les éléments les plus bas.
5. Éliminer les salissures non adhérentes ou poussières présentes sur le sol par aspiration ou par balayage humide.
6. Laver le sol.

3 Protocole de fin de réalisation

3 1 Auto-évaluation

- Observer si le travail a été correctement réalisé par l'absence de salissures ou de traces. Dans le cas contraire : renouveler les opérations.

3 2 Rangement du matériel et des produits

- Nettoyer le matériel avant de le ranger pour allonger sa durée de vie.
- Évacuer les déchets physiques et liquides selon les recommandations propres à chaque commune.

3 3 Traçabilité

- Il est possible de réaliser un planning d'entretien que vous cochez et datez pour chaque activité d'entretien réalisée et mis à disposition des parents.

Conseils pratiques

- Relever les dysfonctionnements et/ou les dangers observés et les écarter.
- Réaliser la gestion des stocks pour prévoir l'achat de tout produit manquant.

FICHE 74

TECHNIQUE

L'entretien du four électrique

OBJECTIF

- Mettre en œuvre les techniques de dépoussiérage, nettoyage, bionettoyage, séchage des espaces et équipements réservés à l'enfant.

Protocole

Matériels et produits nécessaires

- Lavette
- Tampon abrasif doux
- Gants
- Papier absorbant
- Dégraissant spécial four
- Produit vaisselle

Réalisation

Voir fiche 73

Protocole de début d'entretien

La plupart des fours actuels possèdent une fonction nettoyante :

Le nettoyage par pyrolyse

La fonction de nettoyage « pyrolyse » permet de nettoyer facilement le compartiment de cuisson. Celui-ci est chauffé à très haute température (500 °C). Les résidus de cuisson sont calcinés. Par sécurité, la porte du four est verrouillée pendant la durée du programme.
Une fois le programme terminé et l'appareil refroidi, il suffit d'essuyer les cendres restantes dans le compartiment de cuisson.

Le nettoyage par catalyse

Les parois des fours à catalyse sont recouvertes d'un revêtement spécial poreux qui oxyde les particules de graisse pendant la cuisson. Le nettoyage se fait pendant la cuisson à partir de 200 °C.

Pour les fours classiques ou en entretien régulier

1. Enlever les accessoires (grilles, plaques…) et les nettoyer à l'eau chaude additionnée de produit vaisselle avec une lavette ou un tampon abrasif.
2. Éliminer les résidus alimentaires présents dans le compartiment de cuisson à l'aide d'une lavette humide additionnée de produit vaisselle.
3. En cas de salissures importantes et incrustées, utiliser un produit dégraissant pour four en respectant le mode d'emploi.
4. Rincer à l'eau tiède. Sécher avec du papier absorbant ou laisser la porte ouverte.
5. Remettre en place les différents accessoires.

Voir fiche 73

Protocole de fin d'entretien

Évaluation

- Vérifier l'absence de salissures grasses incrustées et de traces de produit.

Conseil pratique

Pour le rôtissage, utiliser un récipient approprié comme une cocotte.

FICHE 75

TECHNIQUE

L'entretien du four à micro-ondes

OBJECTIF

- Mettre en œuvre les techniques de dépoussiérage, nettoyage, bionettoyage, séchage des espaces et équipements réservés à l'enfant.

EP3

Protocole

Matériels et produits nécessaires

- Lavettes
- Abrasif doux
- Gants
- Papier absorbant
- Lavette sèche ou petite brosse
- Produit vaisselle et/ou détergent neutre

Réalisation

Voir fiche 73

Protocole de début d'entretien

1. Débrancher l'appareil.
2. Retirer les accessoires : le plateau tournant et l'anneau à roulettes.
3. Laver les accessoires avec de l'eau chaude additionnée de produit vaisselle, les rincer et les sécher.
4. Nettoyer l'intérieur du four avec de l'eau chaude additionnée de produit vaisselle.
5. Rincer les parois avec de l'eau propre et chaude.
6. Sécher les parois de l'appareil avec un papier à usage unique.
7. Nettoyer de la même manière la porte (intérieure puis extérieur), les joints de la porte, la poignée : laver, rincer et sécher.
8. Nettoyer l'extérieur de l'appareil avec une lavette humide. Nettoyer l'arrière de l'appareil : dépoussièrer la grille métallique avec une lavette sèche ou une petite brosse.

Voir fiche 73

Protocole de fin d'entretien

Évaluation

- Vérifier l'absence de salissures à l'intérieur et à l'extérieur et de traces de produit.

Conseils pratiques

- Mettre un bol d'eau avec du jus de citron, laisser chauffer 2 minutes à puissance maximum, retirer le bol et essuyer les parois humides.
- Ne pas utiliser de tampons abrasifs ni de nettoyants fortement alcoolisés.

FICHE

76

TECHNIQUE

L'entretien du réfrigérateur

VIDÉO

Comment bien entretenir son réfrigérateur ?

→ lienmini.fr/4687-56

OBJECTIF

• Mettre en œuvre les techniques de dépoussiérage, nettoyage, bionettoyage, séchage des espaces et équipements réservés à l'enfant.

Protocole

Matériels et produits nécessaires

- 2 lavettes de couleurs différentes
- Seau ou bassine
- Gants
- Papier absorbant
- Détergent-désinfectant alimentaire en spray (dDA) ou un détergent puis un désinfectant ou un détergent-désinfectant combiné

Réalisation

Voir fiche 73

Protocole de début d'entretien

Pour éviter la prolifération des bactéries (*Listeria* et *Salmonella* notamment) et la surconsommation d'énergie (un des seuls appareils électriques à fonctionner en continu), un réfrigérateur nécessite un entretien et une attention particuliers.

- **Entretien hebdomadaire**

Éliminer les denrées périmées ou abîmées.

- **Entretien mensuel**

Le principe est de commencer par l'intérieur du réfrigérateur pour finir par l'extérieur et de travailler toujours de haut en bas et du plus propre au plus sale.

1. Débrancher le réfrigérateur.

L'intérieur du réfrigérateur :

2. Le vider et retirer les éléments mobiles : clayettes, bacs et casiers.
3. Pulvériser le dDA puis essuyer avec une lavette les surfaces intérieures de l'enceinte.

Pour les clayettes, bacs et casiers, pulvériser le dDA ou les faire tremper si besoin dans la solution détergente.

4. Laisser agir selon le temps recommandé.
5. Avec la première lavette : laver l'intérieur du réfrigérateur (sans oublier le joint) et les éléments mobiles.
6. Rincer à l'eau (tiède de préférence) avec la seconde lavette.
7. Sécher avec du papier absorbant et ranger.

L'extérieur du réfrigérateur :

8. Laver (première lavette) puis rincer (seconde lavette) les parois externes et la poignée de porte.
9. Nettoyer régulièrement la grille arrière (condenseur) en l'aspirant ou en passant une lavette légèrement humide.
10. Rebrancher le réfrigérateur et remettre les éléments mobiles et les denrées alimentaires à leur place.

Voir fiche 73

Protocole de fin d'entretien

Conseils pratiques

- Dégivrer et bionettoyer le compartiment congélateur s'il y en a un tous les trimestres.
- Utiliser du vinaigre blanc dilué avec de l'eau tiède pour les joints.

Évaluation

- Vérifier l'absence de salissures et de traces de produit.

FICHE 77

TECHNIQUE

Le lavage des vitres

VIDÉO
Nettoyage efficace des vitres
→ lienmini.fr/4687-57

EP3

OBJECTIF

• Mettre en œuvre les techniques de dépoussiérage, nettoyage, bionettoyage, séchage des espaces et équipements réservés à l'enfant.

Protocole

Matériels et produits nécessaires

- Éponge
- Récipient
- Feuilles de papier journal
- Vinaigre blanc
- Eau chaude

Réalisation

Voir fiche 73

Protocole de début d'entretien

La fiche 49 peut être suivie si l'accueillant titulaire du CAP AEPE possède le matériel professionnel et les produits.

Toutefois, une méthode plus économique et tout aussi efficace pour le nettoyage des vitres est présentée ci-après :

1. Dans un récipient, mélanger 750 mL d'eau chaude avec 250 mL de vinaigre blanc. Conserver le mélange tel quel dans le récipient ou le mettre dans un pulvérisateur.
2. Imbiber l'éponge du mélange et frotter les vitres circulairement de bas en haut en insistant sur les rebords et les coins.
3. Essorer l'éponge jusqu'à ce qu'elle soit pratiquement sèche et laver les vitres en bandes parallèles de bas en haut pour éviter les traces d'écoulement.
4. Froisser une feuille de papier journal (de préférence ancien) et frotter la vitre. Reprendre une feuille de papier journal si nécessaire et essuyer l'excédent d'eau retrouvé sur les bords et les coins.

Voir fiche 73

Protocole de fin d'entretien

Évaluation

- Contrôler la propreté visuelle : absence de salissures, de taches, d'eau sur la vitre et au sol.

Conseils pratiques

- Si l'odeur du vinaigre déplaît, ajouter un filet de citron.
- Ajouter du liquide vaisselle au mélange pour dégraisser.
- Éviter de laisser sécher la solution de lavage sur la vitre.

QCM
S'évaluer en ligne
→ lienmini.fr/4687-58

Corrigés des pages « Vérifiez vos acquis ! »

F1 Le cadre administratif dans le secteur de la famille et de la petite enfance

1. A : 1, 3, 4 ; B : 2, 5.
2. Commune : A, C, E. Département : B, F, G, H. Région : D, I.
3. PMI : B, D. ASE : A, C.

F2 Les lieux d'accueil des enfants de moins de 3 ans

1. Vrai : A et D. Faux : B et C.
2. B, D, E.
3. A : 1, 2, 4 ; B : 3.
4. A : directrice ; B : AEPE ; C : auxiliaire de puériculture ou AEPE ; D : EJE.

F3 Les lieux d'accueil des enfants âgés de 3 à 6 ans

1. B, C (à partir de septembre 2019), D.
2. Professeurs des écoles : A, E. ATSEM : B, F, H. Directeur : C, D, G.
3. C.

F4 La famille

1. A : 3 ; B : 1 ; C : 4 ; D : 2.
2. D, E, G.
3. Vrai : B, C ; Faux : A.

F5 Le développement global de l'enfant

1. Vrai : A, C, E. Faux : B, D, F.
2. A, B, C, E.
3. A : 3 ; B : 5 ; C : 2 ; D : 1 ; E : 4.

F6 Le corps humain

1. Vrai : A, D, E ; Faux : B, C, F.
2. A, E.
3. A : 1 ; B : 4 ; C : 2 ; D : 3.

F7 L'enfant en situation de handicap

1. A : 1 ; B : 4 ; C : 2 ; D : 3.
2. A : 2 ; B : 2 ; C : 1 ; D : 1.
3. Vrai : A, B, C.

F8 L'enfant maltraité

1. A : 3 ; B : 1 ; C : 2.
2. A : 2, 3, 5, 6, 8 ; B : 1, 4, 7, 9, 10.
3. C – A – B.

F9 L'origine et la prévention des biocontaminations

1. A, C, D, F, H.
2. A : 4 ; B : 1 ; C : 2 ; D : 3.
3. A : 3 ; B : 1 ; C : 2 ; D : 1.

F10 Les troubles du développement et les maladies de l'enfant

1. Motricité : A, C ; langage : B, E ; sommeil : F ; propreté : D, G.
2. B, D, E.
3. A : 3,4 ; B : 2,6 ; C : 1, 5.
4. Vrai : B ; Faux : A, C

F11 La posture professionnelle

1. A : 3 ; B : 1 ; C : 4 ; D : 2.
2. A, B.
3. Vrai : B, C ; Faux : A, D, E.

F12 L'aménagement de l'espace collectif et familial

1. Vrai : A, C ; Faux : B, D.
2. A : 3 ; B : 3 ; C : 2.
3. A : 3, 7 ; B : 1, 5 ; C : 4 ; D : 2, 6.

F13 La technologie des produits

1. A : 3 ; B : 4 ; C : 5 ; D : 2 ; E : 1
2. A : 1,3 ; B : 3 ; C : 3.
3. Vrai : A ; Faux : B, C.

F14 La technologie des équipements et des matériels

1. A : 3 ; B : 2 ; C : 1.
2. A : 3 ; B : 1 ; C : 4 ; D : 2.
3. Vrai : A, C ; Faux : B, D.
4. A : 1 ; B : 3 ; C : 2.

F40 La communication de l'enfant

1. A : 3 ; B : 1 ; C : 4 ; D : 2.
2. B, D, E.
3. Vrai : A, B, D, F, H ; Faux : C, E, G, I.

F41 La communication professionnelle

1. A : 3 ; B : 1 ; C : 4 ; D : 2 ; E : 5.
2. A : orale ; B : visuelle ; C : orale ; D : non verbale.
3. Faux : A, B, C.

F42 Le cadre d'intervention de l'ATSEM

1. A : 2 ; B : 4 ; C : 1 ; D : 3.
2. B, E.
3. Vrai : B, C ; Faux : A, D.

F43 L'hygiène des locaux en école maternelle

1. A : 4 ; B : 3 ; C : 1 ; D : 6 ; E : 2 ; F : 5.
2. A : 2 ; B : 4 ; C : 3 ; D : 1.
3. A : 3, 9 ; B : 6, 8 ; C : 5 ; D : 7 ; E : 1 ; F : 1, 2.

F59 La cadre de l'intervention du travail à domicile

1. C, D, E.
2. B, C, D, E.
3. A : 1, 4, 5 ; B : 2, 3, 6.
4. A, D, E, F.

F60 Les sources nutritionnelles

1. A : 1 ; B : 5 ; C : 2 ; D : 3 ; E : 4 ; F : 6.
2. B, C, E, F.
3. B, C, E, G.
4. A.
5. A : 2 ; B : 1.

F61 L'évolution des besoins nutritionnels en fonction de l'âge

1. A : 6 ; B : 1 ; C : 2 ; D : 1 ; E : 1 ; F : 3 ; G : 4 ; H : 5.
2. Vrai : A, D, E, G, I ; Faux : B, C, F, H.
3. C

F62 Les produits alimentaires

1. A : 2, b ; B : 1, a.
2. 1, 3, 4, 6, 7, 8, 10.
3. A
4. Vrai : B, D ; Faux : A, C.

F63 La conservation des produits alimentaires

1. A : 2 ; B : 4 ; C : 1 ; D : 3.
2. A, B, E, F.
3. Vrai : A, B, D, E ; Faux : C, F.

F64 Les modifications alimentaires

1. A : 1, 3, 4, 5 ; B : 3, 4 ; C : 4 ; D : 2, 3, 4.
2. Vrai : B, E ; Faux : A, C, D.
3. A, B, C, D, E, G.
4. A, B, C, F, H.

F65 Le service des repas

1. A : 2 ; B : 1 ; C : 5 ; D : 3 ; E : 4.
2. A, C, E.
3. A : 1 ; B : 3 ; C : 4 ; D : 2.
4. Vrai : B, C ; Faux : A, D.

Crédits

Couverture : Piaude

Conception graphique : Anne-Danielle Naname

Mise en page : Anne-Danielle Naname, Adeline Calame

Iconographie : Chloé Williamson

Illustrations et infographie : Alice Gravier, Sylvain Frécon, Olivier Prime, Adeline Calame

Certifié PEFC
Ce produit est issu de forêts gérées durablement et de sources contrôlées
PEFC
PEFC/18-31-264
www.pefc-france.org

Compogravure : STDI – Lassay-les-Châteaux
OSB 90
Achevé d'imprimer en juin 2018 en Italie
par La Tipografica Varese Srl, Varese
Éditions Delagrave – N° d'édition : 2017-1306 – juillet 2018

IMPRIM'VERT
Votre imprimeur agit pour l'environnement